메이지의 문화

MEIJI NO BUNKA

by Daikich Irokawa

Copyright © 1970 by Daikich Irokawa. All right reserved.

First published 1970 by Iwanami Shoten, Publishers, Tokyo.

This Korean language edition published 2015 by Samcheoli Publishing Co., Seoul

by arrangement with the proprietor c/o Iwanami Shoten, Publishers, Tokyo.

through BC Agency

메이지의 문화

지은이 이로카와 다이키치
옮긴이 박진우
펴낸이 송병섭
디자인 이수정
펴낸곳 삼천리
등 록 제312-2008-121호
주 소 08255 서울시 구로구 부일로17길 74 2층
전 화 02) 711-1197
팩 스 02) 6008-0436
이메일 bssong45@hanmail.net

1판 1쇄 2015년 10월 16일

값 25,000원
ISBN 978-89-94898-35-3 93910
한국어판 © 박진우 2015

메이지의 문화

明治の文化

이로카와 다이키치 지음 | 박진우 옮김

인문과학
코스모스
04

삼천리

이로카와 다이키치 色川大吉

도쿄게이자이대학(東京経済大学) 명예교수. 1925년 지바 현에서 태어났다. 도쿄제국대학 문학부에 입학했지만 아시아태평양 전쟁이 일어나 학도출진으로 해군항공대에 입대했다. 전쟁이 끝나고 구두닦이, 논문 하청, 농사일을 전전하다가 1948년에 이름이 바뀐 도쿄대학을 졸업했다. '인민 속으로' 들어가 농촌 중학교 교사가 되었지만 1년 만에 꿈이 좌절된 뒤 도쿄로 돌아와 일본공산당에 입당하고 민주상공회 서기를 맡았다. 1949년 시부야 역 앞에서 미국 점령군에 반대하는 연설 도중에 체포되었고 석방된 뒤 지하로 잠적했다. 1951년에는 민주주의 연극운동의 일환으로 '신연극연구소'를 설립했다. 그 뒤 도쿄게이자이대학 강사를 거쳐 교수로 근무하다 1996년에 정년퇴임했다.

민중사상의 기초를 세운 지은이의 역사 연구를 일본 역사학계는 '이로카와 사학'(色川史學)이라 일컫는다. 평생 밑바닥 민중의 관점을 견지하면서 학자로서는 자유롭고 다양한 현지조사를 벌였다. 소규모 세미나는 학생들에게 인기가 높았고 다른 대학 학생이나 일반 시민들까지 참여하는 독특한 수업을 진행했다. 1970년 프린스턴대학에 초빙되어 일본 근대사 객원교수를 지냈고, 이듬해에는 캠핑카에 '리스본-도쿄 5만 킬로미터'라는 표어를 붙이고 친구들과 유라시아 대륙을 횡단했다. 1980년에는 시민운동가 오다 마코토(小田実)와 함께 '일본은 이대로 좋은가 시민연대'(日市連)를 결성하여 공동대표를 맡았다.

지은 책으로 《明治精神史》(1964), 《ユーラシア大陸思索行》(1973), 《歴史家の嘘と夢》(1974), 《ある昭和史―自分史の試み》(1975), 《ある昭和史―自分史の試み》(1975), 《シルクロード悠遊》(1988), 《雲表の国 青海·チベット踏査行》(1988), 《自由民権の地下水》(1990), 《北村透谷》(1994), 《近代日本の戦争》(1998), 《シルクロード遺跡と現代》(1998), 《廃墟に立つ―昭和自分史》(2005), 《カチューシャの青春―昭和自分史》(2005), 《若者が主役だったころ わが60年代》(2008), 《昭和へのレクイエム―自分史 最終篇》(2010), 《色川大吉著作集》(전5권, 1995~1996) 등이 있다.

박진우

숙명여자대학교 일본학과 교수. 계명대학교 사학과 졸업. 쓰쿠바대학 지역연구과 석사과정 수료하고 히토쓰바시대학 사회학 박사학위를 받았다. 천황제를 중심으로 일본 근현대 사상사를 연구하고 있다.

지은 책으로 《일본 근현대사》(공저, 1999), 《근대 일본 형성기의 국가와 민중》(2004), 《21세기 천황제와 일본》(편저, 2006), 《천황의 전쟁책임》(2014) 등이 있고, 야스마루 요시오(安丸良夫)의 《현대일본사상론》(2006), 《근대 천황상의 형성》(2008) 등을 우리말로 옮겼다.

민중의식과 천황제

야스마루 요시오(히토쓰바시대학 명예교수)

1948년 도쿄대학 문학부를 졸업한 이로카와 다이키치(色川大吉)는 도치기 현 가스오(粕尾) 촌의 중학교 교사로 부임했다. 가스오 촌은 급우 노모토 미쓰구(野本貢)의 고향이기도 하다. 이로카와와 노모토는 마을 어린이들에게 새로운 교육을 가르치면서 지역사회에서 전후 일본에 어울리는 변혁의 바람을 불러일으키려 했던 것이다. 이러한 활동 속에서 이로카와는 일본공산당에 입당했는데, 1949년 1월 총선거에서 공산당은 가스오 촌에서 138표나 획득했다. 지난 선거에서는 불과 6표에 지나지 않았으니 지역사회에 커다란 변동이 일어나고 있었다는 말이 된다. 이로카와가 중심이 되어 세운 야간 농민학교도 초만원이 될 정도로 인기가 높았다. 그러나 그런 활동은 지역사회에 격렬한 대립을 일으켰고 노모토가 죽은 후 이로카와는 1년 만에 중학교를 그만두고 도쿄로 돌아왔다.

도쿄로 돌아온 이로카와는 완전히 실업자 신세가 되었는데, 1949년 9월부터 세다가야 구(世田谷区) 민주상공회의 상임서기를 맡아 지역 세금 투쟁의 선두에서 공산당원으로서 정치활동을 계속했다. 상임서기의

월급은 2천 엔으로 정신없이 바쁘고 가난한 생활이었다. 겉으로는 자신에 가득 찬 활동가로 실천하면서도 이러한 생활이 가져다주는 공허함에 번민하던 이로카와는 연극 활동으로 탈출구를 찾게 된다. 그는 신극 연극인 양성 시설로 들어가 다망한 생활 속에서 드라마 습작을 시작했다. 민주상공회 상임서기는 1년 반 정도로 그만두었지만 그 후에도 주된 수입은 개인 상점 등의 세금 대책에 대한 사례금이며 막일과 구두닦이도 체험했다. 1950년 6월에는 점령군 헌병에게 체포되었다가 가석방된 후 출두를 피해 도피 생활로 들어갔다. 이러한 생활 속에서 등산으로 단련하고 있던 이로카와의 몸도 끝내 중증의 결핵이 발병하여 생가로 돌아가 모친의 간병을 받게 되고 1952년 8월에는 폐를 절개하는 수술까지 받았다.

최근 이로카와는 《폐허에 서다》, 《카추사의 청춘》이라는 두 권의 자서전을 잇따라 출판했다. 우리는 이 두 책을 통해서 패전 직후부터 1950년대 중반까지 이른바 역사가가 되기 이전의 이로카와에 대해서 상세하게 알 수 있게 되었다. 이제까지도 이런저런 기회를 통해서 역사가가 되기 전의 이로카와에 관한 이야기를 접할 수 있었지만, 두 권의 자서전은 상세하고 활기에 넘치고 있고 한 사람의 유능한 청년이 무명 시대에 보낸 고난과 모색에 관한 흥미진진한 이야기를 담고 있다. 내가 쓰는 내용은 두 권의 자서전에서 보면 극히 사소한 부분에 지나지 않지만, 이로카와의 역사학은 이러한 특이한 개인사의 의미를 생각함으로서 비로소 이해할 수 있는 것이라고 생각한다.

전후 일본의 역사학, 특히 일본사 연구는 사회정치적 과제에 진지하게 대응하려는 것이었으며 실천적인 성격을 띠고 있었다. 국민적 역사학 운동은 그 전형이지만, 이로카와의 입장에서 보면 그것은 농촌에 짧게 머물며 조사한 것에 의거한 단순한 것일 뿐이며 외부로부터의 소박한 계몽 활동 영역을 넘어서는 것은 아니었다. 이로카와는 도치기 현 가스오 촌과 세다가야 구 민주상공회에서 전력투구로 실천적인 활동에 몸을 던졌지만 역사가로 활동하고 있었던 것은 아니다. 연극 활동도 이로카와 자신이 그 속에 있었지만 당초부터 그것은 역사학과 다른 별세계의 일이며 가까운 연극인들이 이윽고 높은 평가를 받고 스타가 되었을 때 이로카와는 신랄한 극평을 쓰고 그들과 결별했다.

이처럼 이로카와는 대학을 졸업한 1948년부터 1955년 무렵까지 역사학계의 외부를 맴돌다가 밥벌이를 찾아 핫토리 시소(服部之総)가 주재하는 일본근대사연구회에 가입하면서 뒤늦게나마 일본사 연구의 세계로 돌아왔다. 실천 활동 속에서 이로카와는 공산당원이 되었지만 거기서도 당과 당원에 대한 위화감을 떨칠 수 없었다. 공산당에 대한 위화감은 이윽고 1960년의 안보투쟁에서 공산당의 지도에 대한 반역이 되었는데, 그 경위에 대해서는 〈6월에는 무거운 장맛비가 내린다―역사 체험과 역사가〉(《色川大吉著作集》第3卷. 본문에서는 《저작집》 3 등으로 표기)에 인상적인 필치로 기술되어 있으며 그 체험이 '이로카와 사학'의 결정적인 도약대가 되었다. "내가 '역사학'을 가장 보람 있는 작업일지도 모른다고 생각한 것은 이때부터였다. 그 후 나는 어떻게 했는가. 나는 전후 15년이 지나 겨우 모든 것을 떠나 자유롭게 '자신'에게 돌아온 것이다. …… 급속하게 추락하는 느낌이 끊임없이 나의 실존을 위협하고 꿈속에서 나는 수없이 끝없는 공허의 벼랑으로 떨어지는 타락감을 맛보았다. 이 '통렬한 자각'(痛覺)의 경험이 없었다면 나는 나의 '기타무라 도코쿠'(北村透谷)를 제대로 파악할 수 없었을 것이다."(앞의 책, 397쪽)

이러한 체험을 거쳐 〈곤민당과 자유당―부소(武相) 곤민당을 둘러싸고〉(《역사학연구》 1960년 11월호)와 〈자유민권운동의 지하수를 퍼 올리는 것―도코쿠를 둘러싼 청춘군상〉(《역사학연구》 1961년 11월호)를 집필했다. 전자는 안보투쟁 체험을 배경으로 하면서 곤민당 운동이 자유민권운동의 지지를 받거나 지도를 받은 것이 아닌, 독자적인 대중운동이

라는 것을 밝힌 것이며, 후자는 젊은 도코쿠와 이시자카 마사쓰구(石坂
公歷)의 통념화된 민권운동으로 귀결할 수 없는 정신의 방황을 해명한
것이다. 이 두 논문을 쓰기 전에도 이로카와는 메이지 시대 사상사와 관
련하여 논문을 쓰고 있었다. 메이지 시대 사상사는 졸업논문 이래로 전
문 분야이기는 하지만 그것은 이로카와가 역사가로서 자리 잡기 이전
의 습작에 불과했다. 이에 비하여 앞의 두 논문은 '이로카와 사학'의 설
립을 알리는 작품이 되고 또한 '민중사'와 '민중사상사'라는 새로운 연구
흐름의 출발을 알리는 신호탄이 되었다. 이윽고 도쿄게이자이대학에 자
리를 잡은 이로카와는 세미나 참가자나 지역 연구자들에게 커다란 자
극을 주고 자유민권운동 시기의 산타마(三多摩) 지역과 가나가와 현의
사료 발굴에 힘을 쏟아 전국적인 연구 동향에도 자극과 모델을 제공하
게 되었다. 1960년대부터 1980년대에 걸쳐 민권기 연구가 전국적으로
활발해진 배경에는 여러 가지 이유가 있겠지만, 그중에서도 이로카와
다이키치라는 개성 넘치는 역사가가 핵심적인 인물로서 견인차 역할을
했다는 것은 흥미로운 사실일 것이다.

《메이지의 문화》가 발간된 것은 1970년이지만 이 책의 배경에는 위와
같이 산타마 지역을 중심으로 한 민권기 관련 사료 조사와 사실 발굴의
열기가 있었다. 이 책에서 가장 생생하고 활기 넘치는 3장 '방랑의 구도
자'는 후카자와가(深沢家) 문서 발굴에서 발견한 지바 다쿠사부로(千葉
卓三郎)의 생애에 관한 정신사적인 탐색이며, 4장 '한시 문학과 변혁 사
상'도 후카자와가 문서에 의거하는 바가 크다. 또한 이 책에 나오기 직
전에 이노우에 고지(井上幸治)의 《지치부 사건》(秩父事件)이 간행되었는
데, 이노우에의 사료 발굴을 바탕으로 이 책의 중요한 부분인 5장 '민중
의식의 봉우리와 골짜기'가 집필되고 있다. 그러나 이 책은 단순히 이러
한 '민중사상사' 입장과 지역 사료의 발굴을 결부시켜 집필되었다는 의
미만 있는 것이 아니다. 청춘 시절부터 이로카와는 일본의 정신사 전통

과 대결하려는 욕구가 강했으며 민권기 연구나 기타무라 도코쿠에 대한 논의도 그러한 대결 논리의 계보를 탐구하려는 것에 다름 아니었다. 여기서 이로카와의 연구 주제에서 또 하나의 측면은, 그 대결 상대가 무엇인가 하는 점이 문제가 되는데 그것은 결국 천황제이며 그것을 지탱하는 정신 구조라는 점에 귀결되는 것이었다.

이상과 같이 이 책은 어떤 의미에서는 민권기의 지역 사료 발굴에 의거하여 집필된 것이지만, 또 다른 의미에서는 근대 일본의 정신 구조에 대한 전체상을 파악하려는 것이다. 이와 관련하여 학계의 논적은 그 무렵 각광을 받고 있던 마루야마 마사오(丸山真男)와 그 학파였는데, 그중에서도 특히 마루야마의 《일본의 사상》이다. 민주상공회 등에서 엄격한 실천 활동을 경험한 이로카와에게 마루야마학파는 현실의 민중과 민중 생활을 모른 채 아카데미즘의 높은 곳에서 외재적인 비판을 하는데 지나지 않는 것으로 보였다. 이 책이 《도노 모노가타리》(遠野物語) 등에 의거하여 '민속의 침묵 세계'에 관한 기술부터 시작하는 것은 《일본의 사상》은 물론이고 민권기의 지역사 연구에서도 파악하지 못했던 좀 더 심층적인 의식 구조를 추구하기 위해서이며, 그러려면 야나기타 구니오(柳田国男) 민속학의 성과를 원용해야 한다고 생각했기 때문일 것이다. 또한 이 책에서 가장 분량이 많은 마지막 장 '정신 구조로서의 천황제'가 《일본의 사상》을 집중적으로 비판하며 '국체'나 '공동체'를 논하고 있는 것도 같은 맥락이다.

이로카와는 한편으로 천황제가 일본인의 정신을 근원적인 곳에서 억압하고 구속해 왔다고 생각한다. 이 점에서 본다면 이로카와설은 마루야마설에 상당히 가까운 것이지만 또 다른 한편으로 이로카와는 일본의 정신사 전통, 특히 민중의 정신에는 천황제로 귀결하지 않는 풍부한 가능성이 있다고 생각한다. 천황제의 거대한 규제력을 인정하면서도 또 다른 한편으로는 상대화해서 보이는 이 구상을 정리된 형태로 처음 펼친 것은 〈천황제와 민중의식〉이라는 논문으로, 역사학연구회의 1968년 대회에서 발표한 것이다. 이 책 《메이지의 문화》는 이 보고 논문을 발전시킨 것이라고 할 수 있는데, 추상화된 논리로 정리하자면 전통에 내재되어 있는 혁신의 가능성을 제시하려는 것이라 할 수 있을 것이다. 이 논리는 이치이 사부로(市井三郎)의 철학적인 역사론을 활용하거나 나의 '통속도덕론'을 원용하면서 전개하고 있다. "건실하고 정직한 민중 도덕의 실천자"가 그러한 규범을 궁극적으로 파고들어 갈 때 '지치부 사건' 등의 봉기로 나아가 그 중핵을 담당했다고 하는 설명이 야스마루설의 안이한 이용으로, 실태에 입각한 것은 아니었다는 것을 이로카와는 후일 반성하고 있다(《저작집》 4, 480쪽).

이러한 사례를 포함하여 이로카와는 개인의 주체적인 내면성을 중시하고 있지만, 그만큼 오늘날의 시점에서 볼 때 사회의식의 구조적인 파악에 대한 방법론적인 궁리가 부족하다고 지적하고 싶은 부분도 있다. 훨씬 나중의 일이지만 이로카와는 1970년대 당시 그 시대의 새로운 사상 동향에 지나치게 무관심해서 "기존의 역사 이론을 극복하기 위한 노력을 게을리했다"고 고백하고 있는데(《저작집》 2, 505쪽), 그것은 이러한 방법론적인 문제에 관한 자성에 다름 아니다. 그리고 이러한 문제점을 내포한 채 1960년대 말부터 1970년대 중엽에 걸쳐 이로카와는 근대 일본의 정신 구조 전체상을 파악하기 위해 고군분투했다. 공동체의 재평가나 야나기타 구니오론, 민속학에 대한 비판적인 접근, 내셔널리즘론 등이 그 성과이다. 야나기타와 격투하여 피로에 지친 이로카와는 끝내 십이지장에 구멍이 생기는 상태가 되었다. 그리고 이러한 모색은 갖가지 성과를 거두었다고 하지만 이로카와도 스스로 인정하고 있듯이 충분히 성공한 것은 아니었다. 그러나 아마도 일본의 정신사 전통에 온몸을 던진 격렬한 도전이야말로 '이단의 역사가,' 일본 학계 전체에 대한 반역자로서 이로카와의 진면목을 보여 준다. 그 좌절의 상흔이 오히려 우리 후학에게 건네준 이로카와다운 선물이라고도 할 수 있을 것이다.

　지금 《저작집》을 펼쳐 보아도, 《메이지의 문화》라는 제목으로 이 책을 그대로 읽을 수는 없다. 이 책의 주요 부분은 《저작집》에 수록되어 있기는 하지만 전5권 가운데 네 권에 나뉘어 실려 있으며 실리지 않은 부분도 있다. 《저작집》은 주제별로 정리되어 있기 때문에 이러한 방식은 이 책이 갖가지 이질적인 계기의 조합으로 이루어진 전체상을 구축하기 위한 모색 과정의 산물이었다는 점을 표현하고 있는 것이라고 생각하게 한다. 또한 이 책은 《메이지 정신사》와 함께 "대학을 봉쇄한 바리케이트 속에서 학생들에게 많이 읽히고," 해외의 일본 근대사 연구자들에게도 주목을 받아 이윽고 영어로 번역되었다(《저작집》 2, 505쪽, 〈저자의 해설, 해제〉 참조). 근대 일본을 옭아매는 정신 구조를 그 전체성 속에서 파악함과 동시에 그것을 내부에서 타파하는 계기를 민중의 내발적인 사상 형성 속에서 추구하여 격투한 이로카와의 메시지는 한 시대의 지적 분위기에 잘 조응하고 있으며 많은 사람들의 내심과 공명하고 있었을 것이다.

| 차례 |

서장

1. 기묘한 나라

일본은 참 기묘한 나라다. 하늘에서 내려다보면 유라시아 대륙 동쪽 끝 바다 위에 가늘고 긴 활 모양을 그리는 섬들이 떠 있다.

연중 거의 대부분이 묽고 아득한 안개의 베일에 덮여 있고 남북으로 2천 킬로미터에 이르는 네 섬은 유럽으로 치면 런던에서 이탈리아반도의 장화 끝부분에 이르는 거리에 해당한다. 또 구소련과 폴란드 국경에서 스페인과 프랑스 국경까지의 길이에 해당한다.

열도 중앙에는 척추 산맥이 놓여 급격하게 변화하는 두 가지 유형의 기후로 나누고 있으며, 산지와 바다 사이에 있는 협소한 분지 평야에는 논 위로 장난감 같은 경운기가 달리고 있다. 성냥갑 같은 작은 집과 거리, 파도가 밀려오는 백사장의 한가로운 전원 풍경은 하늘을 검게 뒤덮는 난잡한 공장 지대와 좋은 대조를 이룬다.

일본의 이상한 점은 천연자원도 없고 인구가 과밀한 이 작은 섬에서 세계 2, 3위를 겨루는 공업 국가가 출현했다는 사실에 있는 것이 아니다.

이 작은 섬의 신비로운 이야기는 무엇보다도 그 역사에 있다. 일본은 아시아에서 최고 최대의 문화국가를 자랑하는 중국에서 불과 400해리 떨어져 있다. 그럼에도 유사 이래 2천 년이 넘도록 단 한 번도 세계 제국의 범위 안에 들어가지 않고 국가의 독립성과 독자적인 문화를 유지해 왔다.

마야 문명과 잉카의 웅장한 문화를 만든 민족은 멸망했다. 나일 문명도 티그리스, 유프라테스의 영광도 지금은 관광객에게 호기심의 대상에 지나지 않는다. 지난날 크레타 섬에도 에게 해의 섬들에도, 실론, 인도차이나, 중앙아시아에도 현대인의 눈길을 끄는 문화가 만들어졌고, 지금도 그 지역 사람들의 정신적 지주가 되고 있다. 그러나 그것은 한 계통의 연면한 역사와 문화가 현대의 국민 생활에 연결되어 공업과 과학, 예술 같은 분야에 수용되고 활용되는 일본의 경우와 다르다. 그런 의미에서 일본은 오랜 것과 새로운 것의 불가사의한 기적으로 가득 찬 나라로 보인다. 이런 나라는 세계에서 유례가 없다.

일본이 단 한 번도 대륙의 강대국에 정복당하지 않았던 것은 단순히 지리적인 우연이나 대담한 무사도 정신 덕분이 아니다. 그것은 다분히 몬순 아시아 풍토의 평화로운 국제 환경 덕분이다. 특히 중국과 조선 민족이 장대한 방벽 역할을 해서 천 수백 년 동안 끊이지 않은 호전적인 기마민족의 침략에서 일본을 지켜 준 덕분인 것이다.

일본인은 이처럼 세계에서도 드물게 평화를 사랑하는 이웃들로부터 적극적으로 침략을 받은 적이 단 한 번도 없었다. 원구(元寇)는 몽골의 동아시아 정복전쟁이었지 이웃 나라가 벌인 침략 전쟁은 아니었다. 그런데 일본인은 그 오랜 이웃의 우의를 원수로 갚은 역사가 있다. 그것은 동양의 윤리에 어긋날 뿐 아니라 일본인의 정신적인 스승이었던 석가의 사랑과 공자의 인(仁)에 위배되는 행위였다. 특히 메이지 이후 100년은 그런 이웃에 대한 일본 민족의 일방적인 침략과 약탈의 역사이며, 지금도 이 나라 위정자들은 그런 역사에 대한 반성이 약하다.

일본이 2천 년에 걸쳐 타민족의 침략에서 보호받으며 생존해 왔다는 사실을 유럽 대륙 등에서 볼 수 있는 피비린내 나는 민족 항쟁의 역사와 비교해 보면 얼마나 특수한 환경인가. 그것이 곧 일본인 특유의 문화 감각과 사회의식을 만들어 왔다는 사실을 상상하기는 어렵지 않을 것이다. 일본 문화가 이렇게 보호받은 섬나라라는 조건에서 발생했다는 사실은 결정적으로 중요하다. 이 문제를 와쓰지 데쓰로(和辻哲郎)의 '풍토' 이론만으로는 충분히 이해할 수 없다. 최근 인류학자들의 비교문명사적인 고찰과 민족학, 역사학, 민속학 등의 성과를 도입한 종합적인 풍토 이론이 필요할 것이다.

아무튼 일본이 국내의 항쟁을 거치면서도 오랫동안 국가의 독립성을 유지했다는 사실은 그 사상과 문화에 중요한 고유성을 가져다주었다. 인종, 언어, 종교, 의식주 양식의 균질성에서 사고방식, 미의식, 자연관, 정신 구조에 이르기까지 단일성을 가져다준 것이다. 그것이 얼마나 단일하고 균질적인지는 독일이나 중국, 동남아시아 다민족 국가와 비교해 보면 금방 알 수 있을 것이다. 아시아 국가들 말고도 민족을 형성하는 모든 요소에서 일본처럼 단일성을 유지하고 있는 사례는 거의 찾아볼 수 없기 때문이다. 만세일계(万世一系)라는 것은 그 역사적 특성의 상징에 지나지 않는다.

이러한 민족 문화의 고유성은 서구 문화사의 유형으로는 파악할 수 없다. 하물며 서구 모더니즘의 방법으로 일본 문화의 여러 요소를 합리적인 것과 비합리적인 것, 근대적인 것과 전근대적인 것으로 구분해서 생각하는 방식이 충분한 성공을 거두지 못한 것은 두말할 나위도 없다. 그것은 일본 지식인의 다수를 납득시키기는 했어도 수천만 민족의 심리와 동떨어진 것으로 지식인과 민중 사이에 거리를 더욱 멀어지게 할 뿐이었다.

나는 근대 일본의 사상(문화) 형성 과정에서 민중과 지식인들 사이에는 제각기 성질이 다른 독자적인 법칙성이 있다고 생각한다. 그것이 오늘날 급속하게 융합되고 있다고는 하나 여전히 해결을 보지 못하고 있다. 그 근본적인 원인은 고유성이 강한 일본 문화에, 더구나 대다수 민중이 여전히 토속적인 깊은 침묵의 세계에 있던 단계에서 완전히 이질적인 강력한 서구 문화가 급속하게 밀려왔기 때문이다. 그것은 결국 일본이 직면한 세계사적인 위치의 특수성에 따른 것이라고 생각한다.

오카쿠라 덴신(岡倉天心)처럼 거시적으로 보면, 일본 문화사에서 나타난 대혼란이 메이지 시대보다 심한 적은 없었을 것이다. 원시시대 이래 일본 문화는 인도, 중국, 남만(南蠻) 문화 등 거대한 파도를 경험했지만 1~2세기를 거치면서 항상 침체와 동시에 고유한 일본화가 진행되어 왔다. 그 절정은 7~8세기의 나라(奈良) 시대가 되겠지만, 그조차도 19세기 후반에 발생한 메이지 시대의 대혼란에 견주면 영향의 범위가 좁고 충격도 약하다. 메이지 시대의 변화는 권력자를 어리둥절하게 만들었을 뿐 아니라 중간층에 격정을 불러일으켰으며, 나아가 밑바닥에 있는 민중의 심부에까지 그 파문을 확산시켰다.

다른 문화에 대한 민족의 호기심은 크게 높아졌다. 선진 문화에 예민하게 반응하는 정서는 바다 한 가운데 고립된 섬나라 민족이 가지는 하나의 우성이기도 하다. 그러나 새로운 선진 문화는 산업혁명의 위력과 자본주의 근대국가의 강력한 힘을 배경으로 온 것이었던 만큼 일본인의 대항심, 호기심을 이상할 정도로 고조시켰다. 메이지유신에서 보이는 지사들의 저 격렬한 행동, 항쟁하는 각파의 개국론과 양이론은 그 하나의 표현이다. 고행승과도 같은 유학생들의 맹렬한 학습이나 잇따른 인민의 요나오시(世直し) 봉기도 이 흥분에서 예외일 수는 없었다. 신정권 수립을 둘러싼 내란도 그렇다. 그렇기 때문에 일본 역사상 메이지는 가장 극적인 시대이며 메이지 일본은 세계 문화사 연구에서 중요한 실험장으로 간주되었던 것이다.

외국인들은 호기심에 가득 찬 눈으로 이렇게 바라봤을 것이다. 이 작은 아시아의 후진 농업국이 중국에 앞서 근대화의 시련을 견딜 수 있을까. 엄격한 국제 환경 속에서 이 실험의 무게를 견딜 수 있을까.

지금부터 110년 정도 전에 미국의 페리 제독 일행이 미개국 사무라이들에게 모형 기차를 선물로 가져와서 직접 시운전해 보인 광경을 우리는 알고 있다. 처음에는 겁에 질려 저만치 떨어져 보고 있던 일본인들은, 기관차가 움직이기 시작하자 괴성을 지르고 마른침을 삼키면서 뚫어지게 관찰하고 손을 대거나 올라타거나 하면서 하루 종일 싫증을 내지 않았다고 한다. 그리고 불과 100년 만에 일본인은 시속 200킬로미터로 안전하게 달리는 신칸센을 만들고 독자적인 힘으로 초특급 '히카리'호를 개발했다. 그리고 지금은 그 최신 기술을 페리 제독의 조국으로 수출하고 있다.

지난날 검은 연기를 뿜어내는 증기선에 깜짝 놀란 일본인은 그 지칠 줄 모르는 호기심을 살려 지금은 세계 제일의 조선 기술국을 만들었다. 그 맹아는 이미 에도 시대 말기에 용광로와 반사로, 혹은 정밀한 측량 기술(이노 다다타카伊能忠敬의 일본 전도) 등을 제작하고 총포 제조와 목판, 인쇄 기술까지 개조한 일본인의 과학적 노력 속에서 암묵적으로 예견되고 있었다.

그러나 이러한 점을 과대평가하는 것은 나무를 보고 숲을 보지 못하는 처사이며, 근대 일본 문화의 전체 모습을 공평하게 묘사하는 데 방해가 된다. 국민총생산(GNP)과 수십 종의 공업 부문 가운데 몇 가지 첨단 공업에서 세계 최고의 수준을 자랑하거나, 그 전제로서 일본 봉건 문화의 성숙을 찬미하는 따위는 현대 일본의 전반적인 개혁을 위해 싸우고 있는 일본인에게 유익한 일이 아니다. 왜냐하면 지금 일본인에게 필요한 것은 그러한 평가를 통해서 현상을 정당화하거나 합리화하는 것이 아니라 변혁을 위한 현상의 병리를 규명하는 일이며 전반적·본질적·구조적인 연구이기 때문이다.

따라서 이 책의 문제의식도 "기묘한 나라의 기묘함을 탐구한다"는 외국인 연구자의 호기심과는 다르다. 현대 일본을 살아가는 우리로서는 자기 변혁을 위해 실천적이 되지 않을 수 없다. 그렇다고 일부 이데올로기론자와 같이 문화를 단순한 계급 지배의 도구로 단정하는 입장에는 찬성하지 않는다. 인류는 지배계급이든 지배를 받아 온 인민이든 저마다 생활을 영위하고 즐기는 형식을 개발하면서 살아왔으며 축제, 신앙, 기술, 의식주, 생활 행사에 이르기까지 그 삶의 보람으로서 정신적·물질적인 가치를 누려 왔다.

그러한 사회의 생활양식으로서 무의식중에 기능하고 있는 문화는 사람들의 삶의 방식을 은연중에 규정해 온 강력한 힘이었다. 그리고 항상 인간 행위의 잠재적인 지침을 이루어 온 것이었다. 예컨대 T. S. 엘리엇이 말했듯이, 문화의 에스프리는 개별 창조자의 작품 속에 있다기보다 "우리가 가지고 있는 모든 계획의 무의식적 배경을 이루는 것"에서 발견할 수 있다는 말이 될 것이다(물론 창작자 개개인의 작품을 경시해도 좋다는 말은 아니다).

미나가타 구마구스(南方熊楠)가, 우지가미(氏神)나 신사(神社)가 민중에게 주는 정신적인 힘을 다음과 같이 설명하는 것은 그 좋은 예이다. "언어, 문자, 논의로 표현하고 전승할 수 있는 것을 재래의 의식에 따라 말하거나 글로 남기지 않고 홀연히 머리부터 발끝까지 감화하여 잊지 않는 것," "무슨 일인지 모르지만 고마움에 눈물이 흐른다"는 것과 같은 영험일 것이다.

문화나 사상은 민중의 근원적인 부분까지 침투하지 않는 한 본래의 위력을 발휘하지 못한다. 근대 일본에서는 '정신 구조로서의 천황제'가 그 저변의 심부까지 하강하는 데 성공하여 참혹한 독을 흘렸다. 아니 지금까지도 유유히 흐르고 있다. '메이지 문화'에 외국인은 이해하기 어려운 일종의 수수께끼가 있다면 그 대부분은 이 독특한 풍토 이데올로기의 정황에서 파생된 것이라고 생각해도 크게 틀리지는 않을 것이다. 그렇기 때문에 천황제 문제는 이 책에서 피할 수 없는 본질적인 주제가 되는 것이다.

2. 정신 구조로서의 천황제

'정신 구조로서의 천황제'는 메이지 전기에 형성되어 후기에 완성을 보고 대다수 일본인들을 정신적으로 구속했다. 파리에서 돌아온 우수한 조각가이자 반사회적인 자유 시인으로 알려진 다카무라 고타로(高村光太郎, 1883~1956) 같은 지식인조차도 이 정신적 구속으로부터 자유롭지 못했다. 자유롭기는커녕 그는 이 정신적 구속 때문에 반골과 고고한 자유를 관철한 그의 삶을 태평양전쟁의 시작과 함께 그르쳤다. 패전한 1945년 겨울, 자책감에 사로잡혀 자신의 생애를 성찰한 다카무라의 《암우소전》(暗愚小傳)은 그 반세기에 걸친 정신의 역사를 이렇게 고백하고 있다.

나는 파리에서 어른이 되었다.
처음으로 이성에 눈을 뜬 것도 파리.
처음으로 혼의 해방을 얻은 것도 파리.
파리는 별반 신기하지도 않는 얼굴을 하고
인류의 모든 종족을 받아들인다.
(……)
사람은 파리에서 숨을 돌린다.
근대는 파리에서 일어나고
미(美)는 파리에서 숙성하고 싹트며

두뇌의 새로운 세포는 파리에서 태어난다.

프랑스가 프랑스를 넘어서 존재한다.

이 끝을 알 수 없는 세계의 수도 한 구석에 있으면서

나는 가끔 국적을 잊었다.

고향은 멀리 떨어져 작고 초라하며

시끌벅적한 시골 같았다.

나는 파리에서 처음으로 조각을 배우고

시의 진실에 눈을 뜨고

그곳의 서민 한 사람 한 사람한테서

문화의 내력을 발견했다.

서글픈 생각에 옳고 그름도 없이

비할 데 없는 격차를 느꼈다.

일본의 모든 사물과 국가의 품격을 송두리째

그리워하면서 부정했다.

1908년의 일이다. 귀국한 뒤 그는 '한 사람의 인간으로 살고자' 한다. 그러나 "모든 것이 인간이기를 허락하지 않는 이 나라에서 그 결심은 반역"에 다름 아니었다. 그는 격렬한 퇴폐주의에 빠져 도쿄 한가운데에서 칩거 생활을 하면서 같은 고독으로 결합한 "지에코(智惠子)와 단 둘이서 아무도 모르는 생활과 고투하고" 이상한 "내적인 세계의 꿈"에 모든 것을 걸었다. 그러나 외부세계와 차단된 상태에서 내부 생명만을 뒤쫓는 생활은 지에코를 미치게 만들었다.

아내는 죽고 말았다. 텅 빈 세월이 흐르면서 그의 존재는 무너지기 시작했다. "뒷받침 없는 문종이처럼 언제 찢어질지 모르는" 상태가 되었다. 이때 그는 되묻는다.

선전포고보다 먼저 들은 것은

하와이 부근에서 전쟁이 일어났다는 일이다.

이윽고 태평양에서 전쟁을 하는 것이다.

조칙을 듣고 몸을 떨었다.

이 쉽지 않은 순간에

내 두뇌는 란비키(에도시대 술을 증류하는 데 쓰던 도구—옮긴이)에 걸려

어제는 먼 옛날이 되고

먼 옛날이 오늘이 되었다.

천황이 위태롭다

그저 이 한 마디가

나의 모든 것을 결정했다.

어린 시절의 할아버지가

아버지와 어머니가 거기에 있었다.

어릴 적 집의 운무(雲霧)가

방안에 가득 찼다.

내 귀는 조상의 목소리로 가득 찼고

폐하가, 폐하가 라고

헐떡이며 의식은 희미해졌다.

지금은 몸을 던지는 수밖에 없다.

폐하를 지키자.

시를 버리고 시를 쓰자.

다카무라는 일본문학보국회 같은 종류의 모임으로 동분서주하면서 지쳤다. 그러나 일본이 패전하고 그의 화실도 공습으로 불에 탔다. 그는 도호쿠(東北) 지방 산간에 있는 한촌으로 도피한다. 그리고 그 산림에서 자신의 '백조의 노래'를 들은 것이다.

화실이 완전히 타 버리고

나는 오슈(奧州) 하나마키(花卷)로 왔다.

거기서 저 라디오(천황의 항복 방송)를 들었다.

나는 단정하게 자리하고 앉아 몸을 떨었다.

일본은 이윽고 벌거숭이가 되고

인심은 떨어져 바닥을 쳤다.

점령군에게 기아에서 구원받고

간신히 멸망을 모면하고 있다.

그때 천황은 스스로 나아가

나는 현인신(現人神)이 아니라고 했다.

날을 거듭하면서

내 눈에서는 대들보가 떨어져 나와

어느새 60년의 무거운 짐이 사라졌다. 다시금 할아버지도 아버지도 어머니도

저 멀리 열반의 자리로 돌아가고, 나는 크게 숨을 들이마셨다.

불가사의할 정도의 탈각 이후에

오직 인간으로서의 사랑이 있다.

(……)

   이 글에는 근대 일본의 지식인한테서 볼 수 있는 전형적인 정신 편력의 흔적이 있다. 너무도 순수하고 소박하기에 극단적인 전향이라고 말들 하지만, 실은 바로 여기에서 '천황제와 지식인' 사이에 있는 상징적인 관계의 축소판을 볼 수 있는 것이다. 근대 일본의 사상사에는 예를 들면 1930년대의 마르크스주의자들처럼 진보적 지식인의 '대규모 전향'이라는 불가사의한 현상이 있다. 그것은 천황제라는 권력이 그들의 사상을 굴복시켰다는 사실을 넘어, 지식인 내부에 침투하고 있던 사상의 병이 그것을 기회로 입을 열었기 때문일 것이다.

그렇다면 왜 그런 혼의 병이 그들의 내면세계로 스며들었던 것일까.

그것은 언제쯤 형성되고 어떻게 해서 대립하던 여러 사상을 압도하여 일본의 지식인과 민중의 피부 감각 내부까지 침투하게 되었을까. 그것은 다카무라 고타로의 고백처럼, 자기도 모르는 사이에 잠재적인 감화력을 획득하여 패전 이전까지 일본인의 모든 정신을 뒤덮듯이 구속하고 '60년의 무거운 짐'이 되었다. 그 원인의 비밀을 '메이지 문화론'은 당연히 밝혀야 할 것이다.

다케우치 요시미(竹内好)는 일찍이 이렇게 말했다. "천황제는 모든 정신 구조로서 존재하는 것이기 때문에, [그것을 극복하는] 방법을 다른 곳에서 빌려와서는 안 된다. 즉자적으로 존재하는 것을 대상화하고 초월적인 것을 현세적인 것으로 바꿈으로서 천황제를 병립하는 가치의 하나로 만드는 것, 이것이 인식의 내용이며 벗어나기 위한 전제 조건이지만, 이를 위한 방법은 자생적이어야 한다." 참으로 교훈으로 가득 찬 지적이라고 생각한다.[1]

천황제가 복합적인 가치 체계로서, 체계라기보다도 '제반 가치를 상쇄하는 일종의 장치'로서, 아니 민중의 의식 세계를 기체처럼 감싸는 괴물 같은 존재로서 확충할 수 있었던 것은 메이지 말기 이후, 다이쇼, 쇼와 시대에 들어와서의 일이라고 나는 생각한다. 천황제 사상이 민중의 발상 양식을 규제할 정도로 위력을 떨칠 수 있게 되기까지는 역시 그 나름대로 상극의 역사와 사연 많은 자기 형성 과정이 있었던 것이다.

우리가 민중의식의 연구를 통해서 근대 천황제 사상을 낳은 정신 구조를 찾아가다 보면 뜻밖에도 폭넓은 가능성을 품은 막말 변혁기의 민중사상에 다다르게 된다. 그것은 천황제를 낳은 원초적인 구조이자 동시에 천황제와는 무관한 갖가지 해방 환상(예를 들면 미륵 신앙, 요나오시

---

1) 竹内好, 〈権力と芸術〉 1958.4(《竹内好評論集》第2巻).

사상 등)이나, 천황제와 길항하는 나카야마 미키(中山みき, 덴리교 교조―옮긴이) 같은 이들의 변혁적인 종교 사상을 낳은 원천적인 구조이기도 했던 것이다.

막말 유신기에는 그러한 변혁적인 민중의식을 낳은 원초적 구조가 분명히 존재하고 있었다. 그 원초적 구조에서 A, B, C, D, E……와 같은 몇 가지 다른 발전 방향성을 띤 의식과 사상이 싹트고 형성되어 간 것이라고 생각된다. 말하자면 뒷날 위력을 떨치는 천황제 사상도 그 과도기에는 A, B, C, D, E……가운데 하나일 뿐이었으며, 타자에 의해 충분히 대상화되고 극복될 가능성을 안고 있었다고 보는 것이다.

그러나 일본이 세계 자본주의에 포섭되어 가는 과정에서 에도막부에 대신하여 미력한 조정 세력이 신국가의 요체로서 부활하는 비상사태가 출현했을 때, 이제까지는 이 원초적 구조가 낳은 몇 가지 구성 요소 중 하나에 지나지 않던 천황제 사상의 인자가 유신의 지고한 정치적 요청과 결합하여 비로소 다른 요소를 제압할 수 있는 우성 인자로 등장하고 군림할 수 있었던 것이다. 따라서 이렇게 성립하고 군림할 수 있었던 천황제 사상(A)을 극복하기 위해서는 원초적 구조로 되돌아가서 먼저 A를 B, C……로 상대화하고 내부로부터 부정하는 방법을 취해야 한다. 그렇게 해서 일단 천황제를 부정한 다음에 비로소 원초적 구조들을 극복하고 지양하는 정신 혁명의 과정을 통과할 수 있다고 생각한다.

그러한 방법을 사용하지 않고 단순하게 서구 시민사회가 낳은 개인주의 근대 사상으로 일본 민중의 의식 변혁을 꾀하는 방식이 공허한 모더니즘에 빠져 거의 절망이나 독선으로 끝나 버리는 것을 우리는 수차례나 쓰라리게 경험해 왔다.

민중사상 연구가 이러한 모더니즘의 한계를 극복하고 설득력을 얻을 수 있는 것은 그것이 파묻힌 민중의 변혁 계기를 발굴하여 B에 의해 A를 상대화하고 C에 의해 B를 부정하는 창조적 계기를 회복할 수 있을 것이기 때문이다.

나는 이러한 문제의식에 바탕을 둔 연구를 통해서 근대 일본에서 민중사상의 형성(변혁) 과정은 지식인이 경험하는 사상 형성의 과정과는 법칙적으로 전혀 이질적인 것이며, 그것을 상호 간에 이해할 수 없었던 점에 커다란 불행이 있었다는 확신에 도달하게 되었다. 물론 대단히 과감한 가설일 것이다. 이 부분에 관해서는 별도의 저서에서 상세하게 논증하려고 준비하고 있지만, 될 수 있으면 여기서도 사례를 들어 언급하고자 한다.

3. 문제의 범위와 전망

원래 '메이지 문화'를 전체적으로 논한다는 것은 도저히 개인의 능력으로 감당할 수 있는 문제가 아니다. 그래서 먼저 문제의 윤곽과 그 전망을 제시하고 다루어야 할 주제를 한정하지 않으면 안 될 것 같다.

메이지라는 것은 세계 문명사에서 어떤 위치를 차지하고 있을까. 천수백 년에 걸쳐서 대륙의 세계 국가에 편입되지 않고 '섬나라 독립국의 문화'를 유지해 온 일본에 19세기 중반 서구가 내던진 심각한 충격은 어떤 질적인 변화를 가져왔을까. 그것은 메이지 일본이 세계 문명사에서 차지하는 위치와 서구의 충격에 관한 문제일 것이다. 그런 점에서 일본의 사례는 후진국 일반의 모델로서는 너무도 특수하다.

예를 들면 같은 근대 서구 문명과 접촉한 방식에서 보더라도, 일본이나 러시아처럼 독립국의 지위를 유지한 국가와 식민지나 종속국이 되어 접촉을 강요당한 국가 사이에는 그 수용과 반항의 유형에 결정적인 차이가 있다.

전자는 그 수용이 비교적 용이하고 경제력이나 군사력의 발전 등에 이용할 수 있었던 반면, 외래문화와의 대결이 불충분하여 경박한 모방과 혼란의 시기가 계속되었다. 그런가 하면 후자에 속하는 중국과 인도, 아랍 세계 등에서는 외래문화와 토착문화의 철저한 대결이 이어지면서 내적인 사색을 통해서 격렬한 저항 정신과 자기 정립의 움직임이 나타났다. 인도의 간디와 네루, 중국의 쑨원이나 루쉰 같은 인물은 그러한 민족의 심성을 집약하고 있으며 서구 '문명'의 허위의식에서 각성한 눈으로 자국의 문화와 민중을 바라볼 수 있었다.

물론 독립국이었느냐 식민지였느냐 하는 것만으로 여러 민족이 보이는 대응의 차이를 설명할 수는 없다. 그 국가와 민족이 세계사의 어떤 단계에서 서구 열강에 문호를 열었느냐 하는 점이 중요한 의미를 띤다. 예를 들면 1840년대 초에 개국을 강요당한 중국, 1850~1860년대에 개국한 일본, 1870년대 후반에 개국한 조선 사이에는 그 자립의 가능성이 완전히 달라진다. 이 국가들 가운데 일본만이 서구 열강의 상호 견제나 인도와 중국에서 발생한 대규모 민중 반란의 에너지를 자국의 독립에 효과적으로 이용할 수 있는 혜택을 입은 것이다.

그리고 이 국가들이 개국하는 시점에서 각각 민족의 자각과 문화의 축적이 어떤 상태에 있었는가 하는 문제가 예속이냐 아니냐를 결정하는 또 하나의 주체적인 조건이 된다.

일본의 경우에는 난숙기에 도달해 있던 근세 문화와 난학(蘭学)의 유산이 있으며, 그것이 널리 보급되고 있던 교육이나 민중의 새로운 정신적인 자기 규율과 재야에까지 미친 지사적인 기개와 결합하였다. 그리고 그것이 새로운 시대에 대한 대망의 정열과 뒤섞여 대외적인 위기를 극복하는 전제조건을 이루고 있었다. 그것이 홍수와도 같은 신문화의 유입을 맞이하여 어떻게 변모했는지, 그리고 거기서 '메이지 문화'로서의 어떤 새로운 질을 낳았는지를 확인하는 것이 중요하다.

에도 시대에는 맹아의 수준에 그치고 있던 것이 메이지 시대에 들어와 비로소 일본인이 손에 잡을 수 있었던 새로운 그 무엇, 그것을 '메이지 문화' 속의 근대적인 '요소'라고 부른다면 과연 어떤 것을 들 수가 있을까. 첫째로 기본적 인권에 대한 명확한 감응일 것이다. 이런 민주주의적 자각은 특히 1880년대의 자유민권운동 속에서 국민들 사이에 하나의 물결이 되어 나타났다.

둘째는 자아의식을 비롯한 개인주의적인 각성일 것이다. 이것은 다카무라 고타로의 시에서도 보았듯이, 무엇보다도 서구와의 접촉과 기독교적인 관념을 통해서 특히 사족층과 지식인들 사이에 각성이 일어났다. 물론 일반 민중들 사이에도 다카무라처럼 예리한 통찰은 아니지만 전통적인 '무라'(村)와 '이에'(家) 공동체의 해체 속에서 완만한 자기의식으로서 자아의 주장이 나타나고 있다.

셋째는 자본주의적인 요소일 것이다. 물질적인 가치관, 공리주의, 기술주의 등이 점차 낡은 정신주의적 가치관을 대신하는 모습으로 나타나게 된다. 그 두드러진 형태는 유교 윤리와 무사도 정신의 퇴조로 나타난다.

넷째는 민족적·국민적 자각이 사회 전체를 뒤덮을 정도로 강력했다는 점일 것이다. 이것은 문화적인 면에서는 서구 문화와 대비를 통해 일본미를 재발견하고 일본인의 도덕관념과 전통, 인생관을 재평가하는 흐름으로 나타났다. 오카쿠라 덴신 등의 새로운 일본미술 운동, 고다 로한(幸田露伴) 등의 국풍 문학, 야나기타 구니오(柳田国男)의 민속학, 미야케 세쓰레이(三宅雪嶺)와 구가 가쓰난(陸羯南)의 국수주의 등이 그러 예일 것이다. 그러나 이 경우에도 서구와의 대결이 자국의 제국주의 코스를 용인함으로서 인도나 중국에서 보이는 것과 같은 철저한 엄격성이 결여되어 있었다. 그 때문에 안이한 화양절충(和洋折衷), 동서 문화의 융합에 빠져 다원적인 잡거 상황을 초래했다는 사실을 잊어서는 안 된다.

이 네 가지 요소(자아, 민주주의, 자본주의, 내셔널리즘)는 근대 일본뿐 아니라 다른 나라에서도 적용되는 근대를 구성하는 중요한 요소라고 생각하지만, 이것이 어떤 내적인 관련을 통해서 나타나는지 그 관련성과 모순 구조를 구체적으로 살펴보는 가운데 이 일반 이론을 활용할 수 있을 것이다.

예를 들면 첫째와 둘째 요소는 자유민권운동의 좌절과 함께 발전이 저지되고 셋째와 넷째의 성격을 왜곡된 것으로 규정하게 되는데, 메이지의 경우에는 그 모순 구조의 초점이자 결절점으로서 '천황제' 문제가 떠오르게 되는 것이다. a 절충성, b '이에' 의식, c 토착성, 지연성, d 내셔널리즘, e 공공성·시민적 성격의 결여. 종종 메이지 문화의 성격을 규정하고 있는 기본적인 지표로 불리는 이런 특성은 궁극적으로는 '정신 구조로서의 천황제'와 관련지어 이해하지 않으면 안 될 것이다.

그렇기 때문에 '천황제'의 형성 과정과 국민들 사이에 침투되어 가는 과정에 대한 역사적인 연구가 중요하며, 나아가 이를 초월적·숙명적인 것으로 보지 않고 내측에서 상대화하여 극복하는 방법으로서 고대부터 현대에 이르는 민중의식의 지하수를 발견하지 않으면 안 된다. 이를 위해 민속학과 종교사, 사회학, 풍토론, 인류학 같은 인접 과학의 성과가 필요하다면 겸허하게 받아들이고 배워야 할 것이다.

1장

풀뿌리에서의 문화 창조

달에서 본 지구가 푸르고 아름답듯이, 역사도 한 세기를 두고 보면 선명하게 보이는 법이다. 메이지는 일본 민족의 재능을 해방시켜 아시아 최대의 군사력과 공업력으로 발전시켰다. 그러나 한편으로는 절망적인 농촌과 도시 빈민의 비문화적 상황, 그리고 정신 구조로서의 천황제를 불러왔다. 그 병폐는 민중의 체내를 돌아 뿌리 깊은 노예 구조로 정착했다.

그럼에도 나는 어두운 대지의 바닥에 투명하게 존재하는 것을 소중하게 여기고 싶다. 이 나라의 잠재력과 국민의 각별한 재능을 정당하게 평가하고 싶다. 그렇게 하기 위해 이 장에서는 먼저 말없는 침묵의 민속 세계부터 서술을 시작하고자 한다.

1. 침묵하는 민속의 세계

일본의 도호쿠 지방 이와테 현 기타가미(北上) 산지의 설화집《도노 모노가타리》(遠野物語)는 야나기타 구니오(1875~1962)가 1909년에 도노(遠野) 촌의 사사키 교세키(佐々木鏡石)한테서 직접 들은 이야기이다. 야나기타는 한마디도 보태거나 빼지 않고 느낀 대로 적었다고 하는데,

그 무렵 일본 민중의 정신적인 암부를 비추어 낸 작품으로 매우 상징적인 의미를 가진다.

도노 촌은 도심에서 너무 멀리 떨어져 '일본의 티베트'라고 불리는 곳으로, 일본인의 정신적인 원상(原象)을 이해하기에 적합한 곳은 아니라고 말할지도 모른다. 그러나 막부 말기에 이미 "서양 건물이 근처의 가마이시(釜石)에도 야마다(山田)에도 있었으며 예수교가 은밀하게 퍼져 도노에서도 책형을 받은 자가 있다"고 전해지고 있다. 또한 이곳 사람들은 서로 입을 맞추는 서양 남녀의 정경을 기억하고 있으며 결코 문화에서 소외된 곳이 아니었다(실제로 그리스정교가 가장 먼저 들어온 곳이다). 그 도노에 메이지 시대가 되면서 신식 공장이 들어섰다.

하나레모리(離森)의 부잣집 부지에 최근 몇 년 전까지 성냥 공장이 있었다. (그런데) 그 판잣집에 밤이 되면 여자가 찾아와 사람을 보고 헤프게 웃곤 해서 이윽고 공장을 야마구치로 옮겼다.

현대인은 이 여자를 미친 여자라고 치부할지도 모른다. 그러나 그 시대 사람들은 그렇지 않았다. 메이지의 민중은 아직도 기이한 신령이 존재하는 환상 세계 속에 살고 있었고, 그 환상과 근대 공장이 병립하고 있다는 점에 메이지 시대의 특징이 있었다. 산골짜기에는 산지기와 산신이 살고 있으며 이따금 여자나 어린이가 행방불명되는 사건이 일어났다. 옛날 집터에는 자시키와라시(座敷童子)라는 신이 살고 있어 어린이들을 몽환적인 기분에 빠져들게 했다. 오이노모리(狼森), 덴구모리(天狗森) 등으로 불리는 요괴들이 살고 있다고 전해지는 숲은 어디에나 있었고, 1905년 무렵에도 가즈노(和野)의 기쿠치 기쿠조(菊地菊蔵)라는 이의 아내가 점심시간이 조금 지나 후에후키(笛吹) 고개를 내려갈 때 요괴에게 홀렸다는 이야기가 전해지고 있다.

한겨울, 차디차게 얼어붙은 대보름 밤에 유키온나(雪女)가 어린 여자 아이를 무수하게 데려온다는 이야기와 죽은 어머니가 마을에 내려와서 집 지키는 소녀를 잡아먹은 뒤 그 가죽을 쓰고 딸 행세를 하고 있었다는 등 무서운 이야기가 수도 없이 전해지고 있다.[1]

메이지에 들어와 '문명개화'가 전국 각지로 확산되어 학교가 세워지고 신교육이 시행되었으며 철도가 부설되어 열차가 달리게 되어도 한동안 이러한 환상 세계와 근대 문명이 병존하는 상태는 계속되었다. 마을을 흐르는 강에 갓파(川童)가 살고 있다는 것을 믿지 않은 소학생은 없었다고 해도 좋을 정도였다. 야나기타 구니오도 이렇게 기록하고 있다. "갓파를 우리 고향에서는 가타로, 즉 가와타로(川太郎)라고 불렀습니다. 집이 이치가와 강과 나루터에 가까워 그 피해는 여름 내내 계속되었고, 소학교에서는 가을이 올 때까지 가타로 이야기로 소문이 자자했습니다."[2]

도호쿠 지방 사람들이 최근까지 오시라사마, 오쿠나이사마, 곤세사마, 곤게사마, 가마도의 가미사마 같은 온갖 생활 수호신들을 모셔 온 것은 어쩌면 당연한 일일 것이다. 여기서 말하는 '가미'(神)란 기독교에서 말하는 절대신이 아니다. 일본인에게 '가미'란 냄새와 같은 존재이며 가장 가까운 조상의 영혼으로서, 나아가 조상의 땀과 피가 물든 산하로서 암묵적으로 느끼고 있었던 것이었다. 민중들은 그렇게 친숙한 신들이 몸소 자손들을 지켜 줄 거라 기대하고 있었다(이 가미와 인간의 관계는 특히 농경 생산의 리듬인 연중행사를 통해서 거듭 확인되어 온 사항이었다).

사람은 죽어서 신이 된다. 그러나 일본인의 조령(조상의 영혼)은 대륙 불교의 가르침과 같이 영겁의 저편으로 떠나가는 것이 아니다. 죽어서도 고향을 떠나지 않으며 고향 뒷산 높은 곳 어딘가에서 자손들의 생업

---

1) 柳田国男,《遠野物語》, 1910년.
2) 柳田国男,《妖怪談義》自序, 1956년.

을 지키고 그 번영과 근면을 염원하고 있다. 그렇기 때문에 "그들은 모두 죽으면 제사를 지내 준다고 믿으며 그 믿음을 확실하게 하기 위해 저마다 살아 있는 동안은 열심히 조상에게 제사를 지내는 것"이라고 야나기타는 말한다.[3]

다만, 나는 메이지의 일본인 모두에게 이렇듯 오래도록 내려오는 신앙이 명백하게 살아 있었다는 확신을 가지고 말하는 것은 아니다. 그러나 적어도 이 상념은 대다수 민중에게 수용되고 있었으며 메이지 시대를 살았던 야나기타 구니오가 만년에 품은 소망 속에서도 분명하게 확인할 수가 있는 것이다.

혼이 되어서도 여전히 살던 곳에 머문다는 상상은 나 역시 일본인이기 때문인지 무척 기쁘게 느껴진다. 할 수만 있다면 언제까지나 이 땅에 머물고 싶다. 그렇게 해서 하나의 문화가 좀 더 아름답게 펼쳐지고 하나의 학문이 좀 더 이 세상에 기여할 수 있게 되기를 어디선가 조그만 언덕 위에서라도 지켜보고 싶은 것이다.[4]

물론 야나기타의 소망과 민중의 소망이 같다는 말은 아니다. 야나기타의 이 말에는 근대과학이나 비교사학, 세계종교를 인식하고 있는 자의 자기억제가 있으며 그것을 '할 수만 있다면'이라든가, '하나의 학문'이라는 말로 표현하고 있다. 이미 야나기타에게는 한 계통의 '이에'(家)를 지키는 것은 문제가 아니었지만 그 민속학의 중심 사상은 민중의 조상 숭배('가미'의 이름을 빌려 인간 자신을 제사 지내는 '이에'의 신앙)를 중시하는 데 있으며, 그 속에서 일본인의 영생을 보장하는 어떤 방법이 있다고

3) 柳田国男, 〈神道と民俗学〉, 1948년, 《全集》第15卷.
4) 柳田国男, 〈魂のゆくえ〉, 1969년, 《全集》第15卷.

인식하고 있는 점에 있다.

일본인은 자기 자신이라는 것을 생명의 흐름에서 분리된 완전한 개인이라고는 믿지 않는다. 즉 자신의 생명을 조상에서 자손으로 이어지는 한 계통의 흐름 가운데 하나로 생각하고 있다. 일본인이 '이에'를 특히 중시하는 민족이었던 것도 이 한 계통의 생명관이 오랜 농경 생활의 리듬 속에서 뿌리 깊게 배양되어 왔기 때문이다.

우리는 메이지의 산촌과 농촌 조사를 위해 가끔 고택(古宅)이 남아 있는 마을을 방문하게 되는데, 거기서 목격하는 것은 야나기타가 말하는 "가미와 인간이 교섭하는 장소"의 흔적이다. 과연 조상의 영혼은 자손의 저택 안이 아니라 마을 언덕 중턱의 무덤에서 지켜보도록 모셔져 있다. 그리고 우지가미(氏神)는 부락 한가운데에 있는 숲에서 모시고 있다. 조상의 영혼은 음력 7월 보름과 정월 같은 특정한 계절에 고향에 내려와 가족과 함께 지내며 또한 오쿠리비(送り火)와 함께 돌아가는 것으로 인식되고 있다. 그리고 겨울이 되면 산으로 돌아가 산신이 되고 봄이 되면 밭으로 들어가 밭신이 되어 생산의 수호신이 되어 준다. 이러한 신앙은 막연한 정념이 되어 연중행사로 정착되고 변화하는 새로운 풍속과 섞이면서 메이지는 물론이고 다이쇼, 쇼와까지 이어지는 예가 적지 않다.

나 자신도 쇼와 초기의 소년 시절에 도쿄에서 60킬로미터 정도 떨어진 시골의 작은 마을에서 살았는데, 그때도 이렇게 조령을 모시는 의식이 남아 있었던 것을 또렷하게 기억하고 있다. 이것이 대혁명을 경험하는 것은 지난 제2차 세계대전 후, 특히 농촌이 산업화의 물결에 휩쓸린 1960년대부터일 것이다.

메이지의 일본인은 조령을 모시고 묘를 소중히 여긴다. 그렇기 때문에 어떤 일이 있어도 '이에'를 지켜 나가야 한다는 정념이야말로 엄격한 자기 규율의 통속도덕을 근본에서 지탱하고 있던 정신적인 힘이었다고 나는 생각한다. '근면, 검약, 화합, 정직' 같은 덕목에 의거한 가혹한 노동은 민중이 이러한 '이에'를 지키고 '영원한 삶'으로 돌아가기 위한 필수 조건으로서 자발적으로 행하여지는 것이며, 또한 그것을 성취해 가는 것에 대한 충실감이 삶의 보람이었다. 이 근본적인 생명관과 정념을 상실한 현대인에게는 이미 메이지 시대 민중의 심성이 진부한 것으로밖에 이해될 수 없을 것이다.

나는 최근에 산타마(三多摩) 출신의 저명한 정치가로서 1880년대에는 자유민권운동의 급진적 지도자로 활약한 한 인물의 전기를 정리했다.[5] 그분은 만년이 되어 조상의 묘에 자주 참배하고 장남에게도 "자손을 위해 좋은 논은 사지 않지만 조상 제사는 소홀히 하지 않을 만큼은 재산을 남겨 둔다. 꿈에도 잊어선 안 된다"고 거듭 당부했다고 한다. 그 이야기를 듣고 나는 야나기타의 견해를 더욱 실감하게 되었다.

그렇다면 서구식 자유사상가이기도 했던 이 민권가의 성장 내력은 어떤 것이었을까. 무사시국(武蔵国) 다마(多摩) 군 노즈다 촌(野津田村, 현재 마치다 시)에서 5대째 부농인 무라노 쓰네에몬(村野常右衛門, 1859~1927)의 소년 시절은 메이지유신을 전후해서 미나미간토(南關東) 지방 농촌의 환상과 신앙에 가득 찬 민중 생활을 나타내고 있기 때문에 참고로 스케치해 두고자 한다. 이 생활 풍경(생활문화 그 자체)을 현대 일본인은 얼마나 아득한 과거의 일로 급속하게 망각하고 있는 것일까.

2. 저변의 태동

무라노 쓰네에몬이 이소키치(磯吉)라고 불리던 어린 시절에 그의 생가와 마을은 소년들에게 즐거움으로 넘치는 유희의 세계였다. 정월 초

---

5) 村野廉市・色川大吉, 《村野常右衛門伝》, 1969년.

하루 해가 밝으면 이소키치와 친구들은 새 옷을 입고 새해 인사를 다닌다. 초이틀에는 가키조메(書初め, 정초에 붓글씨나 그림을 그리는 행사—옮긴이), 초이레에는 나나쿠사(七草, 일곱 가지 나물을 먹는 풍습—옮긴이)로 죽을 쑤어 먹고 냉이로 물들인 손톱을 깎기도 했다고 한다.

전당포를 하던 생가에서는 1월 11일에 창고 개방 행사를 성대하게 치른다. 14일은 경단을 구워 먹는 날이다. 꾸지나무를 잘라 와서 아이들은 그 가지에 경단을 꿰어 방안에 장식하고는 올려다보면서 기뻐했다. 빨간색과 흰색 '누에 경단' 장식은 왠지 모르게 집안을 밝게 하고 누에의 축하와 함께 정월이 왔다는 실감을 주었다.

정월 보름날의 팥죽, 20일의 칠복 신에게 지내는 제사, 28일의 후도묘오(不動明王)에 이르기까지 아이들에게는 쉴 새 없이 즐거움이 이어졌다. 1월 28일에는 아침부터 신사에 참배하러 간다. 이소키치는 어머니 손에 이끌려 후도묘오의 신사 앞에서 부적이나 달마, 그 밖에 갖가지 신불에 공양하고 물건을 사는 번화롭고 활기찬 분위기가 좋았다.

2월이 되면 입춘 전날의 콩 뿌리기, 하쓰우마(初午, 신사에서 올리는 잿날—옮긴이), 네한코(涅槃講, 석가가 입멸한 날에 석가의 유덕을 기리고 보은을 위해 법요를 행하는 것—옮긴이) 같은 행사가 있으면 반드시 찰밥을 지었다.

3월의 복숭아 명절과 춘분, 4월의 석가탄신일, 5월 단오, 6월의 모심기 축제, 그리고 7월 칠석, 8월의 오봉(お盆)에 이르기까지 행사가 있을 때에는 마을 수호신을 모시는 숲 속에서 남녀가 사랑을 속삭이고, 낡은 사찰이나 묘지의 좁은 길에는 등롱과 색채가 화려한 화초가 넘쳐났다.

9월에는 수호신의 가을 축제가 있어 친척과 손님들이 찾아오고 찰밥과 야채조림 같은 맛있는 음식들이 차려졌다. 이소키치와 악동들은 사원 앞에서 열리는 가구라(神楽, 신도의 제례 행사에서 신에게 봉납하기 위해 연주되는 가무—옮긴이)와 오미코시(お神輿, 신을 태우는 가마—옮긴이)

가 좋아서 꾸지람을 들으면서도 밤늦도록 집에 돌아가지 않고 놀았다.

음력 9월 15일은 오쓰키미(お月見, 보름달을 보고 즐기는 것—옮긴이)이기도 하고 가을의 추분, 에비스코(えびす講, 민간 제례 행사—옮긴이) 등 쉬지 않고 촌락 공동체의 행사가 이어진다.

12월 1일은 이 지방에서 '가와히다리'(川ひだり)라고 하는데, 이 날은 큰물이 지기 때문에 아무도 집밖에 나가지 않았다. 특히 이소키치네 집은 하천 가에 있어 강물이 범람할 때마다 마룻바닥까지 물에 잠기기도 했다. 큰물이 질 때는 마을 사람들이 모두 나와 물레방앗간을 지키려고 허둥지둥하는 모습이 이소키치와 아이들에게는 오히려 재미있었다.

12월 8일은 대망의 '요오카조'(八日ぞう)이다. '메카리바바아'(めかりばばぁ)라고 하여, 눈이 하나 있는 노파가 와서 나쁜 병을 옮긴다고 무서워했다. 이날은 냄새가 나는 나무을 태워 연기를 내거나 소쿠리를 지붕 위에 올리거나 해서 눈병이 옮는 것을 막았다(요오카조에는 대나무로 만든 소쿠리를 집 앞에 걸고 냄새 나는 나무를 불태우면 병을 옮기는 애꾸눈 노파가 자기보다 눈이 많은 소쿠리와 집에서 풍기는 냄새에 놀라 달아난다고 전해진다—옮긴이)

이렇게 이소키치와 아이들에게 고향은 여전히 환상과 민속으로 가득 찬 세계였다.

메이지유신을 통한 근대화 정책은 이러한 목가적인 민중 생활의 리듬을 뿌리에서부터 뒤흔들었다. 그리고 농민봉기와 도시민의 폭동은 주변의 광범위한 지역으로 확산되어 일본 인민들 사이에 새로운 변혁의 관념을 낳았다. 새로운 세상을 추구하는 민중의 목소리는 먼저 메이지 정부가 표방하는 '신정책'의 슬로건에 호응하는 형태로 일어났지만, 이윽고 정부의 정책과 대립하고 항쟁하는 외침으로 바뀌었다.

예를 들면 "여보게들, 들어 주지도 않아. 천황 정부의 취지는 속임수야 …… 다카마가하라(高天原, 신화에서 천황의 조상신 아마테라스 오미카미가 살고 있던 곳으로 전해지는 곳—옮긴이)에서는 목구멍도 적시지 못한다. 겉치레는 그럴듯하지만 먹고살기 어려워"라고 하는 저 유명한 속요를 떠올려 보기 바란다. 그럼에도 한편으로는 봉기에 가담하지 않는 수천만 민중의 불길한 침묵이 있었다는 사실을 우리는 무겁게 받아들이지 않으면 안 된다.

민속학이라는 학문은 바로 이러한 영역에 파고들었다. 그 침묵의 세계는 겉에서 보면 마치 잠들어 있는 것처럼 보였다. 혹은 농경 생활과 그 관행이 언제 그칠지 모르는 단조로운 되풀이처럼 생각되었다. 그러나 주의 깊은 관찰자라면 잠들어 있는 것처럼 보이는 목가적인 광경 속에서 눈에는 보이지 않지만 확실하게 근대로 향하여 변모하는 무수한 증거를 발견할 수 있었던 것이다.

마을은 갖가지 작은 사건들이 잇따라 일어나면서 급격하게 변화하기 시작했다. 수백 년이 지나도 결코 변하지 않을 것처럼 보이던 농경 생활의 리듬은 페리 제독의 흑선이 도래한 이후, 그리고 외국무역과 국내의 자유 유통이 시작되면서부터 눈에 띄게 달라졌다. 특히 신정권이 성립되고 나서 국정 위임 사무가 산더미처럼 마을에 밀려왔다. 세법이 개정되고 땅값이 결정되었으며 학교가 설립되었다. 사람의 이동이 촉진되어 잔잔한 연못 같은 마을에 하나둘 돌멩이가 날아들었다. 메이지 초년에 17만 남짓하던 마을 수가 불과 십 수년 사이에 1만 2천 정도로 통합되어 버리는 과정만 보더라도 그 동요가 얼마나 격렬했는지 짐작할 수 있을 것이다.

물론 그러한 외부의 충격으로 오랫동안 뿌리내린 완고한 민속 관행이 한순간에 변해 버리지는 않는다. 변화는 은밀한 형태로 내부에서 차츰 일어나며 그것을 외부에서 촉진하고 자극한 것이 촌락의 메이지유신, 곧 촌락의 문명개화였다.

예를 들면 마을 옆으로 철도가 부설되고 기차가 개통된다. 그러면 곧

한밤중에 여우가 기차 소리를 내면서 철로 위를 달린다는 소문이 퍼진다. 이것은 전국 어디서나 볼 수 있는 현상이다. 오늘날 사람들에게는 믿기지 않겠지만, 그 무렵 일본 민중들에게 '기적소리'는 난생 처음 듣는 기계 문명의 참신한 굉음이며 그것은 당연히 사람들의 귀에 온갖 환상을 불러일으킨 것이다.

전보가 처음으로 배달되었을 때도 마찬가지다. 마을의 너구리가 배달부 흉내를 내며 집 앞에 서서 "덴포!"(전보의 일본어 발음—옮긴이)라고 소리쳤다고 한다. 사실 봉건시대의 마을에는 정적이 지배하고 있었을 것이며 바늘 하나 떨어져도 소리가 울릴 만큼 적막한 세계가 있었다. 그렇기 때문에 지붕 밑에서 개미가 씨름을 하는 소리까지 들린다고 해도 별반 이상한 이야기는 아니었다.

그렇지만 검은 연기를 뿜어내면서 굉음을 울리며 달리는 기차는 일본 민중에게 이루 헤아릴 수 없는 감동을 주었다. 장대한 철강 문화의 시대를 알리는 신호탄이 되어 일본인의 풍경에 대한 인식까지도 일변시켰다. 철도는 평탄하고 단조로운 전원에 힘찬 강철이 직선을 그리면서 민중에게 자연에 대항하는 용기를 주어 일종의 새로운 미의식을 자극했다. 다만 "철도가 용기를 주었다"고 한다면 적절한 표현이 아니다. 일본 민중이 이런 문명의 이기를 그토록 적극적이고 창조적인 방향으로 수용했다고 말해야 좋을 것이다. 왜냐하면 이 세상에는 아직도 문명을 종교적 금기와 정서적인 혐오로 거부하는 종족이 존재하고 있기 때문이다.

일본 민중은 저 활기찬 기차의 모습에서 자연을 개조하는 근대의 의지적 문명을 창조하는 방향을 곧바로 깨우쳤다. 그 상징인 기관차는 일본 어린이들에게는 영원한 동경의 대상이 되었다.[6] 이렇게 해서 철도가 하나둘 부설되고 때맞추어 신작로가 거미줄처럼 개설되면서 폐쇄되어

---

6) 中野重治,《汽車の罐焚き》, 1937년.

있던 마을을 변화시키고 새로운 거리를 형성하여 사람들을 약동하는 신천지를 향해 해방시키는 힘이 되었던 것이다.

3. 근대를 향한 은은한 변모

사람들이 마을을 나온다는 것, 그리고 타향을 널리 견문한다는 것은 '고향'에 대한 의식에 혁명을 가져다주었다. 에도 시대에 수백만 명에 이르던 오가케마이리(이세 신궁에 집단으로 참배하는 것—옮긴이), 특히 에도 시대 말기에 성행했던 크고 작은 수백 개의 '고'(講) 집단의 대규모 참배는 민중의 호기심을 자극하고 그들에게 소중한 경험을 가져다주었다. 그들은 종종 타향과 고향을 비교하고 점차 고향을 하늘이 준 둘도 없는 것이라는 생각에서, 바꿀 수 있는 개조의 대상으로 인식하게 되었다. 1840년대부터 메이지 전기에 걸쳐서 이러한 의식을 가진 수많은 독농가와 이른바 처세에 능한 세간사(世間師)가 탄생한 것은 일본 근대화에서 결정적으로 유리한 기초 조건이 되었다.[7]

그러나 마을 사람들이 고향 땅을 버리고 바깥세상으로 나간다는 것은 그리 쉬운 일이 아니었다. 야나기타 구니오가 거듭 말했듯이 "우리 부모들은 죽어서 피를 나누어 준 자손들에게 제삿밥을 얻어먹지 않으면 사후의 행복은 얻을 수 없다는 생각이 어느새 정착"되었으며 "집안의 영속을 희구하는 마음도 언젠가 가야 할 저세상의 평화를 위해서 무엇보다도 필요하다"고 믿어 왔기 때문이다. 더구나 "이것은 하나의 동질적 문화를 공유하는 집단에 대한 무언의 약속"이라고 할 정도로 강고한 것이었던 것이다,

---

7) 宮本常一,《忘れられた日本人》, 1960년.

야나기타의 예술적 직감에 따르면, 본디 일본인은 인도인처럼 완전한 윤회전생의 법칙을 인정하지는 않았다. 사후 곧바로 다른 세계에 속해 버린다고는 생각하지 않았던 것이다. 오히려 눈에는 보이지 않지만 고향의 산천초목에는 부모와 조상들의 영혼이 쉬고 있으며 과거에 살던 현세를 그리운 듯 지켜보고 있다고 믿어 왔다. 이것은 불교에서 보자면 '떠도는 영혼'이라는 말이 될 것이다. 따라서 가정의 불단에 있는 '부처님'은 석가모니가 아니라 이 조령(祖靈)의 총칭이며, 해마다 오봉과 춘분, 추분에는 영혼이 돌아와서 자손들의 뒤를 보살펴 주는 것처럼 친숙한 것이었다.

불교에서는 사람은 죽으면 '부처'의 구원으로 극락에 갈 수 있다고 설파해 왔다. 따라서 일본인은 죽은 사람을 '부처'라고 부르게 되었는데, 자신들이 옛날부터 믿어 오던 조령 신앙만은 이 세계종교의 교리에 의해서도 버릴 수가 없었다. 그래서 승려들은 이 '떠도는 영혼'의 구제를 설파하여 지장보살과 대일여래, 관세음 같은 우상을 민중 생활의 곳곳에 가지고 들어왔다. 하지만 그 역시 일본화된 오봉 행사나 오랜 고장의 수호신과 혼재되면서 그들을 벗어나게 할 수는 없었던 것이다.

이러한 뿌리 깊은 토속신앙 속에서 "온후한 가장들은 자신을 오직 긴 사슬을 연결하는 하나의 고리라고 생각하고 항상 은애(恩愛)의 기로에서 헤매고 있었다." 그러나 메이지 문명은 가장들에게 잇따라 강압을 가하여 분가를 만들어 냈으며 한 집안의 본가를 약화시키고 내부 갈등을 일으키게 하여 끝내 자본주의 아래 농촌을 하나의 단위로 변모시켜 갔다.

대장부 뜻을 세워 향리를 떠나 학문을 세우지 못한다면 죽어도 돌아가지 않으리

뼈를 묻을 곳 어찌 분묘뿐일까 인간이 가는 도처에 청산이 있다네

승려 겟쇼(月性)가 지은 이 시만큼 메이지의 청년을 고무한 것은 없을 것이다. 여기에는 "뼈를 묻을 곳 어찌 분묘뿐일까"라는 격렬한 반항의 모티브가 메아리치고 있다. 이것은 '가문'의 존속을 최고로 생각하는 민속 관행에 대한 과감한 반역이었다. 또한 이것은 사족 지식층뿐 아니라 민중 차원에서 보더라도 하나의 의식 혁명의 권장을 의미했다. "아무 데서나 일하고 아무 데나 뼈를 묻어도 좋다"는 결심, 일본 인민들이 타향이나 해외로 웅비한 것도 이러한 정신 혁명 없이는 촉진될 수 없었을 것이다. 이렇게 해서 사람들은 고향집을 떠나 저마다 새로운 땅에서 새로운 집의 첫 번째 조상이 되고자 하는 의지를 불태웠다.

야나기타 구니오는 명저 《메이지다이쇼사·세상편》(明治大正史·世相編, 1931년)에 한 사람의 인명도 거론하지 않고 민중의 의식주 생활과 관습을 기록했고, 이런저런 기사에서 놀랄 만한 예리함으로 희미하게 진행하고 있던 근대로의 변화를 그려 냈다. 나도 이러한 야나기타의 독창적인 안목에 이끌려 민중 생활의 측면에서 근대로 변화하는 모습(민중적 근대 문화 그 자체)을 묘사해 보고자 한다. 그리고 지식인 중심이 아닌 국민적 차원에서 메이지 문화론의 기초를 발견해 보려고 한다.

먼저 의식주부터 살펴보자. 에도 시대에 목면 생산과 염색이 발달하여 서민의 의복이 '마(麻)에서 목면으로' 이동한 것은 "감색 향기와 목면의 감촉"을 통해 일본인 남녀를 감수성이 발달된 인간으로 키웠다. 특히 염색의 발달은 민중의 내부에 배양되고 있던 색채 감각을 깨우치게 하는 데 도움이 되었다. 과거에 색깔은 신분제에 따라 자유로운 사용이 금지되고 있었지만, 메이지 시대에 들어와 그 금령이 풀리자 민중의 색깔에 대한 상상력은 다채롭게 펼쳐졌다. 메이지의 서양화가 와다 산조(和田三造)는 색채 표본을 5백 가지라고 했지만, 근대의 산업과 신분의 자유화는 그것을 몇 배나 늘릴 가능성을 가져왔다. 그것이 서민의 심상 세계를 얼마나 화려한 것으로 변모시켰는지를 미술사는 문제 삼을 필요가 있을 것이다.

음식 문화에서도 뚜렷한 변화가 나타났다. 근세 후기부터 탄소 기술의 발달은 숯을 널리 이용하는 길을 열고 일본의 서민 생활 속에 작은 혁명을 불러왔다. 먼저 가부장제의 엄격한 감시 아래에 있던 '화로'와 '부뚜막'의 불이 분산되었다. 자식들은 이제 숯불이 들어 있는 '고다쓰'를 끌어안고 자기 방에 틀어박혀 있을 수 있게 되었다. 여자들은 작은 냄비로 요리하는 방법을 사용함으로서 부뚜막 신이나 가장이 불을 지배하던 관례에서 독립할 수 있게 되었다.

흔히 일본 근대의 음식 문화는 외래의 서구 문화에 의해 촉진되었다고 하지만 그것은 피상적인 견해이다. 자생적인 생산력의 발달에 따라 작은 냄비가 독립하고, 불이 분산되어 요리 기술의 교류가 발생하여 '이에'의 지배가 무너짐에 따라 음식 문화의 근대화도 진행할 수 있었던 것이다. 번화가 큰길의 나베 야끼우동에서 포장마차의 밥집, 소바집, 오뎅집, 지방 특산의 명물 요리까지 자유롭게 민중 생활 속에 파고 들어가 전국으로 보급되었다. 이러한 변화가 일본인의 식생활에 엄청나게 다양한 맛과 식단을 낳았던 것이다.

일본인이 좋아하는 사시미가 간토(関東) 지방 어민의 시골 요리에서 시작되어 전국으로 대유행한 것은 간장과 식초의 양조 매뉴팩처가 발달한 덕분이며, 김초밥이나 손으로 쥐어 뭉친 초밥의 보급도 식품 시장의 유통과 대량의 종자, 백미의 생산과 정제 없이는 있을 수 없었다. 또한 유신 이후 불과 반세기 만에 일본인은 전 세계적으로 설탕과 소금의 대량 소비국이 되었는데, 이러한 것은 과자나 야채를 절인 쓰케모노(漬物)의 개량, 보급에 따른 것이리라. 일본인이 서양 케이크를 만든 것은 풍미가 풍부한 일본 과자의 다양화와 함께 그 생활예술의 재능을 훌륭하게 증명했다. 이것은 야채나 산채, 나무의 새싹에 이르기까지 수십 종류를 소금에 절이는 재능과 통한다. 이 소금 절임 말고도 가스즈케(粕漬), 나라즈케(奈良漬け), 미소즈케(味噌漬), 곤고즈케(混合漬)에 이르기까지 일본인은 무수한 풍미 예술의 솜씨를 자랑하며 세계 제일의 쓰케모노 국가가 된 것이다.

야나기타는 다소 자랑스러워하며 이렇게 기록하고 있다.

옛날부터 백 가지 정도를 헤아리던 우리 음식물은 약간의 예외를 제외하면 대체로 그 형태를 갖추고 있다. 여기에 메이지, 다이쇼의 새로운 요리가 수백 종으로 바뀐 것을 더한 것이다. 재료로 보더라도 조리법으로 보더라도 일본만큼 음식의 종류가 다채로운 나라는 아마도 세계에서 드물 것이다.[8]

주거에 관해서는 어떨까. 일본인만큼 도시 생활이 서툴고 도시를 조성하는 데 서툰 국민은 드물다. 또한 서양인들은 하나같이 일본인의 주택이 빈약하고 마치 물건을 마구잡이로 팽개친 것 같다고 평가하고 있다. 정말 오늘날 일본을 보더라도 그렇다.

그러나 에도 시대에는 나름대로 짜임새 있는 주거 방식과 도시 생활의 공공 도덕도 형성되어 있었다. 예를 들면 그 무렵 일본의 도시 주민은 상점 이외에는 대개가 나가야(長屋) 식 연립주택에 살고 있었는데, 시간이 지나면서 그 좁고 빈약한 주택에서도 이웃끼리 서로 협력하고 즐겁게 살아가는 사회적 훈련에 익숙해져 있었다. 예를 들면 동별로 집합주택을 유지하기 위한 '불조심'이나 '순찰' 관행, 도로와 우물 공동 청소, 공중목욕탕의 예절 등 이른바 나가야 사회의 공공 도덕이 생기고 이윽고 사회를 '세켄'(世間)이라고 부르는 '세켄 도덕'(의리, 인정)이 발전하고 있었다. 에도 시대의 소설이나 희곡, 만담에는 그러한 사회의 정경이 잘 묘사되어 있다.

---

8) 柳田国男,《明治大正史·世相編》1931년,《全集》第24巻.

그러나 메이지가 되면 이러한 도시의 '세켄 도덕'이 근대적인 주택 자치의 기초로 발전되면서 근대 시민 윤리로 고조되는 조건이 오히려 파괴되어 버렸다. 이제까지 도시의 주인공은 대부분 몰락하거나 방출되고 사방에서 시골 사람들이 새로운 주민으로 대량 유입되었다. 도시로 새롭게 들어온 사람들은 전원생활의 활력을 가져왔지만, 사회적 훈련이 부족한 탓에 자제심이 없어 거리는 무질서한 양상을 드러내고 자유는 방자하게 일면적으로 향유하는 데 그치게 되었다. 이러한 상황에서 도시계획 사상이 탄생하지 않은 것은 어쩌면 당연한 일인지도 모른다. 그렇지 않아도 일본의 도시에는 풍토나 역사의 결정적인 차이로 인하여 서구의 자치도시에서 볼 수 있는 시민의식은 성장하지 않았던 것이다.

조선이나 중국이라는 온화한 이웃의 혜택으로 오랫동안 독립을 유지하면서 살아올 수 있었던 섬나라 민족은 천 년이나 이어지는 국제 평화 속에서 외적으로부터 스스로 방어하는 사회적 훈련을 완전히 망각하고 있었다. 그것은 유럽 대륙의 수많은 민족, 국민들과는 전혀 다른 조건이었다.

즉 일본인에게는 대륙 사람들처럼 도시의 성벽 속에서 자신들의 생존을 지켜야 한다는 공공적인 필요성이나 전쟁의 경험이 너무도 부족했다. 그것은 일상생활 속에서 뚜렷한 차이로 나타난다. 서구인이 도시에 산다는 것은 비상시에는 성벽에 기대어 싸운다는 것을 인정하는 것이며 일상적으로 그것에 대비하여 갖가지 불편이나 집단생활의 규율을 견딜 수 있다는 것을 의미했다. 도시의 자유는 그 약속을 승인한다는 것을 전제로 보장되고 있었던 것이지 일본인과 같은 이기심에 의한 방자는 있을 수 없었다.

서구에서 특히 자유도시형 시민사회의 도덕이나 사고방식이 발달하고 일본에서 그것이 발달하지 않았던 원인에는 이러한 운명적인 무언가가 있을 것이다. 그러나 이 밖에도 메이지 시대에 들어와 에도 서민의 세

켠 도덕이나 농촌에서 발생한 공동체적인 자치 관행조차도 무시해 버린 국가의 행태도 비난받아야 할 것이다. 일본 근세 서민들의 전통 속에서 만들어진 그러한 근대적인 자치의 싹이 누구에 의해 어떻게 해서 뽑혀 나가 버렸는지, 그 점을 분명히 해야 할 것이다.

근대의 괴물 자본주의가 산업혁명의 힘을 배경으로 탐욕을 노골적으로 드러냈을 때 일본의 도회지는 돌이킬 수 없는 대혼란에 빠져들었다. 섬세한 감각을 가진 메이지 시대 대부분의 예술가들이 이러한 일본의 도회지에 절망하고 있다. 거기서 보이는 것은 악취 나는 권력 의지와 이권을 챙기려는 욕심, 노골적인 돈벌이 근성이 벌이는 추악한 투쟁이었다. 이주자들에게 대도시는 일확천금의 장소로 변하고 전통적인 거리의 정서를 사랑한 사람들은 변두리로 쫓겨났다. 그것은 종종 메이지 문학의 창작 주제로 다루어지기도 했다.

최근에 와서 일본 시민들 사이에서도 도시 문제를 해결하자는 목소리가 나오기 시작했다. 하지만 오랫동안 일본에서 지방자치는 지주와 관료, 이권자들에게 이용되고 있을 뿐 그것이 '주민자치'로서 전혀 성장하지 못한 원인은 실로 이러한 일본의 역사적 맥락 속에 있었다고 말할 수 있을 것이다.[9]

그렇다면 농촌은 어떠했을까. 서양인들이 '종이창의 나라'라고 부른 일본이지만, 실제로 농촌에 종이 장지문이 사용되기 시작한 것은 메이지 이후의 일이라고 한다. 그때까지 창은 판자문이나 짚으로 만들어 실내는 완전히 암흑과 같이 어두웠다. 농민은 하루의 태반을 바깥에서 살고 있었다.

'판자 창에서 종이창으로,' 그리고 '판유리 채용'이라는 조명 혁명은 농민 의식에도 큰 변화를 가져왔다. 종이는 농민에게 고가의 상품이었

---

9) 色川大吉, 〈さまざまな明治百年〉, 《明治の精神》, 1968년.

지만 그것이 농가의 창에 나타나는 계기가 된 것은 국민교육이 있었던 덕분이다. 어린이들이 글씨를 익히는 데 사용하던 와시(和紙, 일본 종이 −옮긴이)를 이용한 미닫이가 메이지 중엽이 되면 곳곳에서 보이기 시작한다. 집안이 밝아졌다는 것은 집 내부의 개조에 대한 의욕을 자극하고 가구나 생활 잡기에 대한 미의식을 높였다. 특히 와시를 통해 들어오는 광선의 미묘한 부드러움이 민중 심리에 가져다 준 감화는 적지 않았다.

농가와 같이 "커다란 건물 구석구석이 밝아졌다는 것은 집안 곳곳에 칸막이를 설치할 수 있다는 것을 의미"하는 것이며, 그것은 젊은이들에게 혼자서 조용히 책을 읽을 수 있는 공간을 제공하고 이윽고 "가장이 모르는 것을 알거나 또는 생각하게 되면서 마음의 사랑방도 또한 작게 나누어진 것이다."[10]

즉 창의 변화, 근대 산업의 발전에 따른 창의 보급은 채종유를 이용한 원형등에서 석유램프로, 그리고 전등으로 약진하는 조명의 공업화와 함께 민중의 심성 세계 영역을 확장시켜 '이에'의 분화를 촉진하고 근대적인 개인의식을 생활 속에 뿌리내리게 하는 산파역을 한 것이다.

자유는 지붕에도 찾아온다. 봉건시대에는 기와로 지붕을 잇는 것도 인민에게는 제한되어 있었다. 고작 용마루와 차양의 일부만 허락했을 뿐이다. 그 때문에 민가는 거의 판자지붕이나 초가지붕이었다. 그러던 것이 메이지 시기에 들어와 기와 사용이 자유로워지면서 민가의 형태를 완전히 바꾸었다. 기와는 완만한 경사의 지붕으로 밝은 창틀을 만들 수 있게 되었으며 동시에 자연의 무게에서 해방감을 가져다주었다. 특히 붉은 색을 띠는 기와가 발명되어 비로소 일본 서쪽 해안의 녹림이 짙은 적막한 지방에 늘어선 집들에도 새로운 경쾌함을 가져다주게 되었다. 이것이야말로 메이지 문화의 징표일 것이다.

---

10) 柳田国男,《明治大正史·世相編》1931년,《全集》第24卷.

시골 열차를 타고 차창 밖을 내다보면 농가의 뜰에 심은 복숭아, 은행, 부용, 자양화, 협죽도, 백일홍의 풍부한 색채를 볼 수 있게 되었다. 또 봄에는 논밭의 한 자리를 차지하는 보랏빛 연꽃과 금빛 채소 밭, 그리고 한눈에 들어오는 초록색 뽕나무로 밝은 색채가 더해졌다. 이것은 메이지의 상품 농산물의 상징임과 동시에 "봄이 오면 시냇물이 졸졸 흐르고……" 하는 소학교 창가에 소재가 되기도 했던 것이다.

　메이지유신에 의해 농업 생산이 자유로워지고 상품이 전국적으로 유통되면서 화초도 보급되고(이윽고 서양 품종인 튤립, 글라디올러스, 카네이션, 팬지 따위가 나라 전역에 넘쳐 났다), 그만큼 농촌도 다채롭게 변했다. 이렇게 해서 메이지 이후 일본의 농촌은 완전히 새롭게 밝아지고 풍요로운 색채로 물들게 되었다. 만일 이러한 색채적인 기조의 변화가 민중 생활 속에 진행되지 않았다면 어떻게 메이지의 낭만주의나 자연주의가 구색을 갖추고 나타날 수 있었을까.

　시마자키 도손(島崎藤村)이나 구니키다 돗포(国木田独歩)의 자연 찬가와 그 자아에 각성한 로맨틱한 신체시의 색채는 이러한 메이지의 민중문화를 무의식으로 전제하지 않았다면 불가능했을 것이다. 우리는 그러한 관계를 도손의 산문집 《치쿠마가와(千曲川) 스케치》는 물론이고 메이지미술회나 하쿠바카이(白馬会) 등의 풍경화 제작에 관한 내면까지 확대해서 생각할 수가 있다. 메이지의 서양화가 아사이 추(浅井忠)가 그린 〈수확〉이나 〈슌부〉(春畝) 등을 보면 메이지 전기의 농촌에 보이는 빛의 반영을 강하게 느끼게 된다. 다만 도손의 산문에는 감상성이 진하지만 〈슌부〉에서는 그것이 발견되지 않는다. 메이지의 문학과 미술에 나타나는 색감의 미묘한 차이는 이처럼 자아의 강도에도 관계가 있을까.

　메이지 시대 일본인의 풍경관은 결코 자연과학 지식이나 시가 시게다카(志賀重昻)의 명저 《일본풍경론》(1894년)에 의해 바뀐 것만은 아닐 것이다. 옛날의 아름다운 풍경과 사적에 대한 관념이나 '일본 3경'(日本三景) 식의 미관은 지금까지 본 것처럼 생활 색채의 해방과 생활 노동의 변화 속에서 서서히 무너지고 있었다. 그것을 근대에 들어와 지식인이 처음으로 알아차리고 명확하게 표현한 것이다.

메이지 민중의 미에 대한 욕망은 서양식 문물에 대한 호기심만이 아니라 역사 유적 등에도 잘 나타나고 있다. 바로 얼마 전까지도 자신들의 생사여탈권을 장악하고 있던 봉건 영주들의 지배의 아성인 성곽도 이윽고 공유지 또는 민유지가 되어 사민평등한 관광의 대상으로 바뀌었다. 민중은 무사들이 자기 조상의 목을 쳤을 그 성의 정원에서 봄에는 꽃놀이, 여름의 손짓 춤, 가을 달맞이에 이르기까지 흥겨운 연회를 즐기는 행사를 발명한 것이다.

지금껏 나는 민중 생활 속에서 근대로 변모해 가는 큰 흐름을 파악하려 했는데, 지나치게 서두른 나머지 다소 밝은 부분만을 묘사한 감이 없지 않다. 너무 많은 부분을 놓쳐 버린 것 같다. 민중에게 '근대'가 그렇게 단순명쾌하거나 목가적인 것이었을 리는 없다. 오히려 그 반대편에서 보면 '근대'로 가는 민중의 발자취란 새로운 노예화를 의미하고 있었고 그때까지 상상하지도 못하던 고독과 불안, 심적인 고통이 뒤따랐던 것이다. 특히 메이지 전기까지 아래로부터의 민주화 운동이 억압되고 메이지 후기에 천황제와 거대 부르주아(지주제)의 지배가 확립되면서 민중에게 '근대'는 한층 더 중압과 고통이 되어 숨통을 조여 오고 있었던 것이다. 그러한 역사적 관점에서 민중문화를 다시 한 번 재검토하는 작업, 하층 일반 민중 생활의 변모 속에 상층 지식인의 고뇌나 문화 창조가 그 원천을 가지고 있는 것이 아닌가 하는 의문을 다시 한 번 확인하는 작업이 지금 필요한 것이다.

4. 혼을 잃는 사람들

메이지 지식인 가운데 이런 의문을 가장 예리하게 품었던 이는 역시 야나기타 구니오일 것이다. 메이지 43년(1911)에 집필된《도노 모노가타리》(遠野物語)에는 당시 유행하던 인텔리 문학과 자연주의에 대한 비판적인 시점이 담겨 있으며, 다이쇼 15년(1927)에 발표한《산의 인생》(山の人生)에는 근대화에서 소외되고 짓밟힌 민중의 모습을 당시 유행하던 마르크스주의에 대한 방법론적 비판을 배경으로 묘사하고 있다. 즉 야나기타가 제시한 민중상은 일본의 자연주의나 사회주의가 담아 낼 수 없었던 문제를 짊어지고 있는 것이다.

과거 야마가타 현의 오바나자와(尾花沢) 부근에서 어느 토목 노동자가 길을 잃고 산속을 헤매다가 사람이 살 것 같지도 않는 골짜기에서 뜻하지 않게 부모와 자식 셋이 사는 가족을 발견했다. 허름한 판잣집을 짓고 살기는 했지만 세 명 모두 거의 벌거숭이였다고 한다. 지독하게 사람이 그립던 부인이 그 노동자에게 마을 이야기를 이것저것 물었다. 하지만 남편은 인간 세상에 어지간히 질린 모양이어서 다시는 평지로 돌아가지 않겠다고 결심하고 이런 심심산골에 들어왔다고 한다. 그 후 노동자가 다시 한 번 찾아 가 보니 부인은 밧줄에 묶여 남편에게 벌을 받고 있었다고 한다.[11]

다음은 야나기타가 니토베 이나조(新渡戸稲造) 박사한테 들은 이야기이다. 이와테 현 니노베(二戸) 군의 심심산골에 사냥꾼이 사냥하러 갔다가 야숙을 하는데 갑자기 산속에서 사람이 나타났다. 자세히 보니 몇 년 전에 행방불명된 마을의 초등학교 선생이었다. 불현듯 산으로 들어가고 싶어져 집을 뛰쳐나와 그길로 산골 생활을 했다고 한다. 거의 신선

---

11) 柳田国男,《山の人生》3, 1926년,《全集》第15巻.

이 다 된 모습을 하고 있었는데, 어느 날 그 주변에서 사냥꾼들의 도시락을 발견하고 먹었더니 갑자기 곡물 맛이 그립고 산속에 사는 것이 싫어져 산에서 나왔다고 한다.[12]

야나기타는 왜 이런 종류의 이야기를 수집한 것일까. 그는 새로운 지식을 구하는 것만이 학문이 아니라고 주장하여 "동포 국민 대다수가 수천 년 동안 이어 온 행위와 감상, 경험을 관찰하고 기록하거나 연구하지 않는 것은 부당하다는 것과, 장차 사회개조를 준비하는 데 그것이 절실하게 필요하다는 것을 예증하자는 것이다"라고 단언하고 있다. 그러나 이 '예증'은 한걸음 더 들어가 이론화하고 방법론화하지 않았기 때문에 쇼와 시대의 사회해방 운동가들에게 계승되지 않았다. 그저 아쉬울 따름이다.

어쨌건 야나기타의 《산의 인생》은 메이지 시대 사회와 생활의 격렬한 변화에 대응하지 못한 채 정신적인 곤혹 상태에 빠진 수십만 수백만 민중의 존재를 '경고'하고 있다. 요즘 말로 표현하자면 '인간 증발'의 문제이다. 막부 말기, 메이지 시대에도 노이로제 상태에 빠진 민중은 무수히 많았다. 대부분의 지방에서는 이들을 '여우에게 홀린 것'으로 취급했기 때문에 그것을 물리치는 일을 직업으로 하는 '이나리 교사'(稻荷敎師)가 생긴 것이다.

근대 일본의 위대한 인물 가운데 한 사람으로 지목되는 데구치 오니사부로(出口王仁三郎, 1871~1948)도 그런 이나리 교사 가운데 하나다. 오니사부로는 빈농의 아들로 태어나 임시직 교사, 농민의 하인, 수의사 조수, 우유 판매업에서 가짜 협객에 이르기까지 갖가지 직업을 전전했고, 끝내 민중의 혼을 치유하는 의사(이나리 교사)가 되어 오모토교(大本敎)의 창시자 데구치 나오(出口なお, 1837~1918)와 만나게 되었던 것이다.

---

12) 같은 책, 4.

그는 빈농의 문화 정서를 예리하게 표현하여 "조석으로 혹사당하는 백성 하인은 소와 다를 바가 무엇인가" 하는 이시카와 다쿠보쿠(石川啄木)식의 노래를 불렀다. 만약 그가 메이지 시대에 태어나지 않았다면 협객 무뢰한의 무리로 그쳤을 것이지 민중의 지도자로 일어설 기회를 잡기는 어려웠을 것이다.

그는 열네 살 때 소학교 담임교사의 압제에 대항하여 똥을 묻힌 창을 들이대고 교사를 면직시켰다고 한다. 그리고 그 자리에 자신이 대리 교원으로 초빙되었다고 하는데, 그런 일은 자유민권기가 아니면 생각하기 어려운 일이다. 그런 의미에서 메이지 문명의 은택은 빈농의 아이에게도 빛나고 있었다. 이렇게 훌륭한 인간 오니사부로를 발견한 오모토교의 개조 데구치 나오도 메이지 초년의 변혁기에 밑바닥을 헤치고 살아 온 여성이었다.

데구치 나오는 후쿠치야마(福知山) 분지에서 술주정뱅이 목수의 딸로 태어났다. 그녀는 열한 살부터 계약노동을 하다가 목수 일을 하는 남편과 결혼하지만, 그 역시 술주정뱅이에다 무능한 사람이었고 갖은 고생 끝에 3년 간 중풍으로 드러누웠다가 죽게 된다. 남은 자식은 8명, 죽은 자식까지 합치면 데구치 나오는 11명의 어머니였다. 물레 짜기와 넝마주이를 하면서 1880년대의 가장 참담한 불황을 견뎌 냈다. 실로 피눈물 나는 나날이었다. 그러나 장녀와 차녀는 어머니를 버리고 가출했고 장남은 자살 미수 후에 행방불명되었다. 가장 크게 의지하고 있던 차남은 전사. 이처럼 거듭되는 고난에 직면하여 보통 인간이라면 온전한 정신으로 버티기 힘들 것이다. 그러나 나오는 불행을 견뎌 내고 오직 성실하게 살아가면서 스스로를 한탄하지 않았다. 그러한 인간이야말로 진실로 민중의 지도자로 추앙받을 만한 가치가 있다. 인민의 혼을 치유하는 의사로서 자격을 가질 수 있는 것이다.

역사는 변혁기에는 혼을 잃는 다수의 인민과 그 인민의 마음을 치유하는 훌륭한 사람들을 동시에 낳는다. 그리고 봉기에 가담하는 인민도 여우에게 홀리거나 증발한 인민도 평소에는 이웃에서 평범하게 생활하는 똑같은 서민이며 동시에 한 사람의 인격 속에 그러한 가능성과 모순을 잉태한 실존이었던 것이다.

5. 산촌벽지에 미친 유신의 충격

1968년 여름이었다. 나는 연구실 학생들과 도쿄 중심에서 60킬로미터 정도 떨어진 니시타마(西多摩) 군의 어느 산촌에 현지조사를 나갔다. 다치가와(立川)에서 무사시이쓰카이치선(武蔵五日市線) 열차로 갈아타고 그 종점 이쓰카이치에서 하차하여 계곡을 따라 산길을 10리 정도 들어간 곳에 마을이 있었다. 여기는 과거 무사시국 다마 군 후카자와(深沢) 촌으로 불리던 호수 20세대 정도의 벽촌이었다. 임업으로 먹고사는 문자 그대로 '깊은(후카이) 골짜기에 못(사와)'이 있는 마을로, 메이지 시대에는 여기서 도쿄까지 가는 데 꼬박 하루가 걸렸다고 한다.

나는 그 무렵 십 몇 년 동안 간토 지방 농산촌의 역사 조사를 계속해 왔는데, 이 후카자와(현재의 이쓰카이치) 촌의 고택 창고에서 발견한 사료만큼 중요한 것은 거의 없었다. 거기에는 거의 폐허가 되어 본채나 헛간은 흔적도 없고 남아 있는 거라고는 오직 하나뿐인 창고와 문, 그리고 묘지뿐이었다. 그 창고마저도 지붕 일부가 벗겨지고 벽은 허물어지고 문도 부서져 무너지기 직전의 참상이었다. 따라서 창고 안의 문서 사료는 부식되어 거의 가루 부스러기에 가까운 상태였지만 그 속에서 에도 시대 중기 이후의 사료와 민권운동 시대의 놀랄 만한 기록이 무더기로 잇따라 발굴되었다.

예를 들면 이처럼 아무도 돌보지 않는 창고에서 204조문이 있는 인민

헌법초안이 발견된 것이다. 또한 일본에서 두세 종류밖에 없는 '국회개
설 기한 단축 건백서'도 발견되었다. 이 밖에도 이 지방이 얼마나 학습열
과 정치열에 불타고 있었는지를 보여 주는 수백 권의 서적과 10여 건의
민권결사 규약, 메모가 발견되었다. 그리고 우리가 여태 이름조차도 몰
랐던 헌법초안 작성자와 마을 지도자가 모두 한 집안의 가장이자 농민
이요 상인이자 초등학교 교원이며 민중 생활과 밀접하게 결부되어 있는
'평민'이라는 사실을 알게 되었다.

　인민헌법의 기초는 이 지역 몇몇 촌 유지(有志)의 결사, 이쓰카이치
학술 토론회 및 학예강담회 회원 30명을 중심으로 만들어졌다. 기초한
사람은 이 지역 소학교이던 이쓰카이치권능학교 교원 지바 다쿠사부로
(千葉卓三郎)였다. 이 사람의 파란만장한 생애는 상당히 매력적이기에
별도로 3장에서 상세하게 다루고자 한다.

　내가 이 조사에서 무엇보다 놀란 것은 메이지유신의 충격이 이런 산
골 벽지까지 깊숙이 미치고 있었다는 사실이다. 이 마을은 큰 도로의
중심에서 벗어나 마차도 지날 수 없는 산길을 따라 인가가 드문드문 있
을 뿐이고 이 산길조차도 오쿠다마 산마 앞에서 길이 막히고 있다. 특히
페리 흑선 도래와 함께 다가온 서구의 충격이 국가 지도자나 지사들뿐
아니라 밑바닥 민중에 이르기까지 마음속 깊이 내셔널리즘을 불러일으
키고 있다는 사실을 발견한 것은 놀라운 일이었다.

　예를 들면 이 고택의 당주 후카자와 나오마루(深沢名生, 1841~1892)
에 관해서이다. 이 사람은 촌장 자에몬(左衛門)의 장남으로 덴포 12년
(1842)에 태어났는데, 일찍부터 안세이(安政, 1854~1860년의 연호) 이후
미일화친조약을 비롯하여 유럽 5개국(네덜란드, 러시아, 영국, 독일, 프랑
스)과 맺은 화친조약 및 통상조약의 전문을 붓으로 정성들여 옮겨 적고
있었다. 이는 현대의 지식인이나 학생이 '안보 분쇄'를 외치면서도 긴요
한 미일안전보장조약의 전문을 필사하기는커녕 그 조문조차 읽지 않는

태도와 견주어 볼 때 부끄럽게 생각하는 사람도 있을 것이다.

그의 아버지는 가에이(嘉永, 1848~1854년의 연호—옮긴이) 무렵까지는 하급 무사였다고 한다(에도 시대 문서에서는 '시미즈'라는 성을 사용했으나 메이지 초기의 호적에서는 후카자와로 바뀌고 '평민, 농업'이라고 기록되어 있다). 그렇지만 실은 무사시국 지방 관료의 지배 아래에 있는 작은 마을의 한 농민에 지나지 않았다. 그때는 농민이 천하의 정치사에 입을 대는 것은 중죄로 처벌받던 시대였다. 그런 시대에 이들이 집념을 가지고 국제조약 조문을 일일이 필사했다는 것은 당시 국제적 관심이 얼마나 깊숙이 하강하고 있었는지를 말해 주는 것이 아닐까(이 조약 전문 필사부터 헌법 조문을 마무리하기까지 나오마루의 삶은 오로지 외길 인생이었다고 할 수 있다). 우리가 농촌 사료 조사를 통해 감동하는 것은 이러한 그들의 숨겨진 열정을 만나게 되기 때문이며, 이것이 일본 사회의 발전과 새로운 문화 창조의 원동력이 되었다는 사실을 알게 되기 때문이다.

이 조사에서 느낀 또 하나의 놀라움은 일본의 근대적 자각(근대 사상)의 발자취가 세상의 명민한 인텔리 평론가들의 예단과는 달리(그 근거가 된 일본 지식인의 사상이 형성되는 방법과도 다르게), 밑바닥의 흙투성이 전통 속에서 민중 스스로의 체험에 의거한 지배 사상의 독자적인 해독(전통의 혁신적 재생)을 통해서(서구 사상은 그 해독에 자극을 주었을 따름이다) 착실하게 출발했다는 것에 대한 실증적인 확신이다. 이러한 사실이 준민한 인재들의 눈에 들어오지 않았던 것은 자유민권운동이 좌절됨에 따라 근대로 향하는 민중적인 발자취의 기세가 꺾인 이후 지하수가 되어 덮여 버렸기 때문이다. 그러나 그것이 역사의 주류에서 밀려나고 저변의 지하수가 되었다고 해서 그 사실이 존재하지 않았다거나 상실되었다고 하는 것은 말이 안 된다. 그 사실을 우리는 이번 조사에서 충분히 증명할 수 있다고 생각했다(이러한 주장에 관해서는 이미 이치이 사부로의 〈전통적 혁신사상 서설〉 1, 1969년 10월 이라는 뛰어난 업적이 있다).

후카자와 나오마루는 젊을 때 아나자와덴진(穴沢天神)이라는 마을의 작은 신사에서 신관을 겸하고 있었다. 따라서 그가 황학(皇学)과 한학에 관심을 가진 것은 당연한 일이다. 그의 장남 곤파치(権八) 또한 아버지의 감화를 받고 한학을 익힌 것 같다. 물론 그 무렵 농촌의 한학이나 한시 공부는 예삿일이며(메이지 초기 20년 동안 한시는 농촌에서 가장 크게 유행했다), 그는 특히 한시를 애호하여 불과 29세라는 짧은 생애에 700수 가까운 작품과 직접 만든 시집 17권을 남기고 있다.

이들 부자가 왜 《사쿠라 소고로 소전》(佐倉宗五郎小伝)을 두 권이나 복사하고 "민권이란 과연 서구의 신 수입물로 우리 나라에서는 예로부터 종자 한 톨도 없었는가"라는 글로 시작했을까. 그리고 곤파치가 왜 '오시오 헤이하치로(大塩平八郎)의 격문'을 수첩 뒤에 옮겨 적었을까. 왜 요시다 쇼인(吉田松陰)의 유서 '유혼록'(留魂録) 전문을 편지에 옮겨 적었을까. 어째서 구모이 다쓰오(雲井竜雄)의 '절명시'(絶命詩)에 마음이 이끌렸을까.

그리고 이들 부자가 후쿠자와 유키치(福沢諭吉)의 《세계지리》(世界国尽)와 《학문을 권함》(学問のすすめ), 나카에 조민(中江兆民)이 번역한 《민약역해》(民約訳解, 루소의 《사회계약론》)에 빨간 줄을 그으면서 읽고 이윽고 국회개설 운동과 인민헌법 기초에 참가한 것은 왜일까. 우리는 이러한 것들의 내적인 관계를 밝혀야 할 것이다.

더구나 우리가 1968년 여름부터 1년 동안 분석한 이쓰카이치 지방의 사료는 빙산의 일각에 지나지 않는다. 이 좁은 다마(多摩) 지역에서조차 우리는 10여 군데에서 같은 종류의 데이터를 발견해 왔다. 또한 한시에 대한 열정과 정치 학습열, 그리고 결사 붐과 전통 사상이 혁신적으로 재생되는 수많은 사례를 발견해 왔다.

다만 후카자와 촌의 문서처럼 잘 정리된 상태로 발견되는 경우는 드물다. 우리는 저변에 묻혀 있는 뛰어난 민중상을 발굴할 때마다 위와 같은 확신을 다져 왔다. 그리고 이러한 특징은 무사시 지방에 그치지 않고 간토 지방의 대다수 지역, 아니 일본 전체로 보편화할 수 있는 풍부한 데이터를 공유하고 있다. 그것은 패전 후 지방사 연구를 축적해 온 우리 학우들이 전국 각지에서 훌륭한 보고 논문을 발표해 준 덕분이다.

그러나 상세한 서술에 들어가기 전에, 나는 메이지 국가를 창출함으로서 주도권을 잡은 개명파 관료들의 주류 사상과 그들이 일본 근대화를 위해 어떤 노력을 기울였는지 확인해 두고자 한다. 그것이 없는 '메이지 문화론'은 공평성을 현저하게 떨어뜨리기 때문이다.

2장

서구 문화의 충격

1. 개명파 관료의 구상

1860~1870년대에 일본이 서구 문명에서 받은 영향은 세계 문화교류사에서 보기 드문 충격적인 것이며 거대한 생산력과 군사력, 과학기술을 과시한 자본주의 문명으로 우리에게 다가온 것이었다.

이것은 일본이 천수백 년 동안 경험한 수당(隋唐) 문명의 도입, 송원(宋元) 문화의 침투, 남만(南蛮) 문화의 감화에 견줄 바가 아니었다. 더구나 일본은 외압을 받으면서 우여곡절 끝에 자력으로 봉건제도를 폐지하고 통일국가의 주권을 유지하면서 서구와 접촉하고 있었다. 따라서 어떻게 하면 전통문화를 지킬 수 있을까 하는 문제보다도 어떻게 하면 빨리 부강한 적(서구)의 비밀을 파악하여 그 문명을 도입하고 일본을 강대국으로 만드는 데 도움이 될 것인가 하는 생각으로 일관하고 있었다.

이것은 사쿠마 소잔(佐久間象山), 요코이 쇼난(横井小楠), 요시다 쇼인(吉田松陰) 같은 에도 시대 말기의 사상가는 물론이거니와 메이지 국가의 권력자들과 그 아래에 있는 하급 관료, 그리고 재야의 지사들에게도 거의 공통된 관념이었다. 이른바 '전통문화를 지킨다'는 태도는 오히려 국가 비상사태에 보수적인 무사안일을 탐닉하는 것으로 멸시되고, 직접 적진으로 들어가 이기(利器)를 얻고 그것을 역이용하여 국익을 꾀하는 것이야말로 긴급하고도 지당한 길이라고 생각하고 있었다. 그 바탕에는 생생한 민족적 위기의식과 긴장감이 충만했던 만큼 맹목적인 서구 숭배에 빠지지 않는 엄격한 상대관과 자립정신이 흐르고 있었다. 다만 '어떤 문명'의 일본을 만들 것인지, '어떤 방법으로 누구를 주체로' 하여 만들 것인지에 대한 근본적인 문제를 둘러싸고 내부 대립이 발생하고 있었다.

이 내부 대립은 결과부터 본다면 천황제 국가의 권력을 잡은 오쿠보 도시미치(大久保利通), 기도 다카요시(木戸孝允), 이토 히로부미(伊藤博文)를 비롯한 이른바 '개명파 관료'의 승리로 마무리되었다. 그들은 사이고 다카모리(西郷隆盛), 에토 신페이(江藤新平) 등 정한론파로 불리는 정부 내부의 반대 그룹을 잇따른 내전으로 패사시키고, 이어서 자유민권파로 불리는 국민적인 반대 세력을 10여 년에 걸쳐 타파했다. 그 방식은 다분히 강권적이었지만 그 사이에 약 20년에 걸쳐 계속되었던 격렬한 논쟁이 일본 근대화의 이미지를 둘러싸고 교차되었다. 1881년 여름에는 정부도 한때 붕괴 직전까지 몰렸다. 그러나 이때도 천황을 정면에 내세워 반대파를 권력적으로도 사상적으로도 타파했던 것이다.

지금, 그 역사의 '열쇠를 쥔 사람들'(Key Person)의 두뇌에 서구의 충격이 어떤 이미지를 만들었는지, 그것에 대한 대결의 결의와 일본의 백년대계(근대화의 청사진)가 어떻게 비치었는지를 이해할 필요가 있다. 여기서 그 '열쇠를 쥔 사람'의 모델로 조슈 번(長州藩) 출신 최대의 실력자 기도 다카요시가 남긴 메이지 4~6년(1871~1873)의 일기를 검토해 보기로 하자.

기도가 처음으로 미국과 유럽 대륙의 여러 나라를 순방한 것은 1871년 가을부터 1873년 여름까지의 일이다. 폐번치현(廃藩置県)의 대개혁이 일단락된 1871년 11월에 정부는 외무경 이와쿠라 도모미(岩倉具視)를 전권대사로 하여 참의(参議) 기도 다카요시, 대장경(大蔵卿) 오쿠보 도시미치, 공부대보(工部大輔) 이토 히로부미, 외무소보(外部少輔) 야마구치 나오요시(山口尚芳)를 부사(副使)로 하는 총 48명의 대규모 사절단을 서양으로 파견했다. 그 목적 가운데 하나는 조약 개정에 관한 예비 교섭이며, 또 하나는 서양의 선진 문명을 현지에서 직접 보고 들어 장차 일본의 전망을 세우는 일이었다. 수행원으로는 사사키 다카유키(佐々木高行), 히가시구제 미치토미(東久世通禧), 야마다 아키요시(山田顕義), 다나카 미쓰아키(田中光顕), 다나카 후지마로(田中不二麿), 다나베 야스카즈(田辺太一), 와타나베 히로모토(渡辺洪基), 후쿠치 겐이치로(福地源一郎), 노무라 야스시(野村靖), 야스바 야스카즈(安場保和), 구메 구니다케(久米邦武) 등 이후 각계에서 지도적인 역할을 하는 자들이 대부분을 차지하고 있으며 당시 메이지 정부의 지도부 절반 가까이가 참가하고 있었다. 그 의지가 얼마나 대단했는지를 알 수 있을 것이다. 기도는 오쿠보와 함께 이 사절단의 요직에 있었는데, 그의 일기와 서한은 사절단 수행원의 정식 기록인 《특명전권대사미구회람실기》와 함께 이 대여행의 소식을 가장 잘 전해 주고 있다.

메이지 4년(1871) 12월 15일 샌프란시스코 시내에 있는 소학교를 견학한 기도는 먼저 일기에 이렇게 쓰고 있다.

세 군데 소학교를 방문했다. 큰 곳은 어린이 천삼사백 명이 입학하여 그 규칙이 참으로 볼 만하다. 남자 여자가 별도로 입학하는 학교도 있고 남녀가 함께 입학하는 학교도 있다. 실로 우리 나라가 일반 개화로 진행하고 일반의 인지를 개발하여 이로써 국가의 권력을 유지하고 독립을 완수하기 위해서는 소수의 인재만 배출해서는 안 될 것이다. 무엇보다도 학교보다 더 시급한 것은 없다.[1]

---

1) 《木戸孝允日記》第2卷.

그 무렵 미국에는 보통교육이 전국적으로 실시되어 1872년에 전체 학교 수는 14만1,700개교이고 교원 수 22만1,400명, 학생 수 721만 명에 달하고 있었다고 한다. 겨우 번교(藩校)와 데라코야(寺子屋)밖에 몰랐던 기도의 놀라움이 얼마나 큰 것이었는지 짐작할 만하다. 문명에는 먼저 그것을 만들어 내는 인재가 있어야 한다. 그러기 위해서는 무엇보다 이러한 국민교육이 필요하다는 것을 그들은 통감한 것이다. 기도는 그 이틀 뒤에 스기야마 다카도시(杉山孝敏) 앞으로 보낸 편지에 이렇게 쓰고 있다. 시가지의 풍경은 평소에 상상하던 것과 별반 다르지 않았던 모양이다. 그러나,

학교와 그 밖에 공장 등에 이르러서는 좀처럼 나 같은 졸필로는 말로 다 표현하기 어렵다. 앞으로 자제들을 위해서 크게 마음을 쓰지 않으면 국가의 안보는 안심할 수 없다. (……) 전국의 풍조를 살피고 전국의 폐단을 살펴보지 않으면 국가의 안보는 애시당초 어렵다. 이 풍조를 고치고 이 폐단을 바로잡는 학교를 가장 급무로 삼지 않으면 안 된다. 지금 일본의 문명은 참된 문명이 아니다. 오늘날 일본의 개화는 참된 개화가 아니다. 10년 후에 그 병폐를 막기 위해서는 오로지 학교를 참된 학교로 일으켜야 한다. (……) 국가 안녕의 백년대계는 소수의 인재가 출세한다 해도 일반에게 충의인예의 풍조가 일어나 확고부동한 국가의 기강을 함께 세우지 않으면 천년을 기하더라도 국가의 영광을 거둘 수 없다. 국가의 풍조를 일으키는 기본을 확정하는 것은 오로지 사람에게 있고 참된 교육에 있을 뿐이다. 결코 오늘날 서구 각국의 사람들과 다를 바가 없다. 오로지 배우고 배우지 않음의 차이에 있을 뿐이다.[2]

---

2) 《木戸孝允日記》第4卷.

기도의 목표가 어디까지나 '국가의 안보,' '국가 안녕의 백년대계'에 있었던 것은 두말할 나위도 없다. 그러나 봉건 지배 아래에서는 그 '국가의 안보'를 위해서야말로 인민은 무학무지의 상태로 방치되었던 것이 아닌가. 그것이 이제는 180도 전환이다. 사회의 폐풍을 교정하여 참된 문명을 낳고 국가의 영광을 거둘 수 있기 위해서는 인민이 배우느냐 배우지 않느냐에 달려 있다고 기도는 말하고 있는 것이다. 이러한 가치관의 전환은 눈앞에 14만의 근대적인 학교와 720만의 학생이라는 존재를 느끼고 그 숨결을 접하지 않았더라면 쉽게 도달할 수 없었을 것이다. 그리고 이러한 기도의 굳은 결심은 본국 정부의 문부성으로 곧장 전달되었던 것이다.

먼저 메이지 4년(1871) 12월 23일 문부성은 '도쿄 부(東京府)에 공립소학교 및 양학교 개설'의 포달을 내리고 평민 지원자도 입학시켰다. 이듬해에는 8월 2일 포고 214호를 발령하여 '지금부터 일반 인민은 반드시 마을마다 배우지 못한 집이 없고 집 안에 배우지 못한 사람이 없도록 하기 위해' 의무교육제를 선언하기에 이르렀다. 참으로 놀랄 만한 용단이었다.

이어서 기도 다카요시의 눈은 성황을 이루고 있던 서구의 각종 대공장, 제철소, 조선소, 수만 명의 근대적 군대 훈련, 철도, 통신망, 시장 등에 빠져 들었다. 그리고 이러한 '문명'의 효과를 가져 오고 그것을 지도하고 통제하는 '근대국가'라는 정치기구의 역할에 눈을 뜨게 되었다. 그는 메이지 5년(1872) 1월 22일의 일기에 이렇게 술회하고 있다.

오늘부터 나는 병부, 문부의 일에 주로 관계했다. 가 노리유키(何礼之) 서기가 나에게 소속되었다. 나는 메이지유신이 일어나던 해에 미천한 신분으로 진언하여 제후, 화족, 유사들에게 '5개조 서문'을 발표하게 하고 백성의 방향을 정했다. 이렇게 해서 오늘에 이르러 확고한 근본이 되는 율법을 정하지 않으면 안 된다. 따라서 앞으로는 각국의 근본이 되는 율법과 정부의 조직을 공부하고자 한다.

기도는 앞으로 각국의 헌법과 그 입헌 체제 및 정부의 조직 방법을 연구하고 싶다고 말하고 있다. 그리고 미국과 유럽의 수십 개국을 견학하는 사이에 근대적 입헌정체는 대국이든 소국이든 관계없이 문명국에서는 이미 통례가 되어 있다는 사실을 알았다. 따라서 이 제도를 도입하지 않으면 소국이 대국에 대치할 수 없으며 국가의 부강을 꾀하기도 어렵다는 인식에 도달했다. 즉 일본도 벨기에, 프로이센, 이탈리아, 스위스, 덴마크, 사르데냐 등에 이어서 입헌제를 채용하는 것은 피할 수 없는 일이라는 통감이 기도를 비롯한 사절단에게 새로운 과제로 엄습해 온 것이다.

이 점에 관해서는 수행원 구메 구니다케의 《구미회람실기》(欧米回覧実記) 쪽이 훨씬 명료하게 표현하고 있다.

유럽의 각국, 프랑스혁명을 계기로 백성은 자유의 권리를 펼치고 국가는 입헌 체제로 바뀐 이후 80여 년의 성상이 지났다. 그중에서도 오스트리아는 황제의 권위를 유지하면서도 20년 전에 이미 입헌제로 바꾸고 러시아의 독재도 10년 전부터 백성들에게 약간의 자유를 주려 하고 있다. 유럽의 문명은 이 개혁의 깊이에 근원이 있으며 그 정화(精華)가 발산하여 공예의 산물이 되고 이원(利源)은 샘물이 솟듯이 용출한다.

기도와 오쿠보의 고민은 이러한 서구의 자유에 관한 제도와 일본의 전제적인 천황제 사이에 놓여 있는 모순을 어떻게 조정하여 '국체'(国体)를 훼손하지 않고 문명화하는 방법을 발견할 것인가 하는 점에 있었다. 이것은 결코 쉬운 일이 아니다. 기도와 오쿠보가 의거하고 있던 메이지 국가는 천황을 카리스마로 한 절대주의 권력을 지향하고 있으며, 근대적인 입헌제와는 전혀 통하지 않는 본질적인 모순을 안고 있었기 때문이다. 그러나 그들은 기나긴 여정의 마지막이 되는 메이지 6년(1873) 3월에 프로이센으로 들어가 후진국으로서 프로이센-프랑스 전쟁에서 프랑스를 격퇴한 독일 군국주의의 힘과, 입헌제라고는 하지만 자유롭게 의회를 조종하는 비스마르크 체제와 전제적인 황제 정치의 영광에 크게 감명을 받고 '우리 길은 여기에 있다'는 심증을 얻었다.

서구 여행에서 그들이 무언가 확신을 얻고 돌아왔다고 한다면, 그것은 미국이나 영국식 문명의 장치를 조속히 도입하는 것과, 프로이센에서 공감한 외견적 입헌제, 그것을 포장한 천황제 형성을 지향한 정책으로서 나타났음에 틀림없다. 그들이 귀국 직후 정한론을 억제하고 내치 우선을 주장하면서 오쿠보의 전제 체제를 강화한 것과, '헌법 의견'을 기초하고 '점차 입헌의 조칙'을 발표한 것은 그들의 장기 플랜에서 볼 때 결코 모순된 것이 아니었던 것이다.

고토 야스시(後藤靖)는 양행파(洋行派)와 정한파(征韓派)가 이제까지 함께 추진해 오던 정책 체계에 중대한 방침 전환을 불러온 원인은 바로 이 서구 견문에서 양행파가 가지게 된 인식 그 자체에 있었다고 하면서 다음과 같이 분석하고 있다. "이렇게 해서 양행파는 선진 열강뿐 아니라 유럽의 소국에서도 그 정치, 경제, 사회의 전반적인 힘을 지탱하는 것이 국민교육이고 기계제 대공장이며, 입헌정체이고 근대적 군대 제도라는 인식을 가지게 되었다."[3] 그리고 그 인식이 학제령, 교육령의 실시로, 그리고 식산흥업, 내무성의 활동으로, 또한 원로원 설치를 통한 국헌 제정의 준비로, 나아가 징병제의 시행과 근대적 군사력의 건설로 이어져 이후의 국가 건설에 커다란 방침이 되었던 것이다.

---

3) 後藤靖, 《士族反乱の研究》, 1967년.

이렇게 해서 '열쇠를 쥔 사람들'의 일본 근대화에 대한 이미지가 세계 자본주의의 법칙성과 맞아떨어지면서 1945년까지 일본 국민 전체를 뒤덮는 지배적인 이데올로기가 되어 장기간에 걸쳐 위력을 발휘하게 되는 것이다.

2. 계몽가와 인민

문명이 '자발적인 의문'에서 시작한다고 말한 이는 후쿠자와 유키치(福沢諭吉)였다. 후쿠자와의 책 《학문을 권함》의 가치는 후쿠자와 개인의 위대함을 뛰어넘고 있다. 후쿠자와는 기도 다카요시의 인식보다도 훨씬 빠르고 깊이 있게 문명을 창출하는 주체 형성의 문제를 생각하고 있었다. 그도 말하듯이 "《학문을 권함》은 원래 민간 독본, 또는 소학교 교원용으로 쓴 것이기 때문에 1편부터 2편, 3편까지도 애써 속어를 사용하고 문장도 읽기 쉽게" 하고 있어 국민적인 차원에서 변혁의 주체 형성에 얼마나 깊은 뜻을 두고 있었는지 알 수 있다.

이 책이 메이지 초기 최대의 베스트셀러가 되고 새로운 시대에 삶의 방식을 모색하던 일본 국민에게 커다란 감격과 분발을 일으킨 것은 무엇 때문일까. 후쿠자와의 사상을 알기 위해서가 아니라 무엇이 국민을 매료시켰는가 하는 관점에서 다시 한 번 이 책을 읽어 보기로 하자.

먼저 국민은 이 책이 "하늘은 사람 위에 사람을 만들지 않고 사람 아래에 사람을 만들지 않았다"고 하는 구절로 시작하고 있는 점에 놀란다. 인간은 평등해야 하며 "다이묘의 생명도 인부의 생명도 소중하기는 마찬가지다"고 하는 실감을 이윽고 민중도 유신의 와중에서 감지하고 있었지만 그것을 이처럼 명확하게 선언하고 그것을 전통 교학의 '천'(天)이라는 관념으로 정당화함과 동시에, 나아가 서양의 '사회계약' 이념으로 합리화하는 책이 등장했다는 사실에 놀란 것이다.

봉건제도는 무사와 인민이라는 엄연한 두 계급과 함께 그 안에 또 수백 개의 작은 신분 차별을 담고 있었다. 그 모든 것을 뿌리 채 부정하는 혁명, '어일신'(御一新, 천황의 이름으로 모든 것이 새롭게 된다는 의미로 메이지유신을 말함—옮긴이)은 인민에게는 '사민평등,' '일군만민'으로 세상이 바뀐다는 환상을 심어 주었다. 그러나 막부가 멸망한 후 메이지 정부가 실제로 시행한 것은 '사민평등'의 구호와는 너무도 거리가 멀었다. 여기서 이윽고 '어일신'은 자신들의 손으로 쟁취하지 않으면 안 된다고 생각하고 행동에 옮겼을 때(1872년 2월), 이 격렬한 책이 나타난 것이다.

《학문을 권함》 17편 가운데 가장 격조 높고 사상적으로도 가장 예리한 부분은 후쿠자와가 평이하게 서술했다고 하는 1편부터 3편까지이다 (1872년 2월부터 1873년 12월까지 간행된 부분). 그리고 이 3편까지가 실제로 가장 많이 읽혔다. 그렇다면 이 3편 가운데 어느 부분이 인민에게 강렬한 인상을 주었을까. 인간은 기본적인 권리에서 평등하다는 확인과, 국가와 국가의 관계도 마찬가지로 설령 빈부강약의 '실태'에서 차이가 있다 치더라도 '국가의 권리'에서는 완전히 동등해야 한다는 주장이었다.

일반적으로 유럽, 아메리카 국가들은 부강하며 아시아, 아프리카 국가들은 빈약하다. 그러나 빈부강약은 국가의 실태이지만 본디 동등해야 한다. 그런데 지금은 자국의 부강한 기세를 가지고 빈약한 국가에 무리를 가하려고 하는 것은 …… 국가의 권리에서 볼 때 용납할 수 없는 일이다.

그러나 "빈부강약의 실태는 천연의 약속이 아니며 인간의 노력 여하에 따라 변하는 것"인 까닭에 "우리 일본국인도 지금부터 학문에 뜻을 두고 기력을 확실히 하여, 먼저 일신의 독립을 꾀하고 이에 따라 일국의 부강을 취하게 되면 어찌 서양인의 힘을 두려워 할 것인가"라는 것이다. 즉 후쿠자와는 현실을 가변적인 것으로 파악해 보이고 국민에게 노력의 목표를 제시하여 학문에 대한 뜻을 세우게 했다. 이것이 얼마나 인민의 에너지를 해방하는 데 도움이 되었는지 이루 헤아릴 수가 없다.

"일신 독립하여 일국 독립하는 것." 후쿠자와는 근대의 원리를 대중들에게 가장 알기 쉽게 이 한마디로 표현했다. 내적으로 자립의 정신, 독립의 지위를 가지지 못한 자가 어떻게 외국인에 대하여 독립의 권리를 주장할 수 있을까. "외국에 대하여 우리 나라를 지키기 위해서는 자유 독립의 기풍을 전국에 충만케 하여 전 국민이 상하귀천의 차별 없이 국가를 자신의 몸으로 받아들이는" 정신(애국심)이 없으면 안 된다. 이를 위해서도 먼저 실학을 배우고 독립자존의 기풍을 드높이며 일신 독립의 지위를 확보해야 한다. 곧 일본 인민의 노예근성에 대한 비판이자 공격이었다.

후쿠자와의 책을 읽고 감격한 수십만 수백만 인민은 이윽고 그것을 자신의 과제로 전환시켜 전 일본을 자유 독립의 기풍으로 충만케 하는 자유민권운동으로 결집되어 간 것이다. 도사(土佐)의 뛰어난 민권가 우에키 에모리(植木枝盛)나 바바 다쓰이(馬場辰猪)도, 다마(多摩)의 일개 농민 나쿠무라 주우에몬(中村重右衛門)도 후카자와 곤파치(深沢権八)도 이러한 수십만 명의 국민 가운데 한 사람일 뿐이다.[4] 실제로 초기 후쿠자와의 논리 가운데는 그대로 추진하면 자유민권운동의 내셔널리즘을 촉발하고 이를 이어 가는 의미의 그 무엇인가가 있었다. 그것을 그러한 방향으로 가게 하지 않았던 것은 후쿠자와 쪽의 문제이며 《학문을 권함》의 독자가 자유민권운동으로 향했다고 해서 후쿠자와가 그것을 책망할 자격은 없다.

---

4) 色川大吉,《明治精神史》第1部 참조, 1964년.

그렇다면 이 같은 출발점에서 우에키 에모리나 후카자와 곤파치 같은 이들처럼 자유민권 노선으로 향하는 자와, 그 후의 후쿠자와 유키치 같은 이들처럼 관민협조 노선으로 가는 자가 뚜렷하게 나뉜 까닭은 어디에 있을까. 그것은 메이지 초년의 역사적인 사정에 있었다. 또한《학문을 권함》그 자체에도 있었다. 특히 후쿠자와가 독자에게 충격을 안겨 준 '정부와 인민의 계약에 관한 것'의 논리 속에 있었다고 말할 수 있다.

이것은 후쿠자와가 근대 자연법사상을 사회계약설의 형태로 소개하고 이를 대담하게도 일본의 현상에 적용하려 한 데서 발생했다. 물론 이런 시도는 후쿠자와가 처음이 아니다. 이미 가토 히로유키(加藤弘之)가《입헌정체략》(立憲政体略),《진정대의》(真政大意),《국체신론》(国体新論)에서 사회계약설을 주장하고 있었다. 가토의 순진한 입론은 당연히 천황제와 메이지 전제 정부에 대한 부정으로 이어져 본의 아니게 민권파에게 힘을 실어 주는 결과가 되었다. 이에 낭패한 가토는 자신의 저서에 대한 절판 성명을 발표하고 전향의 증거로《인권신설》(人権新説, 1882년)을 간행하게 된다. 하지만 이러한 위험성을 후쿠자와는 통찰하고 있었는지《학문을 권함》6편과 7편(1874년 간행)에서는 재빨리 이론과 현실을 바꿔치기 하고 있다.

후쿠자와의 계약설이라는 것은 이런 논지를 가지고 있었다. 정부란 대체 무엇인가. 국민이 정부의 법에 따른다는 것은 대체 무슨 의미인가. 그것은 예를 들자면 "전국의 인민이 합의하여 일국이라는 이름의 회사를 만들고 회사의 법을 세워 이를 시행하는 것"과 같은 것이다. 정부란 본디 국민의 사회계약으로 생긴 것이기 때문에 "정부는 인민의 대리로서 국민이 생각하는 바에 따라 일을 하는 것"이다. 즉 정부의 외교권도 징세권도 "약속을 통해 인민이 정부에 부여한 것이며 정부의 정치에 관계 없는 자는 결코 그 일을 평의해서는 안 된다." "국민이 정부를 따르는 것은 정부가 만든 법에 따르는 것이 아니라 스스로 만든 법에 따르는 것이다." 따라서 "국민은 …… 결코 이 약속을 지키지 않고 법에 위배되어 서는 안 된다"는 것이다.

정부가 국민의 계약에 의해 만들어진 것이라는 사상 자체는 매우 혁명적인 것이다. 왜냐하면 국민이야말로 주권자라는 의식이 전제가 되고 있기 때문이며, 정부는 언제라도 개조되고 변혁되며 부인되는 상황에 놓이기 때문이다. 이 이론에서 본다면 주자학적인 선험적 질서관이 정면에서 부정되고 도쿠가와 막부는 물론이고 인민과는 한마디 상의나 약속도 없이 만들어진 메이지 정부도 당연히 부정의 대상이 된다.

후쿠자와 정도의 인물이 현실의 메이지 정부를 '국민의 약속에 의해 만들어진 것'이라고 믿고 있었을 리가 없다. 삿초 번벌(薩長藩閥)의 폭력이 후쿠자와 같은 막신(幕臣)이나 좌막파(佐幕派)의 저항을 타파하고 힘으로 쟁취한 권력이라는 사실은 당연히 알고 있다. 그런데도 후쿠자와는 현실의 정부가 마치 '인민의 대리'로 성립하고 국민의 신뢰와 신탁으로 권력을 행사하고 있는 '계약적 정부'인 것처럼 넌지시 논의를 전개하고 있는 것이다. 즉 7편 '국민의 직분을 논함'에서는 "인민은 종가(宗家)이자 주인이다"라고 말하면서 실제로 "정부가 그 권한을 넘어서 폭정을 행사"할 경우 인민은 어떻게 해야 할 것인가를 설문하여 다음과 같이 말하고 있다.

첫째로 절개를 굽히고 정부에 따를 것인가. 그것은 비굴한 일이다. 둘째로 힘으로 정부에 적대할 것인가. 그것은 "폭력으로 폭력에 대신하고 어리석음으로 어리석음에 대신할 뿐," "온당치 못한 생각"이다. 셋째로 정리(正理)를 지켜 몸을 던질 것인가. 그렇다. 그 어떤 폭정의 가혹한 처리를 받더라도 고통을 견디며 뜻을 굽히지 않고 한 자루의 무기도 들지 않으며 한 손의 힘도 사용하지 않고 오직 정리를 외쳐 정부를 압박하는 길이야말로 올바르다고 답하고 있다.

이 7편을 단순하게 '방침'의 논리로만 읽으면 틀린 말은 아니다. 그러나 7편이 집필되고 발표된 시기, 즉 메이지 7년(1874) '민선의원 설립 건백서'가 발표되고 자유민권운동이 막 시작되는 상황에서 '방침'과 '본심,' 이념과 현실을 식별하면서 읽으면 그것은 하나의 사상적 사술(詐術), 이데올로기로서 작용하고 있다고 보아도 틀림없을 것이다. 왜냐하면 후쿠자와는 국가와 정부가 인민의 신탁과 권한을 이양받아야 하는 장소(국회)의 문제와 그 쌍무적 계약의 보장(헌법) 문제를 전혀 거론하지 않고 일면적으로 국민이 국법에 복종하고 정부의 폭정에도 정리를 주장하면서 견뎌야 한다는 의무 논리만을 부당하게 강조하고 있기 때문이다.

우에키 에모리가 "자유는 피를 흘려 사지 않으면 안 된다"는 것을 집필한 것은 〈원인(猿人) 정부〉(우에키 에모리는 1876년 《유빈호치신문》郵便報知新聞에 '사람을 원숭이로 만드는 정부'라는 글을 투고하여 2개월 동안 투옥되었다—옮긴이)를 투고하여 최초로 사상 탄압을 받고 출옥한 직후의 일이며, 이때 이미 민권파의 노선은 후쿠자와의 경로와 크게 벌어지고 있었다.《학문을 권함》1편의 독자가 이 책에서 새로운 시대에 일본 국민이 나가야 할 길을 배우고 '천부인권'과 '사회계약'의 혁명적 관념을 깨달았을 때, 그것을 이념 그대로 발전시켜 실현해 가는 길로서 현실의 유사전제 정부와 대결하고 국회 개설을 요구한 민권운동 말고 어떤 방법이 있을 수 있었을까.

왜냐하면 현실의 정부는 후쿠자와가 그린 이상적인 정부와 달리 천부인권론이 아닌 왕권신수설, 인민에 의한 계약 국가가 아닌 만세일계의 신성불가침한 천황제를 주장하는 입장에 있었기 때문에 양자의 타협은 불가능했다. 이 양자를 봉합할 수 있는 논리는 아무리 후쿠자와 같은 천재라도 발견할 수 없었을 것이다. 후쿠자와가 그 뒤로 국가론에 관해서 침묵을 지킨 것은 당연한 일이었다.

그리고 이 문제는 오히려 도쿄대학 총장 가토 히로유키가 사회진화론을 원용해서 다루게 된다. 메이지 초기 최대의 이론 투쟁은 자유민권파에 대한 후쿠자와의 맹우 가토 히로유키의 도전으로 전개되었다. 메이지 14~15년(1881~1882)의 이른바 '천부인권 논쟁'이 그것인데, 과거 후쿠자와의 문하생 바바 다쓰이와 우에키 에모리 등이 논쟁을 펼쳐 일제히 가토의 국가유기체설과 우승열패주의를 비판하게 된다. 그리고 이 논쟁은 최상층에 있는 지식인의 문제에 그치지 않고 지방 민권운동가에서 저변의 무명 청년들에게까지 확산되어 연설회, 토론회에서 주요 의제로 다루어지게 되었다. 메이지 17년(1884) 불과 16세 청년이었던 기타무라 도코쿠(北村透谷)가 "동양의 쇠운을 회복할 일개 대정치가가 되어 만민을 위해 크게 뜻한 바가 있어 열심히 일어서고자"했을 때, 먼저 "이 목적을 달성하기 위해서는 일개의 대철학가가 되어 서구에서 유행하는 우승열패의 신철학파를 타파해야 한다고 생각했다"[5]고 할 정도였다.

어쨌든 서구 문명의 충격은 서구를 보고 들은 고급 관료들의 청사진으로 먼저 결정(結晶)되었지만, 여기에 그치지 않고 후쿠자와 등의 계몽활동을 매개로 저변에 이르기까지 증폭한 것이다. 이 경우 후쿠자와의 영향력이 얼마나 큰 것이었는지는 실제로 농촌 조사를 해 본 사람이라면 누구든 경험해 보았을 것이다. 시골 고택의 창고 안에서 후쿠자와의 초기 저작만큼 흔하게 눈에 띄는 책은 달리 없기 때문이다.

또한 가나가와 현 9개 군 22,555명의 인민처럼, 국회개설 상원서는 후쿠자와 선생에게 부탁해야 한다고 하여 그 기초를 후쿠자와에게 위탁한 진기한 사례도 있다. 이 밖에도 대부분의 사설 학당이나 소학교가 앞을 다투어 후쿠자와의 책을 교과서로 채용한 것을 우려한 정부가 검열 제도를 시행하여 이를 금지한 사건까지 발생하고 있다.

이런 사례도 있다. 도카이 도(東海道) 후카자와에 가까운 핫토리(羽鳥)

---

5) 北村透谷,〈石坂ミナ宛書簡〉1887년 8월 19일, 勝本清一編《透谷全集》第3卷, 1955년.

촌에 메이지 5년(1872) 오가사와라 도요(小笠原東陽)라는 사람이 사설 학당 고요주쿠(耕余塾)를 열었는데, 이 사람은 수업 때마다 학생들을 바닷가로 데리고 가서 후쿠자와의 《세계지리》에 가사를 붙인 노래를 바다를 향해 합창시켰다고 한다. 마을 사람들은 이것을 보고 "도요 선생의 염불이 또 시작했군"하고 기뻐했다고 한다. 이 장면은 근대 일본의 여명을 상징하는 것이 아닌가.

후쿠자와도 몰랐을 것이다. 실은 이윽고 이 도요 선생의 학당에서 간토 지방 자유민권운동의 중견 지도자가 무수히 배출된 것이다. 이 책에도 등장하게 될 무라노 쓰네에몬(村野常右衛門), 히라노 도모스케(平野友輔), 오시마 마사요시(大島正義), 가네코 가쿠노스케(金子角之助) 같은 이들이 모두 이런 교육을 받은 학생들이었던 것이다.[6]

문명은 '자발적인 의문'에서 출발한다고 설파한 후쿠자와는 일본인에게 섬나라 근성, 노예정신을 탈피한 넓은 세계관을 가르쳤다. 그리고 동시에 금전과 향락에 대한 인간의 욕망을 존중하고 모든 권위에 대하여 회의적으로 보는 정신, 합리주의적인 생활 태도까지도 가르쳤다. 그의 사상에는 메이지 국가를 정당화하는 이데올로기적인 함정(당파성)이 있었지만 그럼에도 그가 메이지 시대 사람 치고는 가장 소리 높여 민족독립, 독립자존, 인간성 해방, 봉건제 타파, 관존민비의 기풍을 배격해야 한다고 외친 사람이라는 사실을 잊어서는 안 된다. 이러한 후쿠자와의 정신은 메이지 일본 인민의 가장 명랑하고 선진적인 부분을 대표하는 것으로서 이루 헤아릴 수 없을 정도로 대중들에게 수용되어 간 것이다.

그러나 애석하게도 후쿠자와의 근대정신은 자본주의의 법칙성을 용인하고 그 논리의 실현에 따라 전개되었기 때문에 1880년대에는 이미 생활권 옹호나 자유민권을 요구하는 민중운동과 모순을 일으키게

---

6) 色川大吉, 《明治人》 참조. 1965년.

된다. 후쿠자와가 국회 개설의 조기 실현과 민권파의 전제 정부 전복에 반대하고, 메이지 정부를 '진보 정부'로 보아 관민조화를 외치면서 탈아론을 주창하고, 대륙 진출을 지향한 육해군의 증강을 주장하여 특권적인 대자본의 육성으로 조기 부국을 촉진한 것은 그를 존경하고 있던 대다수 인민을 당혹스럽게 만들었을 것이다.

지난 100년 동안 후쿠자와에 대한 평가가 여전히 일정한 합의에 도달하지 않고 있는 사정도 이 때문이라고 나는 생각한다. 메이지 14년 (1881) 정변에 즈음해서 "후쿠자와야말로 메이지 국가의 가공할 만한 적"이라고 지목받은 그 자신은 그 비판이 완전히 환상이라는 사실을 누구보다도 잘 알고 있었을 터이다. 평생토록 관직에 오르지 않고 재야 지식인으로 일관했지만 후쿠자와 유키치만큼 일본 자본주의를 실현하고 메이지 국가를 강화하는 데 공헌한 공로자는 드물 것이다. 그런 의미에서 후쿠자와야말로 참된 '문명가'라는 이름에 어울린다고 하겠다.

3. 서구와의 격차

메이지 문화가 형성된 19세기 후반부터 20세기 초까지 50년 동안은 서구 각국에서 산업혁명이 일단락되고 과학기술과 생산력이 크게 약진한 시대였다.

과학사 연표에서 지표가 되는 것만 들어 보더라도, 세계 최초의 만국산업박람회가 런던에서 열린 것이 1851년이었다. 1859년에는 사물을 바라보는 인류의 눈을 크게 변화시킨 다윈의 《종의 기원》이 발표되었다. 이 모든 것은 일본에 20년 정도 늦게 도입되었다. 박람회는 오쿠보 도시미치의 식산흥업 정책에 자극제이자 모델로 이용되었으며, 《종의 기원》은 사회유기체설로 속류화되어 자유민권 사상을 압도하는 새로운 사상으로 위력을 떨쳤다.

1863년에는 런던에 세계 최초로 지하철이 개통되고 J. S. 밀의 《공리론》이 발표되었으며 미국에서는 노예해방이 선언되었다. 1866년에는 도스토옙스키의 《죄와 벌》이 톨스토이의 《전쟁과 평화》와 나란히 발표되었다. 일본에 밀의 작품이 소개된 것은 매우 빨라 1880년대에는 이미 루소, 스펜서와 함께 널리 읽히고 있었다. 《죄와 벌》이 우치다 로안(內田魯庵)에 의해 영역본에서 다시 번역된 것은 1892년이 되어서이고, 이 작품에 대해서는 기타무라 도코쿠가 가장 먼저 본질적인 이해를 보여 주고 있다.

1867년이라는 해는 일본 근대사에 깊은 인상을 새기는 발명과 발견이 겹치고 있다. 예를 들면 노벨(스웨덴)의 다이너마이트 발명, 모니에(프랑스)의 철근콘크리트 발명, 리스트(영국)의 석탄산살균법 발명, 마르크스의 《자본론》 1권 발표 등이다. 다이너마이트는 1880년대에 자유민권운동 급진파에 의해 폭탄으로 활용되어 〈다이너마이트 쾅〉이라는 장사절(壯士節) 노랫가락까지 유행했다.

사천만 동포를 위해서라면
붉은 수의도 힘들지 않아
국리민복 증진하여
민력휴양시키세
만약 이루지 못한다면 다이너마이트로 쾅

설마 노벨조차도 자신의 발명품이 동양의 과격파에게 힘을 실어 줄 것이라고는 상상도 못했을 것이다. 리스트의 발명 또한 1880~1890년대 일본에서 전염병이 크게 유행할 때 부적을 대신하는 역할을 했다. 사람들은 부적을 몸에 지니고 다니면 역병을 가져오는 신을 피할 수 있다고 믿었다고 한다. 마르크스의 《자본론》이 일본의 권력을 위협하기 시작하는 것은 더 늦은 메이지 말년이 되어서이고, 본격적으로는 1920년대 들어서부터일 것이다.

1869년에 미국 대륙횡단철도가 개통했는데, 일본 정부의 수뇌는 일찍이 그 2년 후에 그 열차를 타고 동부로 향하면서 철도의 위대함에 감탄하고 있다(일본의 철도가 1천 마일을 넘기는 것은 1889년이다). 1876년 미국인 알렉산더 그레이엄 벨이 실용 전화를 발명하자 몇 년 지나지 않아 정부 기관은 이를 수입했다. 축음기의 발명(1877년)에 이어서 1879년에는 토머스 에디슨(미국)이 백열등을 완성하여 전등 시대의 막을 열었지만 일본에서는 겨우 석유램프의 밝기에 눈을 크게 뜨고 있다.

1882년 로베르트 코흐(독일)가 결핵균을 발견하고 이듬해 콜레라균도 발견했다. 이때부터 연이어 전염병균이 발견되어 그 병리가 해명된 것은 전염병으로 해마다 수만 명에서 수십만 명이 죽고 있던 일본에서는 그야말로 하늘이 준 은혜였다. 기타자토 시바사부로(北里柴三郎)가 이 코흐 박사에 관한 연구를 거듭하여 도쿄에 민간의 힘으로 전염병연구소를 개설한 것이 1892년(코흐의 독일 국립전염병연구소 개설이 1891년)인 것을 보면 무척 빨랐다고 할 수 있을 것이다.

교통 혁명은 서구에서는 1880년대부터 급속하게 진행되었다. 1882년에는 고틀리프 다임러(독일)가 자동차를, 1884년에는 찰스 파슨스(영국)가 증기터빈을, 이듬해에는 독일인 카를 벤츠가 가솔린 자동차를 발명하여 실용화의 길을 열었다. 증기터빈으로 움직이던 기선이 디젤엔진으로 바뀌는 것은 1893년이며, 1895년에는 라듐이 발견되어 50년 후의 원자력 시대를 열게 된다.

라이트 형제가 비행기로 하늘을 난 것은 1903년이었지만 일본은 이러한 발명, 발견을 거의 군사적인 측면에 이용하고 민간에서 자동차 시대나 비행기 이용은 반세기나 늦어진다. 디젤엔진이나 가솔린 자동차에 열중한 것은 제국 해군과 육군이며, 이 분야의 기술은 1920년대에 들어와 주력 전함의 건조와 기계화 부대의 정비로 세계적인 수준에 도달하게 된다.

이러한 19~20세기의 첨단 기술이 발명, 발견된 시기와 그것을 도입한 일본의 속도를 대비해 보면 선진 문명에 대한 과민한 반응에 놀랄 뿐이다. 그러나 주의 깊게 살펴보면 이런 기술 도입이 거의 국민 스스로의 내발적인 필요성에서 온 것은 아니었다(전염병연구소의 경우는 예외이다). 오히려 기술 자체가 다분히 국책성, 정치성, 상업성, 계급성을 띠어 민중 생활과는 커다란 격차를 불러오는 요인이 되었다. 그 가장 극단적인 사례가 메이지 후기에 세계 일류의 군사력과 '빈국강병'이라고 불린 노동자·농민의 놀랄 만한 비문화적 상황이 대조되는 풍경이었다. 그것은 현대 미국의 우주선 발사 능력과 흑인 슬럼가의 비참한 광경이 대조되는 모습과도 닮았다. 우리가 메이지 문화에서 근대 과학기술의 발전을 몇 가지 정점의 현상으로만 판단하는 것을 거부하는 것은 이러한 구조를 문제 삼기 때문이다.

30년 동안 일본에 머물러 살고 있던 영국 출생의 학자 바질 체임벌린은 이 어수선한 일본의 변화를 "상투에서 르네상스를 거쳐 근대로 단숨에 변화"했다고 평가했다. 나아가 "내가 400살이 된 것 같은 착각이 든다"고 비꼬기도 했다.[7]

체임벌린 정도는 아니지만, 18년이나 일본에 살고 있던 독일인 철학자 라파엘 폰 쾨버 박사는 메이지 26년(1893) 제국대학 문과대학 철학과의 청강생 니시다 기타로(西田幾多郎)의 말을 빌려 이렇게 묘사하고 있다.

유럽 문화를 섭취하는 태도가 전적으로 문제였다. 뿌리를 옮기려 하지 않

---

7) Besil Hall Chamberlain, *Things Japanese*, 1965.

고 단지 사람 눈을 놀라게 하는 꽃만 잘라 오려고 한다. 그 결과 그 꽃을 가진 사람이 크게 존경받을 뿐 그 꽃을 피우는 식물은 우리 나라에 자라지 않는다. 그런 태도로 당시의 학자나 수재들은 떠들썩하고 허풍스럽게 잘난 척하면서 유럽의 지식을 휘두르고 다닌다. 그런 뽐내는 태도가 선생에게는 아니꼽고 역겹게 보였을 것이다. 다카야마 조규(高山樗牛) 같은 인물은 그런 경향을 대표한다. 그래서 선생은 …… 꽃을 버리고 뿌리를 옮기는 일에 착실하게 노력하셨다. '진짜'에 대한 감각이 선생의 주위에 조금씩 생기고 있었다.[8]

쑨원의 평가는 더욱 엄격하다. "일본이여, 너는 그 근대화한 힘을 통해 서양 패도의 파수꾼이고자 하는가. 동양 왕도의 아성이 될 것인가." (1924년)

그러나 역사의 수레바퀴를 뒤로 돌릴 수는 없다. 일본은 러일전쟁 이후 명백하게 제국주의의 길로 들어서고 있으며, 쑨원이 일본에 경고한 1924년에는 이미 중국 대륙을 향해 침략에 돌입하는 국가 방침을 결정했던 것이다.

또한 문학, 예술 분야를 보면 이 메이지라는 시기(1868~1912)는 서구에서는 부르주아 문화가 무르익은 시기였다. 《악의 꽃》의 데카당스(퇴폐주의) 시인 보들레르가 죽은 것은 1867년, 아르튀르 랭보는 1880년에 이미 펜을 버리고 배를 타고 있다. 부르주아 문화에 대한 반역자 프리드리히 니체가 《차라투스트라는 이렇게 말했다》를 정리한 것이 1883~1885년의 일이지만, 일본에서는 겨우 정치 소설의 형태로 서구 근대소설이 몇 편 소개되기 시작했을 무렵이다. 미국 서부극 영화의 걸작, 존 포드 감독이 연출한 〈황야의 혈투〉의 무대와 거의 같은 시기였다.

---

8) 和辻哲郎, 《ケーベル先生》, 1948년.

1890년대에는 화가 고흐가 죽고 고갱은 이듬해 부르주아 문명을 떠나 타히티 섬으로 도피하고 있다.

러시아 작가 안톤 체호프가 《6호실》을 발표한 것이 1892년이지만, 일본에서는 아직도 본격적인 근대문학이 탄생하지 않고 겨우 기타무라 도코쿠와 후타바데이 시메이(二葉亭四迷)가 미완의 작품으로 선구자로서 고군분투하고 있었다. 서구에서 말하는 부르주아 문화의 난숙, 퇴폐는커녕 일본에서는 봉건 문화의 질곡에서 간신히 자아를 해방하고 근대 낭만주의를 구가하기 시작한 시기였다. 시마자키 도손의 첫 시집 《와카나슈》(若菜集)가 출판된 것은 1897년의 일이지만, 이 무렵에 이미 서구 문단에서는 낭만주의는커녕 다음 사조였던 자연주의 시대도 막바지에 도달하고 있었던 것이다.

메이지 시대에는 비교적 도입하기 쉬운 기술과 달리 이러한 커다란 정신적 문화의 격차를 메우기 힘들었다. 또한 그것을 서두를 필요도 없었다. 메이지 문학사에 따르면, 1880~1890년대는 아직 셰익스피어와 괴테, 워즈워스, 바이런, 하이네 등의 도입기이며 《죄와 벌》 같은 작품은 탐정소설 정도로밖에 이해되지 않았다고 한다.

재래의 근대 일본 문학사는 이러한 서구와의 격차를 일종의 숙명적인 심각성으로 받아들이고 그 간격을 메우는 과정에서 발생한 갖가지 비희극의 서술에 태반의 공간을 할애해 왔다. 그 때문에 일본의 근대화는 초조함이 가득한 것으로 묘사되고, 늘 뒤떨어져 있다는 열등감에 사로잡히는 사람들이 중심이 되어 왔다. 과연 그런 태도는 올바른 것일까.[9]

서구와는 국제 환경도 다르고 역사적 전통도 다르며 근대로 전환하는 계기나 시기도 전혀 다른 메이지 일본이 왜 서구에 대하여 그렇게 성급하게 접근하고 동화하지 않으면 안 되었을까. 자신의 주체성을 상실해

9) 岩井忠熊, 《講座日本文化史》第7卷, 1962년; 中村光夫, 《明治文学史》1963년 등 참조.

버릴 만큼 초조해하고 열등감에 빠져 괴로워할 필요가 과연 어디에 있었을까. 그 원인을 '부국강병'과 '독립달성'을 위해서라고 설명할 수만은 없다. 이런 서구에 대한 열등(추수) 의식은 일본이 군사 대국이 되고 제국주의 국가가 되어도 해결되지 않았듯이 정신적인 문제로 받아들여졌기 때문이다. 메이지 말년 나쓰메 소세키(夏目漱石)의 비탄을 떠올려 보라. 아마도 이러한 일본 지식인의 탄식은 중국이나 인도, 조선의 지식인에게는 결코 생길 수 없었을 것이다.

지금까지 내발적으로 전개되어 온 것이 갑자기 자기 본위의 능력을 상실하고 외부로부터 무리하게 밀려와서 부득이하게 시키는 대로 하지 않으면 갈 수 없다. …… 혹은 아마도 영구히 오늘과 같이 밀려가지 않으면 일본은 일본으로서 존재할 수 없기 때문에 외발적으로 할 수 밖에 달리 방도가 없다. …… 한마디로 말하자면 현대 일본의 개화는 피상적인 껍데기 개화라는 사실에 다다르고 만다. …… 그러나 그것이 나쁘니까 그만두라는 것은 아니다. 사실 어찌할 수가 없다. 눈물을 삼키고 미끄러져 들어가지 않으면 안 되는 것이다.[10]

우리는 이제까지 근대 일본의 역사(특히 사상사, 문화사)를 인텔리 중심으로 보는 데 지나치게 익숙해져 왔다. 나쓰메 소세키의 '현대 일본의 개화'라는 테마를 주축으로 보는 사상사나 문화사도 그렇다. 서구에 대한 근대 일본의 비정상적인 열등감과 초조감이라고 하더라도 과연 그것이 국민 전체의 것일까. 밑바닥 민중까지도 그러했다고 단정할 수 있을까. 오히려 그것은 제국주의적 민족으로서 자신을 자리매김한 지배계급과 지식계급 사람들에게 특히 강하게 나타나는 심리적 특징이 아

---

10) 夏目漱石, 〈現代日本の開化〉, 1911년 11월.

닐까. 그리고 그런 특징에 사로잡힌 지식인이 지식인을 중심으로 정리한 것이 지금까지의 사상사이고 문화사가 아니었을까.

나는 이런 의문을 품은 채 일본 근대화라는 것을 재검토하고 싶다. 그리고 그 기초 작업의 하나로 지금까지 되돌아보지 않았던 민중의 생활 문화라는 측면과 저변의 사상적·문화적 창조라는 주제를 중점적으로 검토하고자 한다. 물론 밑바닥의 이름 없는 민중 한 사람 한 사람의 문화적 삶이 기도 다카요시나 후쿠자와 유키치, 나카에 조민, 후타바데이 시메이, 나쓰메 소세키보다 의미가 크다거나, 그들을 대신할 수 있다고 말하려는 것은 아니다. 하지만 이러한 해명 없이는 결국 나카에 조민이나 후타바데이 시메이, 나쓰메 소세키 같은 이들의 존재 의미를 정당하게 파악할 수 없다고 생각한다.

3장

방랑의 구도자

1. 유신의 청춘

일본 도호쿠 지방을 종단하는 철도 도호쿠혼센(東北本線)의 미야기 현과 이와테 현 가까이에 이시코시(石越)라는 작은 역이 있다.

이 역에서 하자마가와(迫川) 강을 따라 2리 정도 서쪽으로 들어간 곳에 메이지 9년(1876) 세 부락이 합병하여 생긴 시라하타(白幡) 촌이 있다. 마을 모퉁이에 있는 시라야마 신사(白山神社)와 야하타 신사(八幡 神社)에서 각각 이름을 따 와 시라하타로 이름을 지었다고 한다. 이 마을이 그 청년의 출생지였다.

하자마가와 강은 구리고마 산(栗駒山)을 수원지로 수량이 풍부한 논 농사 지대를 흐르면서 기타가미가와(北上川) 강와 합류하여 바다로 흘 러간다. 기온은 낮고 서리는 10월 무렵부터 시작되어 연꽃이 피는 5월 무렵까지 계속된다고 한다. 에도 시대에는 센다이 번(仙台藩) 직속 신하 의 영지였는데, 과중한 세금 부담으로 인민들의 궁핍이 심했다. 때마침 영내를 여행하고 있던 에도의 시인 야스이 솟켄(安井息軒, 1799~1876)은 그 어긋난 도리에 통분했다.

솟켄은 마쓰자키 겐도(松崎慊堂)한테 배운 고학파(古学派) 유학자 이다. 1853년《해방사의》(海防私議)를 저술하여 도쿠가와 나리아키(徳川

斉昭) 등에게 인정받고 뒷날 막부 최고의 학문 기관인 쇼헤이코(昌平黌, 에도 말기 서양학문 교학 기관—옮긴이)에 발탁된 준재였다. 기골 있는 우국 시인으로서 그의 반골 정신은 구모이 다쓰오를 문하생으로 두었을 정도이다. 그런 그가 센다이 영내의 수확을 직접 눈으로 보고 이렇게 통곡한 것이다.

곡식은 떨어지고 금전을 징수당해 돈 한 푼 없이 달아나네
굶주린 까마귀 소리 골짜기에 넘치고 백골이 종횡으로 쓰러져 있네
아는지 모르는지 당상의 현악기 소리
이것은 바로 백성들이 통곡하는 소리

문하생에게 보낸 편지에서 그는 이렇게 단언했다. "이제까지 나의 20년 학문은 이 시로 마감하려 한다. 예악(禮樂) 따위는 앞으로 20년 후에나 논의해야 할 것이다. 일소"라고. 이 '통곡의 소리'는 이윽고 1866년에 구리하라(栗原) 군 하층 농민 2만 명의 대봉기가 되어 폭발하게 된다. 이때 청년은 겨우 성인식을 마친 열다섯 살. 구리하라 군 시라하타 촌 향사의 집에서 태어난 그가 이런 정황을 남의 일처럼 보아 넘겼을 리가 없다. 그러나 메이지 5년(1872)의 임신호적(壬申戶籍)에 따르면, 그는 시라하타 촌 134번지, '평민·농·지바 다쿠사부로(千葉卓三郎) 임신년 21'이라고 명기되어 있는 일개 농민에 지나지 않았다. 그의 아버지 다쿠노쇼(宅之丞)는 이미 세상을 떠났고 63세의 어머니도 그해 10월에 사망했다.

후카자와 고택의 창고에서 발견한 이 '임신 6월 22일자' 미야기 현에서 발행한 증지에 따르면, 다쿠사부로(21세)는 형 지바 도시하치(利八, 사족)와 양어머니를 두고 1873년 홀로 고향을 떠난 것으로 보인다. 그는 어머니의 임종도 지키지 못했다. 형 도시하치가 사족이라고는 해도 양어

머니와 마찬가지로 아무런 혈연관계가 없다.

문서 〈지바 가문 근대사고〉(千葉家近代ノ史稿)[1]에 따르면. 아버지 다쿠노쇼는 자식이 생기지 않자 부인과 상의한 끝에 치카노라는 첩을 두었는데, 여기서 태어난 아이가 다쿠사부로였다고 한다. 그런데 분만하기 전에 다쿠노쇼가 위독해지자 집안의 대가 끊길 것을 우려하여 전처가 다른 집에서 맡아 키우고 있던 센다이의 시미즈 히코우에몬(清水彦右衛門)을 지바 가문을 상속할 양자로 정했다. 그 양자가 후일 사족 지바 도시하치였던 것으로 보인다.

본디 그의 집안은 돈으로 센다이 번의 사족 신분을 샀기 때문에 지바 일족이 중세의 호족이었다고 하더라도 다쿠노쇼가 이 지역 출신이었다는 것은 틀림없다. 다쿠사부로는 그 첩의 자식으로서 1852년 6월 17일 구리하라 군 이즈노에서 태어났다. 이 아이는 세 살 때 생모와 헤어져 양어머니 아래에서 자랐다. 그리고 열두 살 때부터 오쓰키 반케이 선생에게 배움을 허락받고 열일곱 살에 보신전쟁(戊辰戰爭)에 종군할 때까지 그 문하에 있었다고 한다.[2]

오쓰키 반케이(大槻盤渓, 1801~1878)라면 에도 시대 말기 사쿠마 소잔과 겨루는 개국론자였다. 그의 아버지는 일본에서 손꼽히는 난학자 오쓰키 겐다쿠(大槻玄沢)였다. 반케이는 아버지의 진보주의를 계승하여 에도, 나가사키, 교토에 이르기까지 전국을 돌면서 라이 산요(賴山陽)와도 교제하고 유학 시문과 서양 포술을 배웠다. 1853년 페리가 이끄는 흑선이 내항하자 솔선해서 개항론을 주장하고 이윽고 러시아와의 동맹 정책을 주장하는 탁월한 식견을 보였다. 센다이 번에는 1862년에 요켄도(養賢堂)의 부학장으로 임용되었지만, 보신전쟁에서 반정부군 동맹의 중

<hr>

1) 〈千葉家近代ノ史稿〉(문서, 千葉敏雄 씨 소장).
2) 지바 다쿠사부로 자필 이력서.

책을 맡고 활약하다가 패전 후 투옥되었다. 한때는 생명까지 위험에 처했다.

그 무렵 지바 다쿠사부로도 이 노스승과 헤어져 전쟁의 소용돌이 속에 있었다. 1868년 다쿠사부로 17세.

"군병 모집에 응모, 군졸로 가담하여 시라가와구치(白河口)에 참전, 두 차례 전투"를 치르고 패주. 이때 기타가미가와 강 하류에 있는 모모우(桃生) 군 나부리하마(名振浜)의 사설 학당 나가누마주쿠(永沼塾)의 나가누마 오리노조(永沼織之丞, 1836~1916)도 보신전쟁에 참전하여 농민군 대장으로서 관군에 저항하다가 투옥되었다. 그러나 이때 33세의 나가누마가 17세의 지바와 같은 전쟁터에서 만났는지는 알 수 없다. 확실한 것은 그로부터 7~8년이 지난 메이지 8, 9년(1874~1875) 무렵 무사시이쓰카이치(武蔵五日市)에서 두 사람이 만났다는 사실이다.

다쿠사부로는 '적군'이라는 오명을 쓰고 은밀하게 고향으로 잠입한다. 고향에 돌아와 보니 반케이 선생은 이미 투옥되고 번은 거의 폐허 상태가 되어 의지할 곳을 잃었다. 이때부터 '방랑의 구도자'로서 그의 인생 편력이 시작된다.

메이지 시대의 매력은 이러한 인간 군상이 한둘이 아니었다는 사실일 것이다. 뒷날 자신을 '자유현하(自由縣下) 불패군(不覇郡), 호연지기촌'의 거주자 '재팬국 법학대박사 다쿠론 지바 씨'라고 자칭하기에 이른 인간이 어떻게 해서 탄생했는지 이 청년의 편력을 본보기로 생각해 보기로 하자.

1868년 11월, 게이오(慶應) 4년이 메이지 원년으로 바뀌고 한 달 뒤 다쿠사부로는 센다이에서 가까운 마쓰시마(松島)로 이시카와 오쇼(石川桜所, 1824~1882)를 찾아가 이듬해 8월까지 의학을 배웠다. 그가 무슨 작정으로 오쇼의 문하생이 되었는지는 알 수 없지만, 오쇼가 보통 의사가 아니라 일찍부터 이토 겐보쿠(伊東玄朴)와 함께 나가사키에서 네덜란드인한테 서양 의술을 배운 신지식인이며, 보신전쟁에서는 도쿠가와 장군을 따라 오사카에서 에도, 미토로 전전하고 있었던 만큼 오쓰키 문하에서는 특별하게 존경을 받고 있었을 것이다. 지바는 여기서 반케이 선생에게서 다 배우지 못한 것을 얻으려 했지만 장군을 보좌했다는 죄로 오쇼 선생 또한 투옥되고 만다(이후 이시카와 오쇼는 신정부의 병부성에 들어가서 군의감까지 승진하게 된다). 여기서 지바는 어쩔 수 없이 마쓰시마를 떠나 10월에는 게센누마(気仙沼)의 나베야마 이치로(鍋山一郎)를 찾아가 국학을 배웠다.

나베야마 이치로 또한 기인이다. "평생 술을 즐기면서 방종하거나 구속받는 일이 없다. 무릇 기인이로다"라고 평가되는 학자로 고토다마온기(言麗音義, 말에 담겨 있는 영적인 힘─옮긴이)를 제자들에게 전수한 사람이라고 한다. 이 사람은 게센누마 지방에 오랫동안 머물면서 여러 제자들에게 필산(筆算)과 국전(國典)을 가르쳤다. 지바가 여기서 구한 것은 신정부가 근거로 하는 것이었을 것이다. 산조 사네토미와 이와쿠라 도모미는 신정부의 권위를 오로지 히라다 아쓰다네(平田篤胤)와 오쿠니 다카마사(大国隆正) 등의 국학과 신도설에서 구하고 있었기 때문이다. 그러나 천황 정권의 정통성을 배웠다고 해서 유신에서 패한 자의 고뇌가 해결되는 것은 아니다. 대체 지금부터 어떻게 살아갈 것인가. 이렇게 생각했을 때, 다쿠사부로의 눈에 비친 것은 사쓰마(薩摩) 세력이 전횡을 휘두르는 세상이며 유신에서 패배한 무리가 일자리를 얻으려 해도 얻을 수 없는 시대의 폐색 상황이었을 것이다. 삶의 활로가 차단된 쪽은 사쓰마에 맞서 싸운 아이즈(会津) 출신만이 아니었다. 예를 들면 수확고 3만 석, 가신 1,632호, 8천 명을 거느리고 있던 센다이의 와타리(亘理) 가문은 고작 65석으로 삭감되고 심지어 영지의 즉시 양도를 요구당하여 가신들은 먹고 살 일자리도 없고 집도 없이 길바닥을

헤맬 수밖에 없었던 것이다. 다테 구니시게(伊達邦成) 같은 이가 가신
들을 이끌고 메이지 3년(1870) 초에 홋카이도로 대규모 이주해 간 것도
그 활로를 찾기 위해서였다.

유신의 전화(戰火)에 휘말린 20세 청년 지바 다쿠사부로의 번민이 풀
리지 않았던 배경에는 이러한 점이 있었을 것이다. 그는 이해 12월 정토
진종(浄土真宗)의 승려 사쿠라이 교하쿠(桜井恭伯)를 찾아갔으나 적응하
지 못하고 불과 다섯 달 만에 떠나게 된다. 그러고는 그 무렵 러시아 주
교 니콜라이의 명성을 듣고 기독교(그리스정교)에 급속하게 이끌리게 되
었다. 왜 그리스정교가 아직도 기독교 금령이 풀리지 않은 메이지 초년
부터 이런 도호쿠 지방까지 세력을 미친 것일까. 여기서 특히 니콜라이
라는 사람과 센다이 번의 관계를 조금 설명할 필요가 있겠다.

이오안 드미트로비치 카자츠킨(니콜라이 신부의 본명)은 1836년 스몰
렌스크에서 태어나 상트페테르부르크신학대학에 다닐 때 골로브닌의
《일본유수기》(日本幽囚記)를 읽고 일본으로 건너가려는 꿈을 품었다고
한다. 1860년 대학을 마치자 곧바로 하코다테(函館) 행을 지원하여 사
제 서품을 받았다. 8월 그는 혼자서 마차를 타고 시베리아 광야를 횡단
하여 아무르 강을 돛단배로 타고 내려와 우수리스크까지 왔지만 겨울
의 악천후로 해를 넘기게 되었다. 그러고는 이듬해 1861년 6월에 드디어
홋카이도 하코다테의 러시아 영사관부 사제로서 부임한 것이다.

이때 니콜라이는 스물다섯 살 청년이었다. 자신이 원하던 일본에 왔
지만 기독교 금령이 엄격해 포교가 어려워서 우선 7년에 걸쳐 일본 연
구에만 전념한다. 일본어부터 시작하여 일본사, 유교, 불교, 신도에서 일
본 미술론에 이르기까지 공부는 흥미진진했다. 특히 불교에 관해서는
학승한테서 대승불교와 소승불교의 설법을 들었다. 하코다테의 교회
도서관에 소장되어 있던 《법화경》, 《일본외사》, 《대일본사》 등의 여백에
는 연필로 러시아 문자 작은 글씨를 빼곡히 적어 넣고 있으며, 또 짓펜샤

잇쿠(十返舎一九)의 통속소설이나 도보 여행기에 이르기까지 여백에 러시아 글자로 비평이 적혀 있었다고 한다.[3]

그 니콜라이가 일본인에게 최초로 세례를 내린 것은 보신전쟁의 전운이 하코다테까지 밀려온 1868년의 일이었다. 첫 번째 신자인 사와베 다쿠마(沢辺琢磨, 도사 출신, 지바 슈사쿠[千葉周作]의 문인으로 사카모토 료마의 동생. 1865년 하코다테 신관의 데릴사위가 되었으나 니콜라이에게 논파되어 입신)와 센다이 번의 의사 사카이 도쿠레이(酒井篤礼), 남부 번(南部藩)의 우라노 다이조(浦野大蔵) 세 사람이었다. 물론 세례는 니콜라이의 방에서 비밀리에 치렀다. 이윽고 하코다테에 에노모토 다케아키(榎本武揚)가 이끄는 막부의 탈주 함대가 입항하고 도호쿠 지방 각지의 지원병과 히지가타 도시조(土方歳三) 등 막부의 육전 부대도 속속 모여들어 이곳은 일대 반란의 근거지가 되었던 것이다.

니콜라이는 신변의 위험을 피하기 위해서라기보다 일본 전도 회사를 준비할 목적으로 1869년 2월에 일단 러시아로 귀국했다. 바로 그 직후 3월부터 전투가 다시 시작된다. 그 전화 속에서 사와베, 사카이, 우라노 세 사람은 하코다테를 탈출했으며 특히 사카이는 구리하라 군 간나리(金成)로 잠행했다. 간나리 촌과 다쿠사부로의 마을은 1, 2리밖에 떨어져 있지 않았다. 더구나 그 간나리 촌의 간나리 젠베에(金成善兵衛)와 젠우에몬(善左衛門)은 센다이 번의 항복을 수긍하지 않고 막부 함대에 투신하여 특공대장으로 하코다테 고료가쿠(五稜郭)로 들어갔다가 사와베의 명성을 듣고 찾아가 그리스정교의 설교를 들었던 것이다. 이때 같은 센다이의 서양식 부대 가쿠헤이타이(額兵隊)의 청년 아라이 쓰네노신(新井常之進)도 간나리와 함께 그리스정교에 이끌려 이윽고 입신하고 있다.

---

3) 니콜라이 성당 소장,《大主教ニコライ師事蹟》.

니콜라이가 다시 일본으로 돌아온 것은 1871년 2월, 그때까지 사와베, 사카이, 아라이 등이 전도하고 있던 센다이 번사들에게 하코다테에서 세례를 하고 즉시 오노 소고로(小野莊五郎) 등을 센다이로 파견했다. 그 전해에도 하코다테와 센다이 사이에 이따금 왕래가 있었고, 특히 메이지 3년(1870) 겨울에는 아라이 등이 동지를 모으기 위해 센다이로 돌아가고 있다. 이처럼 그리스정교의 포교는 하코다테에서 먼저 센다이 주변으로 미쳤다고 할 수 있으며, 당시 진종(真宗) 문하에 있던 21세 청년 지바 다쿠사부로의 귀에도 이 소문이 전해지고 있었던 것이다.

그들은 센다이에 잠입하자 동지와 밀회하여 더 이상 무력을 통해 재기하는 것은 불가능하다고 설파하고, 또한 니콜라이한테서 들은 바대로 "유교나 불교와는 비교가 안 되며 천지의 공도로서 불변의 진리이다. 국가를 구하는 일은 이를 두고 달리 있을 수 없다"[4]고 설득했다고 한다. 이리하여 메이지 4년(1871)에는 이미 신도가 100명을 넘었으며 그 대부분은 센다이 출신이었다. 센다이 번사와 러시아 신부가 이처럼 친밀해질 수 있었던 것은 오쓰키 반케이가 일찍부터 개국론을 주장하고 러시아에 접근하여 영국과 미국의 침략을 막아야 한다는 주장을 확산시키고 있었기 때문일 것이다.

2. 정신 편력

이후 다쿠사부로는 메이지 4년(1871) 6월에 니콜라이 신부를 만나기 위해 상경했다고 이력서에 기록되어 있다. 그러나 니콜라이가 도쿄에 나타나 신학교를 연 것은 메이지 5년(1872) 겨울이며, 쓰루가다이(駿河台)

---

4) 같은 책.

로 이전한 것은 그해 9월이기 때문에 지바가 잘못 기억했을 것이다. 그 무렵 니콜라이의 신학교란 기숙사와 러시아어 학교를 겸하고 있었는데, 다쿠사부로가 처음 이곳을 찾아왔을 때에는 아마도 다음과 같은 정황이었을 것이다.

　동서남북도 모르는 채 망연하게 숙소에서 지내는 사이에 그나마 넉넉지 않던 여비도 다 떨어졌다. 궁하면 통한다고 이토(伊藤)는 시모타니(下谷)의 오노(大野) 아무개에게 몸을 맡기고 고로(아마다 구안, 天田愚庵)는 동향인의 소개로 러시아 사제 니콜라이가 세운 쓰루가다이의 그리스정교 학교에 들어갔다. 그러나 유교주의에 빠진 귀로 이 교파의 설교를 들으니 하나도 승복할 턱이 없었다. 심지어 밤마다 사람들이 불러내어 설유해도 좀처럼 굴복하지 않을 뿐 아니라 끝내는 화를 내면서 격론하여 사람들을 놀라게 하는 일도 있다. 하루는 이 학교의 안도 겐조(安藤憲三), 요시쓰구 다쓰타로(吉嗣達太郎), 구마야 다쓰지로(熊谷達次郎) 세 사람이 은밀하게 고로를 불러냈다. "당신은 어찌도 그렇게 완고한가, 만약 진심으로 신교의 믿음이 없으면 왜 빨리 다른 곳으로 가지 않으냐"고 묻기에, 고로가 답하기를 나도 이런 곳에 오랫동안 있는 것이 괴롭기는 하지만 지리도 모르는데다가 가난하고 달리 의지할 곳도 없는 몸이라 부끄럽지만 견디고 있는 것이라고…….[5]

　이것은 《도카이유협전》(東海遊俠伝)의 지은이로 유명한 아마다 구안(天田愚庵, 1854~1904)이 보신전쟁에서 히라지로(平城) 낙성 당시에 행방불명된 부모와 여동생을 찾아 헤매면서 일생을 보낸 그 비극적인 편력의 일부를 말해 주고 있다.

　신학교에 온 고로는 당시 열아홉 살, 다쿠사부로는 자기와 닮은 연하

<hr>

5) 〈天田愚庵〉, 《日本残酷物語》第4部, 平凡社, 1960년.

의 청년을 아픈 마음으로 바라보았음에 틀림없다. 니콜라이 곁에는 이렇게 상처받은 영혼들이 각지에서 모여 있었다. 다쿠사부로가 니콜라이 신부 곁에 있었던 것은 메이지 8년(1875) 4월까지 약 4년 동안이라고 하는데, 그는 여기서 무엇을 하면서 어떤 생각을 하고 있었을까.

도쿄에서 최초의 세례는 메이지 5년(1872) 9월 24일에 있었는데, 그때 세례를 받은 자 가운데 알렉산드르 지바 분지(千葉文治)라는 이름은 있지만 다쿠사부로의 이름은 없다. 그처럼 의지할 곳 없는 빈궁한 서생은 석 달 정도는 교회의 공금으로 생활할 수 있었다. 그리고 그들 가운데 장래성이 있는 자는 석 달 이상 장기 체재가 가능하다는 규정도 있었다.[6] 아마도 지바가 4년 동안 머물렀던 것은 그 규정에 따른 체류였을 것이고 어쩌면 전도사가 되어 지방 전도에 나선 일도 있었을 것이다.

니콜라이 신부가 도호쿠 지역의 몰락 사족들에게 인기가 있었던 이유는 그 기독교에 의한 새로운 정신적인 이상이 동시에 제정 러시아의 국교로서 적당한 보수성에 의해 완화되어 있었다는 사실을 들 수 있을 것이다. 그것을 마치 증명이라도 하는 사건이 1872년 무렵에 발생했다. 니콜라이의 설교가 "인민에게 불충을 가르치고 천황을 무시하는 것"이라고 정부에 일러바치는 자가 나타난 것이다. 니콜라이는 이에 대하여 다음과 같은 건백서를 제출하여 정교의 복종성을 강조하고 있다. 이 부분은 다른 가톨릭이나 프로테스탄트의 전투적인 성격과 비교할 때 뚜렷한 차이를 보인다.

니콜라이는 말한다. 만약 나의 문인 가운데 "황제 폐하에 대하여 한마디라도 불경한 말을 내뱉거나 불순한 마음을 품은 자가 있다면 나는 즉시 그자를 파문할 것입니다. 폐하에 대한 역신은 곧 천주에 대한 역신이 되기 때문입니다."

---

6) 〈伝教規則〉第7·8条, 니콜라이, 앞의 책.

우리 교회가 무엇 때문에 황제 폐하에 대하여 불경한 마음을 가질 것인
가. 우리 교회는 사교(私敎)가 아니다. 곧 천주의 성스러운 말씀이다. 이 성
언(聖言)이 명하는 바는 다음과 같다. 모름지기 백성은 윗자리에 있는 자에
게 복종해야 한다. 천주의 명이 없으면 곧 지위에 있는 자 없다. 무릇 지위
에 있는 자는 모두 천주가 명하는 바이다. 지위에 있는 자를 적으로 삼은
자는 곧 천주의 명에 거역하는 자로 간주한다. 거스르는 자는 반드시 벌을
받는다. 실로 세인을 다스리는 자나 상위에 있는 왕, 또는 왕이 명하는 바에
복종해야 한다. 군주를 공경하라……. 여러 말을 인용할 필요도 없이 내가
가르치는 것이 만약 이에 위배된다면 나는 먼저 스스로 천주의 적이 되는
것을 면하기 어려울 것이다.

　이 무렵 사족들에게는 이러한 사고방식이야말로 가장 받아들이기 쉬
운 것이었음에 틀림없다.
　1872년 9월 니콜라이가 쓰루가다이의 도다(戸田) 저택 부지 2,300평
을 매수하여 이전했을 때, 메이지 정부의 외무경 소에지마 다네오미(副
島種臣)는 그 대금을 되돌려주고 두텁게 보호해 주었다. 이듬해 1873년
2월 정부는(당시 오쿠보, 기도 등 수뇌들은 서양 세계를 돌아보고 있는 중이
었다) 서구의 여론을 꺼려 '기독교 금령'을 풀고 센다이와 하코다테, 나가
사키 등에 투옥되어 있던 여러 신도들을 석방했다. 이로써 그리스정교
의 교세도 신장하여 도쿄의 간다(神田) 등지에 의회소 6곳을 설립하고
전국에 전도사를 파견했다. 하치오지(八王子) 방면에 처음으로 포교가
이루어진 것은 메이지 9년(1876) 무렵이었다고 한다. 그러나 그 무렵 이
미 다쿠사부로는 정교회를 떠났다.
　어떤 정신적 동요가 그를 엄습했다. 1875년 봄에 니콜라이 신부 곁
을 떠난 다쿠사부로는 무슨 생각인지 도쿄 이치가야(市ヶ谷)에 있는 야
스이 솟켄의 문하생이 되었다. 겉으로 보기에는 극단적인 전향처럼 비

친다. 왜냐하면 숏켄은 당시 《변망》(弁妄)의 지은이로서 가장 유력한 반기독교도로 간주되는 사람이었기 때문이다. 메이지 초기에 새롭게 출간된 기독교를 배격하는 비판적인 저작(이른바 '파사서목'破邪書目)은 10종류에 가까운데, 그 가운데 숏켄의 주장은 일본에서 교양 있고 자제심 있는 비판적인 계급의 여론을 대표하는 것으로서 기독교계에서 가장 무서운 상대로 평가되고 있었던 것이다.

나중에 다쿠사부로의 둘도 없는 친구가 되는 후카자와 부자는 이 '파사서목'을 빠짐없이 갖추고 있던 사람인데, 특히 《변망》에 관해서는 다음과 같이 주석을 남기고 있다.

이 책은 근세의 대유(大儒) 야스이 선생의 저서로서 그 논리가 고묘(高妙)하고 문장이 상쾌하여 적어도 뜻을 품은 지사라면 반드시 한 번 읽어야 할 좋은 책이다.

이 문제의 인물 야스이를 무슨 까닭에 그리스정교의 신도인 다쿠사부로가 찾아가 입문했을까. 포기할 줄 모르는 회의심 때문일까. 몸소 적진으로 들어가 논쟁을 붙여 보려는 심사일까. 그렇게 보기에는 이후 다쿠사부로의 발자취가 의심스럽다. 그의 신앙심에 관해서는 새삼스럽게 논해야 할 것이다.

후카자와 곤파치는 '파사서목'의 해제에서 당시 출판된 다카하시 지로(高橋二郎)의 《예수교신론》에 관해서 이렇게 기록하고 있다. "이 책은 지은이가 다년간 예수교회에 들어가 실제로 신약과 구약 성서 모두를 직접 탐구하고 해당 교리의 요건을 적발하여 하나하나 그 망설을 비판하고, 이어서 불교의 요건과 예수교를 비교하여 그 사악한 망언을 논파한 책이다"라고(후카자와가 문서).

그 무렵 야스이 숏켄은 일흔여섯의 고령으로, 뛰어난 제자들에게 추월당하여 대유로 불리면서도 고독한 노경에 있었다. 솟켄이 애석해 마지 않는 젊은 제자 구모이 다쓰오는 다음과 같은 결별시를 남기고 반정부 운동에 투신하여 메이지 3년(1870) 형장의 이슬로 사라진다. 그리고 솟켄의 자식도 구모이가 처형당하고 난 뒤 가출하여 의문의 자살로 생을 마감했다. 솟켄의 가슴 깊이 남아 있는 이 비통한 시야말로 곧 자유민권가들을 분발케 하고 권력에 저항하여 뜻을 바치는 메이지 혁명가들의 원상(原象)이 되었던 것이다.

솟켄 선생에게 바침

이 몸과 이 세상 그 무엇도 둥실둥실 떠 있어
뜨는 것도 가라앉는 것도 알기 어렵네.
아아! 생각은 끝이 없는데
이 몸은 이미 고목처럼 쓰러져 가네.
미천한 일신은 이미 군(君)에게 바친 것이라
연로한 부모(그리고 노스승도)를 보살펴 드릴 수 없네.
눈물을 훔치며 부모님께 하직하고
호송 수레에 실려 머나먼 길로 향하네.
거기에는 죽음이 기다리겠지만
나에게는 평생 품어 온 꿈이 있노라.
죽음은 이 뼈를 산산조각 바술 수 있지만
그 뜻마저 굽힐 수는 없다네.
내 운명은 나 스스로 알고 있으니
결코 푸른 하늘을 향해 호소하지 않으리.

내가 이 시를 처음 알게 된 것은 기타무라 도코쿠의 《후지 산 기행》 (1885년)을 통해서인데, 그때 열일곱 살 지사였던 도코쿠는 이 시를 암

송하고 있었다.[7]

다쿠사부로는 알고 있었다. 과거 솟켄이 센다이 영지를 여행하면서 백성들의 '통곡 소리'를 읊고 자신의 20년 학문은 이 시 하나로 다한다고 단언했다는 사실을.

예리하게 기독교를 비판한 《변망》의 저자에게도 이처럼 매력적인 또다른 일면이 있었던 것이다. 다쿠사부로가 야스이 문하로 들어가 추구한 것은 반기독교 주장이라기보다도 오히려 이처럼 늠름한 정신이었음에 틀림없다. 그런데 다쿠사부로는 여기서도 스승 운이 따르지 않아 반케이, 오쇼에 이어서 세 번째로 불행한 사고를 만나 스승을 잃게 된다. 입문한 지 불과 열 달, 1876년 이른 봄 야스이 선생은 병사하고 말았다. 그는 네 번째로 책상을 짊어지고 은사의 문을 나서게 된다.

마침 그해 가을 일본의 서쪽 끝 규슈 구마모토(熊本)에서는 '신푸렌'(神風連)이라는 이름을 내걸고 청년들이 반란을 일으켰다. 일련의 사족 반란 가운데서도 가장 규모가 컸는데, 구마모토 현령은 이 사건으로 빈사 상태에 빠지고 주둔군 사령관도 목숨을 잃었다. 이 사건에 관해서는 기노시타 준지(木下順二)가 유명한 희곡 《풍랑》에서 유신의 청년들이 어떤 내면적 고뇌를 거쳐 반정부 거사를 일으키게 되었는지 잘 묘사하고 있다.

그 주인공 한 사람은 순수한 고신도주의(古神道主義) 단체 게이신토(敬神党)에서 절충적인 실학주의 그룹으로 옮겼지만 그래도 성에 차지 않아 기독교 신자인 동료를 찾아 헤매고 있다. 그래도 여전히 자신이 살아가야 할 길을 찾지 못하고 결국 세이난전쟁(西南戰爭, 1877년 2~9월)의 포연 속에 사라져 갔다.

어떤 청년은 미야자키 하치로(宮崎八郎)처럼 격렬한 민권운동 결사에

---

7) 色川大吉, 〈自由民權の地下水を汲むもの〉, 《明治精神史》에 수록.

서 뛰쳐나와 사이고 다카모리(西郷隆盛)의 반란군에 투신하여 전사한 자도 있으며, 마쓰야마 슈젠(松山守善)처럼 전쟁의 소용돌이 속에 휘말리지 않고 게이신토에서 민권당으로 전신하여 부활을 꾀하는 젊은이도 있었다.

마야자키 하치로의 동생 미야자키 도텐(宮崎滔天)은 세이난전쟁이 끝난 뒤 도쿠토미 소호(德富蘇峰)의 오에기주쿠(大江義塾)로 들어갔다. 처음에는 실학을 배웠지만 민권주의에 이끌려 기독교에 접근했다가 마지막에는 중국혁명을 돕기 위해 대륙 낭인으로서 일생을 마감했다. 이런 삶의 방식은 실로 '메이지적인 파란의 궤적'을 상징하는 것이라 하겠다. 이러한 메이지 청년들의 다양한 삶의 방식을 우리는 수도 없이 추적해왔으나 그 대부분의 결말은 성실한 분투적인 삶에도 불구하고 거의 빛을 보지 못하고 패배자로서 역사의 무대 뒤로 사라져 간 것이다. 내가 지금 지바 다쿠사부로를 사례로 이야기하려는 것도 그러한 수백 수천만의 청년들에게 공통된 정신의 하나일 뿐이다.

메이지 9년(1876) 4월 다쿠사부로는 프랑스 가톨릭의 저명한 선교사 위글스를 찾아갔다. 세이난전쟁이 시작되는 1877년 2월까지이다. 파리 외국선교회의 해외 선교사로 조수 카디약 신부와 함께 '발로 뛰는 선교사'로 불린 위글스 신부는 그의 후계자 데스트비드 신부와 함께 다마(多摩) 지방과 인연이 깊은 사람이다. 위글스 신부는 메이지 8~9년(1875~1876) 무렵부터 하치오지 부근에서 포교 활동을 하고 있었는데, 다쿠사부로가 그를 따라갔을 가능성도 많다.

무사시국 다마 군 하치오지의 시모이치부가타(下一分方) 촌 후쿠오카 부락에는 야마가미 다쿠주(山上卓樹)라는 청년이 살고 있었다. 그는 아버지를 따라 도쿄와 요코하마 지방에서 행상을 다니는 사이에 메이로쿠샤(明六社)의 나카무라 마사나오(中村正直)를 알게 되어 여기에 입문하고 그 영향으로 요코하마 야마데 교회의 데스트비드 신부에게 이끌렸다. 청년 야마가미는 1876년에 입신하고 그해 부락의 동지 야마구치 주베에(山口重兵衛) 등과 함께 성마리아 교회의 가설 성당을 세웠다. 이 야마구치와 야마가미는 지금까지 비인간적인 대우를 받아 온 피차별 부락민이었지만 인간 평등을 추구하여 기독교에서 더 나아가 자유민권운동에 참가했으며, 이윽고 이쓰카이치 지방을 왕래하면서 지바, 후카자와 등과 친교를 맺기에 이른다.

그런데 한 번 기독교 정교에서 반기독교로 갔던 다쿠사부로가 왜 다시 가톨릭으로 돌아왔을까. 지금 갖고 있는 자료만으로는 그 질문을 풀 수 없다. 그러나 위글스의 전도를 기회로 그가 이쓰카이치 사람들과 서로 알게 된 사실은 중요하다. 왜냐하면 메이지 16년(1883) 12월 지바가 죽은 직후 이쓰카이치에 있던 친구들이 연명으로 유족에게 편지를 보내고 있는데, 그 가운데 이런 내용이 있기 때문이다.

지바 씨가 저희 지방에서 권능학교에 근무한 지 이미 8~9년에 이릅니다. 그동안 시종일관 절약과 검소에 노력한 결과 얼마간 재산이 남아 있습니다. 지바 씨는 평소 자유주의를 주장한 거사로서…….

이 문장으로 보아 다쿠사부로가 이쓰카이치권능학교에서 근무한 것은 메이지 8~9년(1875~1876)일 것이다. 그런데 그의 이력서에는 그 뒤로도 수학자 후쿠다 리켄(福田理軒)에게 입문(1877년 2~6월)하거나 요코하마 야마테의 메조시스트파(프로테스탄트계)의 목사 R. S. 맥클레이에게 가기도 하며(1877년 10월~1878년 11월), 한때는 상업에 손을 댔다가 실패(1880년 3월)하기도 했다고 한다. 그러다가 메이지 13년(1880) 4월 하순에 이쓰카이치권능학교로 부임하여 정착한 것으로 되어 있다.

이렇게 되면 어느 쪽이 진실인지 헷갈린다. 그러나 이력서는 지바가 메이지 14년(1881) 10월 권능학교 교장으로 추천되었을 때, 이른바 현 당국에 제출하기 위해 공식적으로 작성한 것이며 이런 종류의 문서에는 항상 어느 정도 작위나 은폐가 있기 마련이다. 왜냐하면 여기에는 보신전쟁 참전 경력이나 민권운동에 관련한 경력이 전혀 적혀 있지 않으며 이것을 전달하는 지역 관리나 학무위원 모두가 그의 동지라는 점에서 보면 자신에게 불이익이 될 법한 것을 그대로 공문서로 제출한다고는 생각하기 어렵기 때문이다.

아마도 그는 메이지 7~8년(1874~1875) 무렵 센다이 번 출신의 나가누마 교장과 만나 이쓰카이치 소학교에서 일단 조교로 근무하지만 그 후에도 가끔 상경하여 위글스와 맥클레이를 방문했을 것이다. 그럼 또 왜 가톨릭에서 프로테스탄트로 전환했을까. 지금은 그의 고뇌가 얼마나 깊었는지를 추측하는 것 이상의 판단 자료가 없지만, 그래도 무언가를 추구했기 때문에 맥클레이의 교회에 2년씩이나 체재하고 있었던 것이 아닐까. 그 사이에도 종종 조교로서 이쓰카이치의 학교를 찾아갔을 것으로 보인다. 또는 다마 지방의 민권가들과 교류하고 있었다면 이 두 건의 문서 사이에 있는 모순도 해석이 가능할 것이다. 사실 최근 발견된 편지들을 분석하면서 이러한 예측이 틀리지 않았다는 것을 입증할 수 있게 되었다.

지바는 메이지 13년(1880) 4월 17일 애국사 대표 가타오카 겐키치(片岡健吉)와 고노 히로나카(河野広中)가 전국 약 10만 명의 국회개설 청원서를 정부에 제출했음에도 불구하고 이것을 '인민에게 청원권 없음'이라고 각하한 것에 대하여 격렬하게 전제 정부를 공격하는 편지를 쓰고 있다. 그 가운데 "대체로 내가 다마 군에서 배회하기 수년"이라고 하여 이전부터 이 지방을 방랑하고 있었다는 사실을 고백하고 있다(또한 후카자와의 시집을 보면 지바가 1879년 12월 후카자와 촌 신코인의 시우 모임에 출석했다고 기록되어 있다).

아무튼 지바가 2년여 간 배운 프로테스탄트 선교사는 미국의 메조시스트감독교회(MEC)에서 1873년에 파견된 맥클레이이다. 메조시스트파는 프로테스탄트 가운데서도 가장 사회활동에 활발한 그룹으로 여기서 자유민권운동이나 평화운동, 사회운동에 참가한 사람이 다수 배출되었다. 그리스정교와는 지극히 대조적으로 반정부적인 성격을 띠었다.

1877년 8월에 지바가 맥클레이 목사를 찾아갔을 때, 메조시스트 교회는 시즈오카, 나가사키 미카와, 니시오, 하코다테, 쓰키지, 누마즈, 신슈, 이다 등지에 세워졌으나, 요코하마에는 아직 없었고 다만 메조시스트신학교가 개설되어 있었다. 뒷날 이시자카 마사쓰구(石坂公歷, 기타무라 도코쿠의 의동생)도 이 신학교에 다녔으며, 1886년 그들이 미국으로 건너갔을 때에는 캘리포니아의 메조시스트 교회를 방문하여 거기서 묵었다. 어쨌든 지바의 전신(轉身)이 자유민권가로 비약하기 위한 가장 손쉬운 계기가 되었던 것은 분명하다. 그 무렵 메조시스트에서 자유민권가로는 거의 한 발자국 거리에 있으며 반대로 민권가에서 메조시스트로 전향한 사례도 적지 않았기 때문이다.

이렇게 해서 그의 정신 편력(난학 → 국학 → 신도 → 불교 → 그리스정교 → 반기독교 → 가톨릭 → 프로테스탄티즘)은 메이지 12년(1879) 무렵에 일단 마침표를 찍은 것으로 보인다. 말하자면 이때부터 자유민권가 지바 다쿠사부로가 탄생한 것이다.

3. 풀뿌리 자치

다쿠사부로가 위글스와 함께 산타마(三多摩) 지방에 들어갔을 때 그는 그리워하던 사람의 이름을 들었다. '나가누마 오리노조'(永沼織之丞).

나가누마라면 그의 고향에서 그다지 멀지 않은 나부리하마(名振浜)에 있던 나가누마주쿠의 교장이 아닌가. 1840년 무렵부터 학당을 열어 농민들에게도 읽고 쓰기와 무예를 가르친다고 하여 인근에 널리 이름이 알려져 있었다. 보신전쟁에서는 부대를 이끌고 관군에 저항하여 용감하게 싸웠다고 하는데 그 후 어디에서 무엇을 하고 있었을까. 그 무렵 니시타마 군 공립 이쓰카이치권능학교 교장으로 근무하고 있다고 한다. 더구나 그 소학교에는 같은 센다이 번 출신 두세 명이 교원으로 일하고 있다고 들었다. 언제 한 번 꼭 만나고 싶다는 옛정과 같은 것이 지바의 발걸음을 니시타마 산촌으로 옮기게 한 것이 아닐까.

한편 나가누마는 신정부의 처벌을 받고 근신하고 있다가 1872년 학당을 해산하고 상경하여 후지노 가이난(藤野海南)과 오카 로쿠몬(岡鹿門) 등에게서 배우고 있었다. 그 무렵 기이한 인연으로 같은 반정부의 재야 지사 스나가와 겐고우에몬(砂川源五右衛門)의 초대를 받고 처음으로 기타타마(北多摩) 군 스나가와(砂川) 촌에 발을 들여놓게 되었다.

겐고우에몬은 부슈(武州)의 명문가이다. 그의 집에는 원래 센다이 의용대 대장을 비롯하여 강건한 식객이 10여 명 머물고 있었다고 한다. 나가누마는 이곳을 발판으로 스나가와의 소개를 받고 때마침 신식 학제의 공립 소학교 교장을 찾고 있던 부슈 니시타마 군 이쓰카이치에 초빙된 것이다. 권능학교의 사료에 따르면, 초대 교장 나가누마가 부임해 온 것은 1873년 11월(당시 33세)이었다.

지도를 보면 무사시국 니시타마 군은 도쿄에서 멀지는 않지만 첩첩산중의 심심산골이다. 이 산간 사이에 지치부(秩父)와 오쿠다마(奧多摩) 산 줄기에서 흘러 내려오는 맑은 물이 아키가와(秋川)인데, 이 강이 히노하라(檜原)를 거쳐 촌락에 나타난 곳에 이쓰카이치 분지가 있다. 삼면이 산으로 에워싸여 집락은 아키가와 강 낭떠러지 위에 가도를 끼고 발달했다. 매월 5일(이쓰카)에 장(이치)이 열리고 인근 마을 사람들이 모이기 때문에 '이쓰카이치'라는 이름이 붙여졌는데, 1876년 새로운 행정구획에 따라 권능학교는 이쓰카이치를 중심으로 1초(町) 4개 무라(村)의 연합 소학교가 된다.

하지만 학교 건물은 사당을 그대로 이용한 문자 그대로 '데라코야'(寺子屋)였고 교원도 나가누마 '대선생'(마을 사람들은 교장을 그렇게 불렀다) 말고는 늘 사람이 바뀌는 조교 두세 명밖에 없었다. 이쓰카이치 안이라고는 하지만 사당 바로 뒤가 아키가와의 절벽이기 때문에 저녁 무렵이면 '도깨비불'이 보이고 때로는 숲에서 백여우가 나타나는 곳이다. 아이들도 처음에는 전 학년 합쳐서 40~50명 정도였고 교원들은 이 사당에서 살거나 가까운 호농들의 집에서 기식하고 있었다.

후카자와 촌 촌장 후카자와 나오마루의 아들 곤파치는 이 학교 설립과 동시에 입학하여 매월 1급씩 특진한 수재였다. 그는 졸업 후 1882년에는 교무위원이 되어 오히려 교사들을 보살피는 처지가 되었다. 후카자와의 친구 우치야마 안베에(內山安兵衛, 대대로 이쓰카이치 촌장 집안이며 호농의 적자)도 한때 이 소학교에 다녔지만, 1878년에 상경하여 나카무라 마사나오의 동인사(同人社)에 기숙하면서 자유민권운동의 열기를 접하고 귀향한다.

자유민권운동은 연설회, 유지 간담회, 학습회 같은 형태로 메이지 12년(1879) 무렵부터 점차 각지에서 성황을 이루게 되었고 메이지 13년(1880)이 되면 급속하게 확산된다. 먼저 1월 7일에 산타마의 중심 하치오지에 제15오메이샤(第十五櫻鳴社)가 설립되고 그 개업식이 도쿄 오메이샤의 대표 누마 모리카즈(沼間守一)를 초대하여 성대하게 거행되었다. 니시타마의 중심 이쓰카이치에서도 2월부터 4월까지 도시 지식인들이 모여 교류 모임이 잇따라 열리고 누마 모리카즈와 오쿠미야 겐키치(奧宮健吉) 등도 강연하고 있다. 그 무렵 이쓰카이치를 찾은 어떤 기자가 이곳에는 누구라도 자유롭게 읽을 수 있는 '신문 종람소'가 있고 거기에는 "전국의 갖가지 신문과 잡지가 산더미처럼 쌓여 있다"고 보도하고 있다.[8] 지바 다쿠사부로가 처음으로 그 날카로운 글을 발표할 수 있었던 이쓰카이치는 이러한 '밀물의 땅'이었던 것이다.

도쿄 오메이샤의 저명한 연설가 하다노 덴사부로(波多野伝三郎)의 증언도 있다. 그가 메이지 14년(1881) 12월 이쓰카이치의 학술 토론회에 초대받아 갔을 때 회원들의 연설과 토론이 너무도 훌륭하여 그 이유를 물었더니, "우리는 2년 전부터 매월 세 차례 학술 연설회를 열어 지식을 겨루어 왔습니다"라고 했다. 하다노는 감동하여 "그 비분강개하는 논지, 통쾌한 웅변 논의, 종종 겁쟁이로 하여금 뜻을 불러 일으키게 한다"[9]고 적고 있다.

이것이 '이쓰카이치 학예강담회'이다. 자유의 숨결을 접한 산촌 마을의 인민이 자발적으로 조직하고 학습에 몰두하여 민권가로서 성장해가는 모태가 된 결사였던 것이다. 그 맹약 제1안에는 "이 모임은 만반의 학예에 관하여 강담 연설이나 토론을 벌여 이로써 저마다 지식을 교환하고 기력을 일으키고자 한다"고 되어 있다. 또 "회원은 저마다 지식의 진보를 꾀하기 위해 이 모임에 비치해 둔 서적을 열람"하도록 되어 있다. 즉 신지식을 흡수하려고 노력하고 도시 민권가를 연설회에 불러 자신들의 토론에 도움이 되도록 한 것을 알 수 있다. 이윽고 사상의 수용 주체에서 창조 주체로 변화가 나타나 자립한 농민 연설가가 이 지방에서도 탄생했다. 쓰치야 간베에(土屋勘兵衛), 즈네시치(常七) 형제, 후카자와 나오마루, 곤파치 부자는 이 가운데에서도 뛰어난 지방 연설가로 꼽혔다. 지바 다쿠사부로도 곧 이 가운데 유력한 사람으로 가담하게 된다.

---

8) 《東京橫浜每日新聞》, 1880년 4월 20일.
9) 《東京橫浜每日新聞》, 1881년 12월 4일.

메이지 13년(1880) 지바는 이미 천부인권론에 대한 해박한 지식을 가지고 있었다. 그해 5월로 추정되는 후카자와 나오마루에게 보낸 편지에는 메이지 정부의 썩은 정치를 예리하게 비판하고 있다. 즉 정부는 표면적으로는 진보 개혁 정치를 펼치는 것처럼 보인다. 그러나 "은연중에 가장 지대한 자유를 빼앗은 자가 있는 것은 무엇인가." 무릇 국토는 정부의 소유가 아니다. 국민 전체(국가)의 공유여야 한다. 그런데도 정부는 가라후토(樺太, 사할린), 치시마(千島) 교환조약을 체결할 때나 대만 정벌을 획책할 때도 일언반구도 국민과 의논하지 않았다. 오쿠보 도시미치가 청나라 정부와 교섭할 때도 마찬가지였는데, 이런 처사는 국민을 기만하는 것과 다름없다. 이와 같이 압제의 전제정치를 제멋대로 하기 때문에 인민은 속속들이 무기를 들고 일어서는 것이다. 그것을 진압하는 데 정부가 쏟아부은 "그 경비는 본디 어디서 나오는 것인가. 이 모두가 형제들의 피와 땀에서 나오는 것이 아니고 무엇인가." 게다가 지폐를 남발하여 물가를 치솟게 하고 인민의 생활을 날로 압박하고 있다.

더욱 중요한 문제가 있다. "민권자유는 이에 반하여 자손 만세에 걸쳐 지켜야 할 것이 아닌가." 이에 관해서는 이미 메이지 천황의 조칙이 있는데도 정부는 여전히 국회를 열지 않고 헌법도 세우지 않으며 헛되이 신문지조례와 집회조례를 만들어 언론을 탄압하고 국민의 권리를 억압하고 있다. 들리는 바에 따르면, 최근 정부에 제출한 애국사 대표 가타오카 겐키치(片岡健吉) 등의 청원서를 태정관이 "인민에게 권리 없음"이라며 각하했다고 하는데, 이 청원서는 2부 32현의 인민을 대표한 것이다. 이를 거부하다니 "그 얼마나 썩은 정치인가. 적어도 뜻이 있는 지사가 이 소식을 들으면 비분강개하여 원성이 그치지 않을 것이며 이를 갈고 팔을 걷어붙이며 탄식하지 않을 자 없을 것이다. 아아! 이에 즈음하여 적어도 우국애민을 자처하는 자, 널리 국가의 눈과 귀가 되어 오로지 국회 개설에 힘을 쏟고 널리 천하 장래의 이해득실을 밝혀 '감히 헌법이 국민에게 주는 득실을 분별하고 국민의 권리를 바로 잡아 공정을 유지하고 자유를 지키며 국민의 행복을 모두 갖추도록' 하지 않으면 안 될 것이다." 이를 위해서는 인민이 단결하여 마음속에 품은 깊은 생각을 털어놓고 서로 학습하고 토론하고 담론하여 이에 대비하지 않으면 안 된다고 한다.

여기에는 지바 다쿠사부로 스스로 "국가 오늘날의 심신 이목이 되어," "헌법이 백성에게 유익한지 여부를 분별하고," 인민의 "권리…… 공정…… 자유…… 행복을 모두 갖추지 않으면 안 된다"고 하며 결의가 넘치고 있다. 이 결의는 이쓰카이치 학예강담회에서 논의를 거듭하면서 자신의 손으로 직접 헌법초안을 기초하는 길로 통하고 있었다. 그가 남에게 의지하거나 조직에 맡기지도 않고 먼저 자력으로 이 대업을 이루고자 한 정신은 이때 벌써 정해져 있었다고 생각된다. 아마 이 결의는 그가 이 메이지 13년(1880)의 편지에 쓰고 있듯이 "다마 군에서 배회하던 몇 년" 사이에 굳혀진 것이리라. 그리고 이러한 관점에서 다마 군 안의 인물을 통찰할 때 "탁월하게 시사의 모든 것을 간파"할 수 있는 인물은 후카자와 나오마루 말고는 달리 없다고 생각되었다. 그렇기에 그는 마지막 부분에 나오마루에게 "간담이 서로 통하고 의기투합하여 서로 속마음을 털어 놓는" 참된 친교를 간곡히 원하고 있었던 것이다.[10]

이에 대하여 후카자와 나오마루와 그 아들 곤파치(1861~1890)는 다쿠사부로의 기대에 부응했다. 어떤 의미에서는 다쿠사부로보다 뛰어난 견식을 보여 주기도 했다. 그들뿐만이 아니다. 이쓰카이치 학예간담회 그룹은 다쿠사부로를 잘 도와주었다. 예를 들면 당시 이쓰카이치의 면장 바바 간자에몬(馬場勘左衛門), 학무위원 우치노 고베에(内野小兵衛,

---

10) 지바 다쿠사부로 문서는 현재 도쿄게이자이대학 도서관의 〈深沢家文書〉에 있으며 그 일부는 色川研究室 編,《三多摩民権史料集》(1969년)에 수록되어 있다.

38세)와 쓰치야 즈네시치(土屋常七, 43세), 전 면장 쓰치야 간베에(土屋勘兵衛) 등은 다쿠사부로 같은 청년 교사를 잘 이해하는 이들이었다.

오메이샤의 노무라 모토노스케(野村本之助)의 손에서 '오메이샤 헌법 초안'(민권파의 초안 중에는 가장 오래된 것)을 구해서 그것을 후카자와에게 건네주고 또한 지바 다쿠사부로의 기초에 도움을 준 사람도 쓰치야 간베에였다. '쓰치칸'(土勘), '쓰치쓰네'(土常), '바칸'(馬勘)이라 부르며 친숙했던 이들은 모두 학예강담회의 지도자들로서 메이지 15년(1882) 자유당에 입당하여 17년(1884) 10월 자유당 대회가 해당을 결정한 후에도 대중운동을 멈추지 않고 독자적으로 '국회개설 기한 단축 건백서'를 원로원에 제출한 발기인들이었다.

일본의 평론가 가운데에는 자유민권을 청년이나 서생의 운동 정도로밖에 이해하지 못하는 사람도 있지만, 그것은 정부 쪽에서 그런 식으로 비난했기 때문일 뿐이다. 실제로 지방에서 활약한 민권가의 연령을 비교해 보면 20대보다도 30대 장년층이 많다. 쇼와 초기의 좌익 활동가들 가운데에는 자신의 가정이나 마을과 연락을 두절한 인텔리 청년이 많았다고 하지만, 자유민권은 그런 운동이 아니라 자신의 땅에 확실하게 뿌리를 내리고 있었다는 점을 간과해서는 안 된다. 산타마의 경우 30~40대 장년층이 주도권을 잡고 20대 청년층은 활동가로 활약하고 있었는데, 모두들 가장이거나 집안의 맏아들인 경우가 많고 지역에서 책임을 맡고 있던 사람이 높은 비율을 차지하고 있다.

메이지 14년(1881) 8월 25일자 이쓰카이치 학예강담회의 기록을 보면 당시 회원 30명 가운데 반수가 장년층이다. 간사로 선출된 네 사람은 바바 간자에몬을 필두로 이나 촌의 오후쿠 세이베에(大福清兵衛), 도쿠라 촌의 오우에다 히코자에몬(大上田彦左衛門), 후카자와 촌의 후카자와 곤파치이며, 서기는 그 4개 촌의 공립 권능학교 교장 나가누마 오리노조와 이나 촌의 다지마 신타로(田島新太郎)이다. 덧붙이자면 당시 토론 주제는 '국회의 이해,' '미곡 수출의 득실,' '사형을 폐지할 것인가' 이렇게 세 가지였다. 이 가운데 두 가지는 헌법 문제와 깊은 관련이 있다. 그리고 이 모임의 가장 중심적인 인물이었던 후카자와 메모 '토론제집'(討論題集)을 보면 모두 63건의 논제명이 기록되어 있는데, 이를 분석해 보면 이 모임의 성격이 어떠했는지 명백해진다.

첫째로 가장 많은 것은 민간 헌법을 기초하는 데 필요한 '헌법 관계'의 논제로 15주제나 된다. 이어서 '법률'에 관한 것이 9가지, '인권'에 관한 것이 6가지로 과반을 차지하고 있다. 그 밖에 다수를 차지하는 것은 '경제'에 관한 논제로 13가지가 있다. 나머지는 일반 정치, 외교, 군사, 일상생활에 관한 문제 등이다. 이 가운데는 '인민의 무기 휴대를 허가하는 것에 대한 이해'나 '내란 비상시에 향병을 일으킬 것인지 여부' 등과 같이 인민의 무장에 관한 논제가 있으며, '독립국은 외국의 범죄인을 인도할 의무가 있는지 여부,' '남성이 유부녀와 거리에서 입맞춤한 것에 대한 처분 여하'와 같이 조금 우스꽝스러운 문제도 있다.

황실에 관해서는 '황거를 도심과 시골 중 어디에 두어야 할 것인가,' '귀족원은 폐지할 것인가,' '조약 체결권을 군주에게 전임하는 문제' 등을 정면으로 다루고 있다. 이 문제는 실제로 지바가 기초한 헌법초안 가운데 '국제'(國帝)는 조약 체결권을 가지지만 "다만 통상무역의 조약, 또는 국가의 재산을 소비하거나 국토의 일부를 양여 개변하는 조약 및 그 수정에 관해서는 국회의 승낙을 얻지 않으면 그 효력을 가질 수 없다"[11]고 한정되어 있다. 또한 "민선의원은 행정관이 제출하는 의제를 토론하며 또한 국제의 의제를 '개정하는 권한'을 가진다"[12]거나 "국회는 외국과

---

11) 〈五日市憲法草案〉第1篇 国帝, 第3章 国帝ノ権利 35条. 色川大吉, 〈明治前期の人民憲法〉, 《東京経済大学会誌》第36号, 1969년.
12) 〈五日市憲法草案〉, 第3篇 立法権 第1章 民選議院 9条.

의 조약을 의논하여 정한다"[13]고 하는 규정에서 활용되고 있다.

군주권을 제한하는 이러한 규정은 지바가 모델로 한 '오메이샤 초안'에는 전혀 보이지 않는다. 이처럼 지역에서 벌인 토론 내용이 완성된 헌법초안에 얼마나 활용되었는지 분석하는 것도 무척 흥미롭지만 그 내용에 관해서는 별도의 논문에서 다루기로 한다. 그것은 학예강담회 간사의 메모뿐 아니라 그 회원 가운데 한 사람이었던 기초자 자신의 '비망록'과 그들이 면밀하게 기입해 넣거나 전 페이지에 새빨갛게 붉은 줄을 그어 가며 학습한 법률, 헌법 관계 전문 도서(100권 가까이 현존하고 있다)까지 대조하면서 세밀하게 소개할 필요가 있기 때문이다. 아무튼 이러한 조사 연구를 통해 당시 산촌 민권가들의 관심과 열정이 어느 정도였는지를 가늠해 볼 수 있을 것이다.

4. 바꾸어 읽는 논리

1968년 우리가 "니시산타마 군 후카자와 산촌에서 방대한 유신기의 사료 가운데 86년 동안 파묻혀 있던 놀랄 만한 사료를 발견했다"고 신문에 발표한 것은 바로 '이쓰카이치 헌법초안'을 말한다.

전통 종이에 정성스럽게 정서한 이 민간 헌법초안은 현존하고 있는 30여 종의 민간 헌법초안 가운데서도 우에키 에모리의 초안에 버금가는 상세한 규정(대일본제국헌법의 3배, 현행 일본국헌법의 약 2배가 되는 조문 204조)으로 민주적인 내용을 담고 있다.

특히 108개 조문을 갖춘 오메이샤 초안과 비교해 보면 제1편 국제(國帝) 규정은 거의 다르지 않지만, 제2편 공법(국민의 권리) 36개조는 오메

---

13) 〈五日市憲法草案〉, 第3篇 第3章 国会ノ職権 57条.

이샤 초안보다도 26개조나 더 많으며 제3편 입법권의 79개조는 31개조나 더 많다. 한편 제4편 행정권은 같은 13개조로 되어 있다. '국민의 권리,' '민선의원의 권리,' '국회의 직권' 등의 규정에 얼마나 주력하고 있는지를 알 수 있다. 또한 제5편 사법권은 오메이샤 초안이 불과 8개조인데 비해 4배가 넘은 35개조의 조문을 가지고 있다. 이는 지바가 특히 법률학을 전문으로 했기 때문만이 아니라 기본적 인권을 사법 측면에서도 이중으로 보장하려는 주도면밀한 배려였다.[14]

예를 들면 일단 공법에서 보증한 자유권을 행정부가 침범하려 했을 때 국회가 거부권을 발동하여 이를 지키고, 나아가 사법권의 보충 규정을 만들어 보호하려 하고 있다. 헌법 구상으로서는 그 무렵 민권파에게 일반적이었던 영국식 입헌군주제, 국회 3부설(천황, 민선의원, 상원), 직접선거를 통한 의원내각제, 미국식 삼권분립주의를 취하고 있는데, 국민의 권리에 관한 제2, 3, 5편에 150개조나 되는 조문을 두고 있는 초안은 달리 찾아보기가 어렵다.

물론 1793년 프랑스 자코뱅헌법의 인권선언이나 혁명권, 우에키 에모리 초안에 있는 명확한 인민주권, 일원제, 저항권의 승인 같은 규정과 비교해 보면 지나치게 미온적이고 타협적이라고 할지도 모른다. 하지만 그 무렵 일본에서 실현 가능한 현실적인 헌법 구상이라는 점에서 본다면 이 초안은 대다수 민권가의 염원을 집약한 최대공약수라 할 수 있을 것이다.[15] 그러나 이러한 초안을 만들었다고 해서 그것이 반드시 지바 다쿠사부로 개인의 사상 그 자체라고 평가할 수도 없다. 왜냐하면 그에게는 헌법을 기초할 때 중요 참고자료로 삼은 원로원 소장판의 대작《법률격언》(메이지 11년 간행)에 관한 메모가 있으며, 거기서는 천황주권 원리

---

14) 江井秀雄, 〈嚶鳴社憲法草案についての考証〉,《東京経済大学会誌》第61号, 1969년.
15) 家永三郎·江村栄一他 編,《明治前期の憲法構想》, 1967년.

를 부정하는 견해가 명확하게 나타나고 있기 때문이다.

　이것이 '재팬국 법학대박사 다쿠론 지바 씨 법률격언'이라고 유머러스하게 서명한 한 장의 문서이다. 일개 시골 산촌의 소학교 조교가 서양의 '법률격언'을 어떻게 바꾸어 해석했는지 한 번 살펴보자.

　이 문서는 다짜고짜 이렇게 적고 있다. "국왕은 죽어도 국민은 결코 죽지 않는다." 그러나 이것은 원로원 소장판에서는 "국왕은 결코 죽지 않는다"(The King never dies)로 되어 있다. 또한 원로원 소장판《법률격언》에서는 "국왕은 인민의 권력 아래에 있지 아니하고 신과 법률 아래에 있다"고만 되어 있는 것을, 지바는 "국왕은 인민의 권력 아래에 있지 아니하지만 하늘과 법률 아래에 있으며, 국민도 인민의 권력 아래에 있지 아니하지만 하늘과 법률 아래에 있다"고 덧붙이고 있다. 이러한 대조를 살펴보기로 하자.

　메이지의 일본인은 이렇게 '바꾸어 읽는 것'을 자유자재로 했다. 그것은 서구 사상에 대해서만이 아니다. 이전 시대의 유학이나 군주의 조칙에 대해서도 자신들의 논리에 맞도록 자유로운 해석을 가하고 그것을 소화하여 바꾸어 버리는 사상 방법을 가지고 있었던 것이다. 여기서는 서구의 절대주의 왕권을 규정한 법이 거의 그대로 환골탈태되어 인민주권적인 법체계로 바뀌고 있다. 여기서 발휘되는 일본 인민의 해학과 기지는 그 사상 방법과 함께 우리에게 어떤 중대한 힌트를 제시해 준다.

　이러한 방법은 메이지 15년(1882) 늦가을에 지바의 저작 〈왕도론〉에도 자유롭게 구사되고 있다. 즉 그는 고대 중국의 정치사상(《서경》 등)을 원용하여 영국식 입헌군주제를 유학적 용어로 설명하고 있을 뿐 아니라 게이오 4년(1867)의 '5개조 서문'과 '점차입헌의 조칙'(1875년)을 역으로 공격하여 메이지 정부를 '칙령을 위반한 죄'로 탄핵하는 반격의 논문을 쓴 것이다. '입헌정체, 즉 헌법 제정과 국회 설립을 거부하는 자는 모두 위칙의 죄인임을 논함'이라는 1장이 그것이다.

원로원 장판 《법률격언》	'다쿠론 지바 씨 법률격언'
(메이지 11년 5월 번역·간행)	(메이지 13년 12월~14년 2월경 초고)
국왕은 결코 죽지 않는다.	국왕은 죽지만 인민은 결코 죽지 않는다.
법률은 국왕의 소유 중 가장 귀중한 유물이다. (……)	법률은 국민의 소유 가운데 가장 귀중한 유물이다. (……)
왕위는 올바른 이치에 의해 서는 것이다.	왕위는 올바른 이치에 의해 서는 것이다. 국민도 마찬가지다.
군주의 정신은 법률의 정신으로 한다. 응당한 사리에 합치해야 할 것으로 가정해야 한다. 의심스러운 경우에는 특히 그러하다. 의심해야 할 경우에 이를 가정하는 것은 제왕을 위해서야 한다.	전 국민의 정신은 법률의 정신 및 응당한 사리에 합치해야 할 것으로 가정해야 한다. 의심스러운 경우에는 특히 그러하다. 의심해야 할 경우에 이를 가정하는 것은 국민을 위해서야 한다.
만약 군주의 권리와 신민의 권리가 집합할 때는 군주의 권리를 우선으로 한다.	만약 인민의 권리와 군주의 권리가 집합할 때는 인민의 권리를 우선으로 한다.
국왕은 공도(公道)의 원천이다.	국왕은 공도의 원천이며 국민도 마찬가지이다.
국왕은 인민을 속이지 않는다. 또한 인민에게 속임을 당하는 일도 없다.	국왕은 인민을 속이지 않는다. 또한 국민도 사람에게 속임을 당하는 일이 없다.
국왕의 특권은 일반적인 문자로 부여하지 않는다.	국왕에게는 특권을 부여해서는 안 된다.
국왕의 윤허는 확실한 윤허로 간주할 것.	전 국민의 윤허는 확실한 윤허로 간주할 것.
시간의 경과는 국왕의 권리를 방해하지 않는다.	시간의 경과는 국민의 권리를 방해하지 않는다.
시간과 장소는 국왕을 방해하지 않는다.	시간과 장소는(같은 일본국 안이라면) 국민을 방해하지 않는다.
원로는 국왕 신체의 일부이다.	원로는 국민 신체의 일부이다.
화폐를 만드는 권리는 왕위의 권리에 유래한다. 결코 양도할 수 없는 왕위의 권리 안에 포함하는 것이다.	화폐를 만드는 권리는 국민의 권리에 유래한다. 결코 양도할 수 없는 것이다.
	삼가 후쿠자와 부자(父子) 선생의 교열을 바람

시나노국(信濃国, 나가노 현) 2만1천여 명의 청원 인민을 대표하여 메이지 13년(1880) 정부를 향해 홀로 50일 동안이나 열광적인 운동을 계속한 평민 마쓰자와 규사쿠(松沢求策)는 그 청원서에 다음과 같은 논법을 이용하고 있다. 여기에도 당시 가장 널리 구사되고 있던 '인민의 논리'가 인정되는 것이다. 그리고 이렇게 '바꾸어 읽는 논리'는 대국적으로는 메이지 이후의 진보적 지식인과 사회주의자 계열 속에서 살리지 못하고 오히려 우익 사상가나 전통주의자로 불리는 사람들 사이에 본류로 계승되어 갔다. 예를 들면 곤도 세이쿄(権藤成卿)나 기타 잇키(北一輝)의 논리가 그 전형이다.

폐하는 아직 이것을 모르시는가. 시대의 추세가 되돌아 왔기 때문인가, 인민이 격분하는 바인가. 작년 초여름부터 전국 방방곡곡에 5개조 서문을 모르는 곳이 없으며 도처에서 점차 국회를 개설한다는 메이지 8년의 조칙을 외지 못하는 자가 없다. 사농공상과 노소의 구별이 없고 이구동성으로 모두 국회를 열어야 한다고 외치고 있다. 재산을 아끼지 않고 사방으로 유세를 다니면서 동지를 규합하고 결사를 맺으며, 당을 만들어 갑이 을에 앞서려 하면 을은 갑에 뒤지지 않고자 한다. 그 경쟁하는 정황은 마치 유신혁명 당시 존왕도막(尊王倒幕) 지사들의 그것과 같다. 신(臣)들의 동지는 후쿠오카, 오카야마를 비롯하여 이미 50여 통의 건백서를 올렸으며 지금도 기초하고 있거나 조직하고 있는 중인 것이 수십 종에 그치지 않는다. 이러한 상황으로 보건대 국회를 개설해야 한다는 주장은 일본 전국 700여만 호의 태반을 차지하고 있다. 이를 칭하여 일본의 공의여론(公議輿論)이라고 해도 감히 틀린 말은 아닌 것이다.[16]

---

16) 〈請願の波〉, 色川大吉 《近代国家の出発》 6장 참조, 1966년.

'재팬국 법학대박사'를 중심으로 이쓰카이치 학예강담회의 유지들이 본격적으로 헌법 기초에 열정을 불태운 것은 이러한 국회 개설을 요구하는 목소리가 드높아진 1880년 11월부터의 일이다. 이해 11월에 국회 기성동맹의 제2회 대회가 도쿄에서 열려 동맹을 통해 자주적으로 헌법을 기초한다고 결정했다. 이를 위해 이듬해 10월까지 가맹한 각 결사는 저마다 자기 지역으로 돌아가 헌법초안을 준비할 것을 약속했다. 민권파의 헌법초안이 이때부터 잇따라 탄생한 것은 그 때문이다.

내가 최근 10여 년 동안 조사한 방대한 문서 자료만 보더라도 1880년대의 농촌과 산촌에서 학습열이 고조된 것은 일본 역사상 미증유의 일이며 그것은 내 연구 현장인 미나미간토 지역에 그치지 않는다. 동일본 대부분의 지역, 나아가 북으로는 쓰가루(津輕)부터 남으로는 히젠(肥前), 히우가(日向), 오키나와(沖繩)에 이르기까지 샅샅이 뒤진다면 곳곳에서 이러한 열정을 발견할 수 있을 것이다. 때마침 무사시국의 일개 산촌에서 민권가 촌장을 중심으로 마을의 명사, 교장, 학무위원에서 신관, 승려, 의사, 지주, 농촌 청년에 이르기까지 지역 전체의 학습 운동이 발견되었다고 해도 그것은 전혀 놀라운 일이 아니다. 그런 시대를 만나 그러한 지역에 스며들어감으로서 비로소 지바와 같은 재능이 발휘되었던 것이다.

5. 인민헌법의 창조

지바는 10년의 유랑 끝에 마침내 행복한 시절과 장소를 만난 것이다. "회원은 함께 자유를 개척하고 사회를 개량하는 중책에 임하여 백 번 꺾일지언정 휘어지지 않으며, 천 번을 좌절해도 포기하지 않는 정신을 함께하는 형제 골육이다. 특히 서로 경애하고 친화하기를 가족처럼 여긴다"는 이쓰카이치 학예강담회가 마을의 실권을 장악하고 있었다는 사실은 그야말로 '지역 코뮌'의 성격을 띤다(이 책에서 말하는 '코뮌'은 엄밀한 의미에서 사용한 것이 아니다). 학예강담회는 1880년의 그 기나긴 겨울밤에 장작불 타는 소리를 들으면서 밤새워 논의를 계속했다. 지바로서는 난생 처음으로 경험한 행복이었다. 그 무렵 가슴 벅찬 감격이 1880년 12월에 후카자와에게 보낸 서한에 흘러넘치고 있다. 그 당시 규슈 구마모토의 소아이샤(相愛社)에서도 열흘이 넘도록 거의 밤을 새워가면서 헌법초안에 관한 논의를 계속했으나 끝내 의견이 정리되지 않았고, 결국은 도쿄의 동지 야노 하야오(矢野駿男)에게 기초를 의뢰한 기록이 남아 있다.[17]

근대 일본 국가가 그러한 인민의 열정과 예지의 결정체로 헌법을 만들지 못한 것은 두고두고 아쉬운 일이다. 지바의 경우에도 그 하나의 초안을 정리하기 위해 다음의 문헌을 탐독하여 이용하고 있다. 그것이 오쓰키 반케이를 스승으로 삼은 이래 수차례의 정신 편력을 경험한 사람의 학문이라는 것을 생각하면 그 불타는 의욕에 새삼 놀라움을 금할 수 없다.

그가 이용한 문헌 가운데 가장 많은 것은 '프랑스국 법학대박사 보아에밀 보아소나드 씨'의 강의록이다(대부분이 정부 자료라는 점에 주의하기 바란다).

보아소나드의 《프랑스 법률서》(1870년), 《경제학 강의》(1876년), 《성법(性法) 강의》(1877년), 《법률대의 강의》(1880년), 《프랑스 민법 강의(재산편)》(1880년), 《프랑스 민법(코맨드편) 강의》(1880년), 《프랑스 형법 강의》(1878년), 《민법초안 재산편 강의》(1880년) 등.

이 밖에도 헌법 연구로서는 천민관(天民館) 소장판 《영미보불 입헌정체 일람표》(1976년), 다나카 고조(田中耕造)의 《각국 헌법》(1877년),

---

17) 〈松山守善自叙伝〉 자필 초고 사본.

J. S. 밀의 《대의정체론》(1878년), 스토리의 《미국 헌법》, 쳄버의 《영국 국회 연혁지》(1879년), 알베르 베이네의 《프랑스 헌법 강의》(1880년) 등을 참고로 하고 있으며 지브스케의 《프랑스 상법 강의》(1875년), 제러미 벤담의 《민법논강》(1876년)와 《입법논강》(1878년), 볼세르의 《분권론》(원로원 소장판, 1878년), 리벌의 《자치론》, 윈드샤이드의 《독일 민법 통론》(사법성 소장판, 1880년), 《형법 주석》, 《치안법 주석》(1880년), 오다 준이치로(織田純一郞)의 《치죄법(治罪法) 주석》(1880년), 그린 리버의 《증거론》(1881년), 《프랑스 치죄법 강의》(1881년), 《프랑스 소송법 강의》(1881년), 《프랑스 형법 강의》(1881년) 등이 있다.

이 가운에 어떤 것에는 서명 날인을 하거나 붉은 글씨로 메모하기도 하고 문서를 첨부한 것들도 발견되고 있다. 이러한 문헌이 대부분 부식되어 가면서도 간신히 후카자와의 고택 창고에 남아 있었다는 것은 나에게 기적이 아닐 수 없다.

이러한 기초 준비가 진행되고 있던 1880년 12월 5일에 기타타마 군 후추(府中)의 고안지(高安寺)에서 부슈(武州) 간친회가 열렸다. 이는 이듬해 1월의 부소(武相) 간친회(무사시, 사가미 두 지역을 포함한 가나가와 현 전체의 통일 조직으로 가나가와 현 자유당의 모태가 된다) 결성을 위한 모임인 듯한데, 도쿄의 오메이샤에서 고이즈카 류(肥塚竜)를 초청하여 초대 현회 의장 이시자카 마사다카(石坂昌孝)와 나카무라 가쓰마사(中村克昌), 요시노 다이조(吉野泰造), 사토 데이칸(佐藤貞幹) 네 사람이 연설을 했다. 이 밖에 산타마와 고자(高座)의 각 지역에서 민권가가 여럿 참가한 모양인데, 이쓰카이치에서는 쓰치야 간베에와 지바 다쿠사부로가 참가하고 있다. 당시의 정황을 지바는 드물게도 격앙된 감정으로 수기를 남기고 있다.

아아, 우리 현회 의원과 네 분의 각하가 여기에 모였다. 처음으로 우리 현민 자유당의 간친회를 후추 역에서 열었다. 우리 모두 기뻐 어쩔 줄 몰라 분수를 잃은 채 모임의 뒤에 서서 직접 그 성황을 볼 수 있었다. 아아! 어찌 이보다 더한 영광이 있을까. 나아가 네 분의 각하, 우리 같은 후진들을 유도하여 이끌어 주시고 착실하게 진보하여 결과를 얻고 영미 인민처럼 자극을 받아 장래에 우리 일본 인민의 자극이 되기를 바라노라.

1881년 1월 2일 미나미타마(第多摩) 군 하라마치다(原町田)에서 이윽고 부소 간친회가 성립되고 15일에는 후추의 고안지에서 자치개진당이 결성되면서 민권의 밀물은 급속하게 퍼져 나갔다. 이러한 가운데 '오메이샤 헌법초안'이 노무라 모토노스케에서 쓰치야 간베에, 후카자와 곤파치를 거쳐 지바의 손에 들어오면서 그의 헌법 기초도 궤도에 올랐을 것이다. 학예강담회의 심의 등을 참고하여 곤파치와 지바는 오로지 국민과 국회의 권리에 관한 상세한 조문 만들기에 온 힘을 기울인다. 여기에 필요한 전문적인 참고 도서는 곤파치의 아버지 나오마루가 돈을 아끼지 않고 구입했다. 원로원과 사법성의 내부 자료는 원로원 의관 나카지마 노부유키(中島信行) 등에게 부탁하여 입수했다.

이쓰카이치 초안의 제1편 '국제'(國帝) 부분 등은 거의 오메이샤 초안 그대로이며 그 때문에 나중에 '국제의 권리'와 '국민의 권리,' '국회의 직권' 등이 서로 상쇄하거나 모순되는 부분이 발생한다. 또 조문답지 않은 미숙한 내용도 눈에 띈다.(예를 들면 "국회는 정부가 만약 헌법이나 종교, 도덕, 신앙과 종교의 자유, 개인의 자유, 법률상 국민 평등의 준수, 재산 소유권 등의 원칙에 위배하거나 국가의 방어를 해치는 것과 같은 일이 있으면 힘써 이에 대한 반대설을 주장하고 그 근원으로 거슬러 올라가 공포를 거절하는 권리를 가진다." '입법권' 35조). 게다가 공중위생이나 일상생활에 관한 문제까지 배려한 조문도 들어가 있다.

또한 지역 결사의 '양원제'에 관한 토론을 살려서 원로원 의원의 자격

순위를 첫째로 민선의원 의장, 둘째로 민선의원 3회 당선자, 셋째로 집정관, 넷째로 참의관, 그리고 마지막 순위로 일본국의 황족과 화족으로 정하고 있어 황족, 화족을 최상위에 둔 오메이샤의 조문을 완전히 뒤바꾸고 있다. '사형 폐지'의 논제에 관해서는 "국사범에 대해서는 사형을 선고해서는 안 될 것. 또한 그 죄의 사실은 배심원이 이를 정할 것"라는 조문에 그 토론 성과를 요약하고 있다.

이와 같이 지바 다쿠사부로의 초안은 결코 서구 여러 나라 헌법을 그대로 옮긴 것이 아니고, 오메이샤의 모방도 아니다. 실로 이쓰카이치 지방의 '민권 코뮌' 속에서 탄생하고 니시타마 인민의 목소리를 대표한 것으로서 나는 이것을 '이쓰카이치 헌법초안'이라고 명명하고 평가한 것이다.

덧붙여 설명하자면 지금까지 이름만 있을 뿐 '실존하지 않는 헌법초안'이라 불린 오메이샤의 헌법초안을 발견한 곳도 이 후카자와가의 고택 창고였으며, 에이 히데오(江井秀雄) 씨의 소개로 처음 그 전모가 밝혀진 것이다.

이 헌법초안 작업이 언제 끝났는지는 지금도 여전히 확인할 수 없다. 그러나 나는 최고의 헌법초안이라고 알려진 우에키 에모리나 나이토 로이치(內藤魯一)의 초안이 만들어진 1881년 8월보다는 시기가 상당히 앞섰을 거라고 생각한다. 왜냐하면 오메이샤 안과 함께 유명한 고준샤 안(交詢社案, 1881년 5~6월, 《유빈호치신문》에 발표)을 참고한 흔적이 전혀 없다. 게다가 가장 중요한 지바가 1881년 7월에는 이미 이쓰카이치를 떠나고 없었기 때문이다. 후카자와 부자에게 보낸 7월 13일자 엽서는 기타타마 군의 나라하시(奈良橋)에서 발신되고 있다. 그 내용을 보면 소학교 교원이 관리에 준하는 통제를 받는 것이 결정된 모양인데, "그때 단연코 사직할 결심을 했다"고 하면서 그 후의 일에 관해서 무슨 방책이 없을까 고민하고 있다. 이는 명백하게 소학교 교원의 정치 활동을 금지한

1881년 7월 6일자 가나가와 현령 포달('소학교 교원 심득')에 대한 항의 행동을 의미하고 있다. 그리고 그해 9월에는 이미 사직을 한 모양인데, "소생이 귀하의 지역에 근무할 때 적잖은 후의를 입고 게다가 노잣돈까지 신세"를 지게 되어 진심으로 감사하다는 인사를 하고 있다.[18]

이때 그는 이쓰카이치를 떠나 사야마(狹山) 촌에 잠시 머물고 있었던 것으로 보인다. 엽서에서는 "사야마 촌 엔조인(円乗院)에서 이달 25일 자유 친목회를 열고 오메이샤 제군"을 초대할 예정이므로 사정이 허락되면 곤파치도 오라고 권하고 있다. 실제로 조사해 보면 이날 9월 25일 엔조인에서는 아카바네 만지로(赤羽万二郎)를 불러 성대한 연설회가 열리고 있었다.

물론 그가 이쓰카이치권능학교의 교원을 사직한 이유는 정부의 탄압 때문만은 아니다. 그는 어쩌면 선배이자 교장이기도 한 나가누마 오리노조와 사이가 벌어진 것 같다. 게다가 이때부터 그의 생명을 앗아 가게 될 폐결핵이 악화되고 있었다.

그는 이쓰카이치를 떠나 사야마로 이주한 이후 통절한 적막감이 일어난 모양인지 후카자와 부자와 우정을 더욱 두터이 하고 있다. 지바에 대한 곤파치의 배려에도 진실함이 넘치고 있다. 그는 막상 이별하고 보니 '이쓰카이치 코뮌'이 자신에게 얼마나 헤어지기 어려운 '영혼의 고향'이었는지를 새삼스럽게 깨달았을 것이다.

1881년 10월 중앙 정계에 대격동(이른바 '메이지 14년 정변')이 일어나고 자유민권운동이 최고조에 달했을 때, 지바는 이제 막 발족한 자유당의 '규약'과 '자유당 회원 명부'를 구하여 여기에 서명 날인을 하고 있다. 아마도 정식으로 입당하려고 생각했을 것이다. 그러나 이달 나가누마가 갑자기 교장직을 사임하고 이쓰카이치를 9년 만에 떠나 상경하

---

18) 1881년 9월 15일 곤파치 앞으로 부친 지바 다쿠사부로 서한.

게 되었다. 이쓰카이치 사람들은 성대한 연회를 열어 이 '큰 스승'을 송별했다. 그리고 2대 교장으로는 반드시 지바를 모시고 싶다고 간청해 온 것이다. 이때 지바의 나이 29세, 다시금 제2의 고향에 발을 밟게 되는 것이다.

6. 백조의 노래

지바 교장의 학교 경영이 얼마나 자유분방했는지는 제3대 교장의 비판 글을 보면 알 수 있다. 공립 권능학교는 바야흐로 자유민권의 아성이 되어 버리고 현에서 임명되어 온 교원은 버티지 못하고 달아나 버렸다고 한다. 더구나 촌장은 1882년에 자유당에 입당한 바바 간자에몬, 학무위원으로는 같은 당원인 곤파치와 우치노 고베에 등이 선출되었다. 지바는 소신껏 마음대로 일할 수 있었음에 틀림없다. 하지만 그러한 자유를 손에 넣었을 때 육체는 서서히 파괴되고 있었던 것이다. 그는 1882년 6월에 동지들의 권유로 두 달간 휴가를 얻어 구사즈(草津) 온천으로 요양을 가게 된다. 그리고 요양지에서 정부의 집회조례 개정 등의 행태에 분개한 편지를 몇 통이나 보내고 있다. 그러한 기력에도 불구하고 그의 병상은 조금도 호전되지 않았다.

소생 20일 밤 11시가 지나면서 복통 설사로 눈물을 흘리면서 발버둥 치며 괴로워함. 21일에는 대변이 막힌 것을 알게 되고 22일 오늘에 이르러서도 변을 보지 못한 채 복통으로 괴로워함. 식사는 이틀 동안 전혀 하지 못하고 거의 빈사 상태에 있음.[19]

---

19) 같은 글.

아마도 결핵이 장으로 전이되어 장 폐색을 일으킨 모양이다. 그 극심한 통증의 사이를 누비듯이 그가 유언을 남기는 각오로 곤파치에게 보낸 편지는 애처롭기 그지없다. 그중에는 이쓰카이치 유지회의 장래를 염려하여 "연설은 자네와 쓰치야 형제만 해야 한다"든가, 토론할 때는 "논자의 안색에 주목하여, 정리(正理)를 버리고 비리(非理)를 취하며 이치에 따르지 않고 사람에게 따르며 이치에 찬성하지 않고 사람에게 찬성하여 옳고 그름의 지위를 뒤엎는" 사람을 절대로 배격하여 "반드시 자네 부자가 솔선하여 올바른 이치에 찬성하고 의견을 제시함으로써 후진에 앞장서서 그르침이 없기를" 바란다고 충고하고 있다. 그리고 민권결사가 자칫 호농층의 친목회처럼 변질될 위험성을 경계하고 "서툴고 어설픈 서생들의 소굴이 되는" 일이 없도록 간절히 당부하고 있다.

1882년부터 1883년에 걸쳐서 병상은 일진일퇴를 거듭하면서 점차 완치되기 어려운 상태로 빠져들고 있었다. 하지만 그 사이에 작성한 지바의 '비망록'을 보면 그가 '신'에게 구제를 바란 흔적은 전혀 없다. 오히려 거기서 대부분을 차지하는 것은 동지들을 탄압하는 정부에 대한 분노와 '국사범의 통계'이며 '후쿠시마 사건 고등법원 판결'(1883년 10월 2일 기록)이었다. 정신적인 것이라고는 '불교의 깊은 뜻'이나 선종 승려의 설교 등이 적혀 있을 따름이다.

독자는 아마도 지난날 지바가 가졌던 기독교 신앙은 도대체 어디로 갔는지 의문스러울 것이다. 나도 그 점이 대단히 의문스럽다. 그러나 현존하는 그의 논문과 수기, 편지에 이르기까지 어떤 자료를 검토해 보아도 기독교 신앙의 형체는 전혀 찾아볼 수가 없다. 반대로 기독교 신자를 야유하는 투의 엽서가 발견되고 있다. 예를 들면 1882년 여름 나가누마 오리노조가 "니시기초(錦町)의 강의소에서 야소교(기독교) 신자인 오이 겐타로(大井憲太郎)를 앞세우고 마츠이, 오코시, 니이즈마 등의 야소교 전도사를 상대로 수련 연설회를 여는 것을 보고, 드디어 나가누마 군의 뜻에 부패가 더욱 심해지게 된 것을 감심했다"고 헐뜯고 있다. 이 문맥으로 보면 지바가 기독교를 포기한 인상을 줄 뿐이다.

이 엽서는 구사즈의 요양지에서 후카자와 부자에게 보낸 것이다. 이쓰카이치에는 나가누마를 비롯하여 지바 고이치(千葉吾一) 등 그리스정교 관계자가 많은 가운데 후카자와 부자는 오로지 반기독교로 두드러졌다. 아버지 나오마루는 후카자와 마을에 있는 아나자와덴진 신사의 신관 출신이었고, 곤파치는 '사교서목'(邪教書目) 9권에 대한 메모를 작성할 정도로 적극적인 기독교 반대론자였다. 바로 이 부자와 지바가 가장 두터운 친교를 맺고 있었던 것이다. 두말할 나위도 없이 자유당 좌파 지도자 오이 겐타로를 '야소교 신자의 한 사람'이라고 부르고 있는 점도 지바가 기독교에서 이탈했다는 생각을 강하게 들게 한다. 그 뒤 죽음에 이르기까지 1년 3개월 동안 그는 극심한 고통에 허덕이게 되지만 그 고통을 호소한 어떤 편지에도 "신이시여, 저의 죄를 사하여 주소서" 같은 기도는 일언반구도 없다.

"무릇 왕도는 위정자의 대도(大道)이지 군주의 길이 아니다. …… 군주 없는 국가에서도 왕도가 없어서는 안 된다"고 시작되는 〈왕도론〉은 지바가 투병 생활 속에서 자신의 정치론을 체계화하려고 한 것이다. 아키야마 분이치(秋山文一, 자유당원)의 발문으로 볼 때 1882년 늦가을에 쓴 것임을 알 수 있다. 200자 원고지 32매 정도 분량으로 붓으로 쓴 초고가 그대로 남아 있다.

이 글의 취지는 고대 중국의 정치사상(이른바 유학의 원전)을 바탕으로 메이지의 입헌정치 이념을 구축하려 한 것이다. 예를 들면 인간의 '천부 고유의 인권'을 당시 민중에게 잘 알려진 《시경》의 내용으로 해설하는 방법을 취하고 있다. 또는 《서경》의 "하늘은 백성을 아끼며 백성이 원하는바 하늘은 반드시 이에 따른다"는 글을 '민권을 중시하는 왕도,' 즉 민권 사상의 원리라고 보고 있다. 그의 헌법초안과 마찬가지로 여기서도 그의 입장은 입헌제를 통한 군민공치의 리얼리즘으로 일관하고 있다.

"무릇 왕도를 쇠미하게 하는 것으로 백성을 경시하는 것보다 더 큰 잘못은 없다. 이 백성을 착취하는 것보다 심한 것은 없다." 그리고 그 '왕도'는 어디까지나 '인권을 중시하는 왕도'이며 "오직 민권을 확충함을 알고 민극(民極, 민권의 극도)을 모르는 자는 또한 아직도 왕도를 모르는 자"이다. 동시에 왕도는 제한을 받고 규범을 세워야 하기 때문에(그것을 '황극皇極'이라고 한다), 이 '황극'은 '민극'과 거의 같아야 비로소 균형을 유지할 수 있다. 만약 왕권이 이 규범을 침범한다면 "전복의 정변을 일으킨다"는 것은 《서경》의 혁명설에도 나오듯 당연한 일이다.

이와 같이 유극(有極)을 세우고 대동(大同)에 따르는 것이 왕도이다. 유극을 세우는 것은 헌법이며 대동에 따르는 것은 국회이다. 헌법을 세우고 국회를 설치하는 것이 입헌정체이다(그는 헌법초안에서도 '국회'를 '민선의원,' '상원,' '황제' 3자의 '대동'이라고 규정하고 있었다).

더구나 이 "황극(왕권에 대한 제한)을 세워 민극을 만드는 입헌정체는 일찍이 메이지 성천자(聖天子)의 뜻"이므로(5개조 서문, 점차 입헌의 조칙, 국회 개설의 조칙 등), "헌법을 제정하고 국회를 세우는 것에 반대하는 자는 모두 칙명을 위반한 죄인이다"라고 주장하는 것이다.

이러한 사상 방법이 지바에 그치지 않고 그 무렵 널리 재야 민권가의 일반적인 방법이었던 것은 마쓰자와 규사쿠(松沢求策)의 사례에서도 설명했다. 이는 아직 진보의 상징이었던 천황제와의 우열 관계나 민중의식의 현실에서 볼 때 지극히 현실적이며 폭넓은 효과가 있는 반격의 방법이었다. 이러한 점을 우리는 그냥 보아 넘겨서는 안 된다. 〈왕도론〉에는 "죽음을 목전에 둔 메이지 민권 청년의 그야말로 피를 토하는 전통 재생의 창조적 분투"(이치이 사부로)[20]와 동시에 내셔널리즘으로 빠지기 쉬운 위험성도 안고 있었다. 그 점을 《정교신론》(政敎新論, 1886년)의 저자 고자키 히로미치(小崎弘道)는 프로테스탄트의 입장에서 다음과 같이 제시하고 있다.

　왕도는 일국 한 정부에 한정되지만 천국은 세계 만국에 미친다.
　왕도에서는 상하, 귀천, 존비의 구별을 세우고 이 질서를 엄중하게 지키는 것을 목적으로 하지만, 천국에서는 이와 정반대로 상하, 귀천, 존비의 구별이 없고 신 앞에서 동등하며 이 구별을 제거하고 천하의 사람으로 하여금 모두 동포, 형제, 자매라 하며 서로 사랑하려고 노력한다.
　왕도는 교화를 펼치는데 위로부터 미치며, 일국에서 개인에 이르는 것을 순서로 하지만 천국은 그렇지 않다. 아래에서 위로 미치며 개인에서 전국으로 미치는 것을 당연시한다.

이 비판은 '신 앞에 인간의 평등'을 출발점으로 하여 개인에서 사회, 국가, 세계, 우주로 향하여 질서를 구상하고자 하는 서구 시민사회형의 개인 원리를 나타내고 있다. 그런 만큼 강한 힘을 가질 것이다. 왜냐하면 로크나 루소의 인권설, 사회계약설 자체가 이 원리에서 출발하고 있기 때문이다. 그러나 당시 일본의 민권가는 이러한 고자키의 논법을 취하지 않았다. 고자키의 근대적인 발상이 일본 인민의 전통에는 익숙하지 않았다. 오히려 흙투성이로 투쟁하던 민권가는 지바의 〈왕도론〉 같은 전통을 혁신적으로 뒤바꾸는 방법을 취한 것이다. 그리고 체계적인 근대 이론을 가진 고자키 쪽이 오히려 민중으로부터 떨어져 나와 급속하게 상류계급 사회로 흡수되어 갔다.

---

20) 市井三郎, 〈土着使僧の再検討〉, 《思想の科学》, 1970년 1월호.

이는 역사의 아이러니처럼 보일지도 모른다. 하지만 그렇지 않다. 이질적인 풍토와 원리에서 탄생한 외래 사상이 이민족 민중들 사이에 작용해 나가기 위한 당연한 이치가 아닐까. 이러한 이치의 사상성은 지바 다쿠사부로의 수차례에 걸친 전향과 시행착오로 가득 찬 일생이 상징하고 있다.

하지만 나는 그의 '왕도론'을 사상으로서는 역시 미숙한 것이며 가능성에 그치는 것이라고 생각한다. 그가 자신의 사상을 일본 인민의 새로운 해방 사상으로서 정립하고자 한다면 역시 이 '왕도론'적인 요소를 '다쿠론 지바 씨 법률격언'이라는 식으로 다듬지 않으면 안 되었을 것이다. 왜냐하면 거기에는 토착적, '이에'적, 지연 공동체적인 타협의 원리를 어떻게 지양하고 극복할 것인가 하는 문제가 회피되고 있기 때문이다.

지바에게 죽음의 그림자가 다가온 것은 1883년 봄이 지날 무렵이었다. 그것을 우려한 동지들이 50여 엔을 모으고 그를 도쿄로 보내 병원에 입원까지 시켰지만 이미 때를 놓쳐 죽음은 시시각각 다가오고 있었다. 지바도 예감했는지 마지막 혼신의 힘을 다해 〈독서 무익론〉이라는 23매 분량의 논문을 썼다. 그 글은 놀랍게도 기타무라 도코쿠의 〈만물의 소리와 시인〉의 한 구절과 흡사하다.

인간은 소천지이다. 천지는 활물이다. 소천지는 몸을 가지고 활물의 대천지에 있으며 반드시 천지의 활문장(活文章)이 되어야 한다. 무엇을 활문장이라 하는가 …… 우주는 조화가 세우는 대학이다. 천지는 조화가 저술하는 대부서(大部書)이다. 해와 달은 조화가 비추는 등불이다…….

"이 우주의 대학에 천지의 일대 부서를 열어" 성실하게 공부하는 것이야말로 참된 지식이며 학문인 것이다. 1만 권의 독서, 그것만으로는 아무런 도움이 되지 않는다. 마음의 눈을 열면 진리는 길거리에도 점포에도 농기구에도 기계에도 공장 안에서도 구할 수 있다. "무릇 대중 열심히 일하고 아무리 바쁘더라도 모두 몸소 지식을 여는 장이어야 한다."

실험 정신을 가져라, 근로의 현장에서 구도하는 마음을 잊지 말라고 그는 호소한다. 이것저것 얕은 지식을 탐하지 말고 "오직 창조적 사고에 투철하라." "철저하게 탐구하라." "다예(多藝) 탐독은 낭비 나태 가운데 가장 심한 것이다." 이 얼마나 자책과 같은 격렬한 말투인가.

무엇을 다예라 하는가. 이른바 하루는 한학을 배우고 며칠 동안 양학으로 갔다가 다시 법학을 배우고 또 다시 의학을, 광학을, 천문학을…… 수십 차례 전전하여 그치지 않고 이르는바, 반도 채우지 못한 채 업을 그르치고 이를 포기하여 나이가 들어서도 여전히 한 가지 일에 업을 이루지 못한다. …… 일신일가를 편안하게 하지 못하는 것과 같다. 이를 곧 다예만수(多藝漫修)라 해야 할 것이다.

이는 대체 누구를 두고 하는 말인가. 바로 자신을 말하는 것이 아닌가. 이제 죽음을 목전에 둔 '방랑의 구도자'가 자신의 생애를 결산하는 단계에서 후회하는 고된 심경으로 토로한 통절한 고백이 아닌가. 보신 전쟁에서 패배한 뒤 잇따라 은사를 잃고 청춘의 구원과 새로운 삶의 길을 갈망하여 세계의 종교 원리를 전전하면서 편력한 끝에 '민권 코뮌'에 도달하여 간신히 자유 일본의 청사진을 그리지만, 거절당하고 운동의 퇴조 속에서 고독하게 죽어 가야 했던 메이지인의 회한이 여기에 담겨 있는 것이 아닐까.

관산(關山)의 풍설 강하(江河)의 비
객로 10년에 아직도 뜻을 이루지 못하고

반평생을 헛되이 보낸 나그네의 꿈
두견새 소리는 귀향길을 재촉하네.

한때 의연히 '자유현 불패군 호연지기촌'의 주민 '재팬국 법학대박사'를 자칭하던 다쿠론 지바 씨가 지금 이렇게 망향의 소감을 읊고 있는 것이다. 지바와 같은 사람에게 이런 상념이 있다는 것을 생각하면 일본인이라는 사실을 탄식하지 않을 수 없다.

괴테의 파우스트 박사는 방랑의 생애를 마감할 때 "이 지상에 수백만 인민이 환호하는 자유의 왕국을!"이라고 외쳤지만, 우리 메이지의 '파우스트 박사'는 "반평생을 헛되이 보낸 나그네의 꿈"이라고 구슬프게 읊었다. 여기서 깊은 역사의 단층을 본다.

그렇지만 메이지 전기에는 아직도 희망이 있었다. 니시타마의 산촌에는 아직 자유의 외침이 이어지고 있었으며 지바의 죽음을 애도하는 동지들이 장사진을 이루었다. 그렇다면 메이지 중기를 지나면서 일본은 얼마나 변했는가. 이러한 산촌의 자유는 어떤 형태로 변했다고 생각하는가. 지바의 '백조의 노래'는 비유적으로 말하자면 다음의 유명한 시와 같이 바꾸어 부르게 되는 것이다.

동경하여 허영의 길에 들어선 지
10년의 세월, 티끌에 지나지 않는다.
되돌아 보건데 자유의 마을은
이미 운산 천리 밖에 있는 마음의 땅.

아아, 산림에 자유가 있다.
우리 이 구절을 음미하여 피가 끓는다.
아아, 산림에 자유가 있다.

어찌 우리 산림을 버릴 것인가.

1897년에 이렇게 읊은 시인 구니키다 돗포(国木田独歩)는 이미 일본에서 '자유의 마을'은 '운산 천리의 밖'으로 멀어진 것을 인정하지 않을수 없었다. 그러고는 고독하게 자연 그대로의 '산림에 자유가 있다'고 반복하는 것이다. 그것은 '산림'이지 결코 '산촌'일 수가 없었던 것이다.

지바는 1883년 11월 12일 불과 31세 5개월이라는 짧은 생애를 마감했다. 그 죽음에 충격을 받은 후카자와 곤파치는 슬픔을 딛고 일어서기위해 친우의 뜻을 기리면서 이런 시를 지었다.

지바 다쿠사부로를 애도하며

생각건대 군의 의기는 바람과 파도를 불러일으키고

향토 동료 모임에서도 가장 뛰어난 호걸이었다네.

웅변은 미국의 독립운동 투사 패트릭 헨리를 제치고

탁월한 이론은 프랑스의 루소라 자부했다네.

지난날 기초한 한 편의 헌법초안은

백 번을 싸워도 아직 남아 있는 보국의 칼이라네.

애석하도다. 군의 영혼(英魂)은 불러도 돌아오지 않고

향불 연기만 공허하게 묘표(墓標)를 감싸고 있을 뿐이구나.

4장

한시 문학과 변혁 사상

1. 오누마 친잔과 모리 슌토

'메이지 문화사'라고 하면 계몽주의, 낭만주의, 자연주의의 전개라든 가 문명개화, 로쿠메이칸(鹿鳴館) 풍속, 국수주의의 소개, 또는 유명한 문명가나 예술가의 업적을 설명하는 경우가 많다. 이런 가운데 이 책은 약간 이색적으로 보일지도 모르겠다. 무엇보다 '서구 문화의 충격'이라 는 테마를 보더라도 문예사적인 시대 구분은 거의 무시하고 있다. 그리 고 '민속의 침묵 세계'나 '풀뿌리의 문화 창조,' '방랑의 구도자'가 그렇듯 독자들에게 거의 익숙하지 않은 인간과 주제를 추구하는 데 많은 부분 을 할애하고 있다. 이것을 '메이지의 문화'라고 할 수 있을지 의문을 품 는 사람도 있을 것이다. 그런데 나는 처음부터 이런 의도로 이 책을 집 필하기 시작했다. 이 장에서도 마찬가지로 별로 논의되지 않은 메이지 의 '한시 문학과 변혁 사상' 문제를, 최근 발굴한 어느 농민의 삶을 중심 으로 다루어 보고자 한다.

그는 지바 다쿠사부로를 가장 깊이 이해하는 사람이었다. 마음의 친 구이자 둘도 없는 지원자이기도 했다. 그러나 불행하게도 그 역시 스물 아홉 살 젊은 나이에 세상을 떠나 버리고 지바와 함께 잊혀 갔다.

그러고 78년이 지난 1968년, 만약 우리가 허물어지기 직전의 상태로 단 한 채 남아 있던 후카자와 촌의 고택 창고를 열어 보지 않았다면 두 사람 모두 영원히 빛을 보지 못했을 것이다. 그만큼 창고 안은 심한 습기로 부식되어 있었고 문서는 좀먹어 거의 해독하기 어려운 상태에 있었던 것이다.

시간의 흐름은 수많은 뛰어난 사람들을 죽게 한다. 아니 뛰어난 인간(특히 민중)의 대부분이 죽어 갔다고 하는 편이 맞을 것이다. 이 냉정한 역사의 도태 작용은 거시적으로 보면 어떤 법칙성으로 관철되고 있을 것이다. 그러나 그 죽어 가는 자 가운데 누가 남을 것인가는 결코 우연이라고 할 수 밖에 없다. 니체는 역사가를 '과거의 무덤을 파는 사람'이라고 야유했지만, 뛰어난 인간의 진실이 묻혀 있는 묘혈을 팔 수 있다면 그것은 행복한 부류에 속하는 셈이다. 그조차도 우연에 맡겨지고 있다는 비정한 사실을 되돌아보지 않고서는 역사를 이야기할 자격이 없다.

후카자와 곤파치는 그러한 역사적 각성을 불러일으키는 인간이다. 그가 무사시의 20호 정도 되는 작은 산촌에서 가장 큰 지주였다는 사실 따위는 큰 문제가 되지 않는다. 문제가 되는 것은 거의 학력이 없는 그가 그 짧은 생애에 7백 수가 넘는 한시를 짓고 17권이나 되는 자찬, 자편의 시집을 남기고 있다는 사실이다. 더구나 에도 시대의 호농들 사이에 흔히 볼 수 있는 취미 생활로 문인 흉내를 내는 것이 아니라, 자신의 청춘을 걸고 변혁 사상을 표현하기 위한 수단으로 시작했다는 바로 그 사실이 중요하다.

물론 그의 시에 유희가 없다는 얘기는 아니다. 아름다움과 진실을 좇는 시문에 유희와 즐거움이 없을 리가 없다. 그도 풍류객을 동경하여 유유자적한 속세를 벗어난 생애에 이끌리기도 한다. 또는 마음속 어딘가에 '우아하게 살면서 아무 탈 없이 풍월을 즐기는' 생활을 바라고 있다. 그렇기에 사회와 날카로운 긴장까지도 느끼고 있다. 그러한 자기 내부에 있는 은둔자의 마음을 떨치고 새로운 역사의 시련 속에서 지사의 기개로 살아가려는 삶의 치열함을 느끼고 있다. 이 모든 것이 바로 그의 시이며 그 안온과 긴장이 그가 쓴 시구의 행간을 흐르고 있다.

곤파치가 일기를 쓰듯이 시편을 엮기 시작한 것은 메이지 13년(1880) 경부터이며, 1885년~1886년 무렵까지 계속되었다. 그의 나이 20세부터 25~26세까지인데, 자유민권운동이 가장 고조된 시기에 시작하여 퇴조한 시기에 그치고 있다. 전국적으로 보더라도 이때는 메이지 시대를 통틀어 한시가 가장 부흥한 시기였던 것 같다(기타무라 도코쿠와 호소노 기요시로細野喜代四郎도 이 시기에 시를 쓰고 있다).

야마지 아이잔(山路愛山)에 따르면, 메이지 시대에는 한시가 유행한 시기가 네 차례 있었다고 한다. 메이지 14~15년, 메이지 20년대 초, 메이지 32~33년, 메이지 41~42년. 이 가운데 가장 활발했던 것은 메이지 14~15년 무렵이었다고 한다.

이 네 차례의 한시 유행기는 곧 서구화에 대한 반동기에 해당한다고도 할 수 있지만, 메이지 문화는 전체적으로 보면 '서구화'와 '국수'(國粹)라는 두 가지의 반복이 아니라 '서구화'의 압도적인 조류 속에서 일고 있던 자그마한 파란이었다고 해야 할 것이다. 다만 단조로운 밀물이 아니라 급진하다가 정체하고 또 급진하다가 반동을 낳으면서 또 다시 격렬한 기세로 진행되어 갔다. 이러한 점이 메이지 문화의 독자적인 스타일이었다.

그렇기는 하지만 어째서 메이지 14~15년 무렵에 한시의 전성기를 맞이했을까. 그 비밀은 지금껏 거의 알려져 있지 않다. 다만 통설로 전해지는 것은 메이지 12년 무렵부터 천황의 측근인 모토다 에이후(元田永孚) 등의 유학 부흥(자유민권의 물결에 대한 반동 현상의 하나)과 결부시켜 설명하거나, 또는 메이지 18~19년의 서구화 열기와 결부시켜서 그 쇠퇴를 설명하는 정도로 그칠 뿐이었다.

마에다 아이(前田愛)는 〈친잔과 슌토―메이지 10년 전후의 한시단(漢

詩壇》》[1]이라는 논문에서, 제1기의 한시 붐에는 오누마 친잔(大沼枕山)과 모리 슌토(森春濤)로 대표되는 두 유파가 있었다고 한다. 그러나 내 생각에 이 두 유파는 메이지 10년대에 한시 붐을 불러일으킨 두 개의 커다란 파도의 꼭대기에 지나지 않는다. 그 파도란 이른바 권력의 '정점'에서 일어난 파도와 그것보다도 훨씬 광대한 '저변'에서 일어난 파도이다.

전자는 이 시기에 이르러 가까스로 권좌에 앉을 수 있었던 벼락출세한 관료들의 본능적인 자기 포장의 욕망을 표출하고 있으며, 때마침 천황제 이데올로기를 치장할 필요성과 일치한 고관들의 '문식'(文飾) 운동이었다. 후자는 두말할 나위도 없이 발흥하는 계급의 자기표현을 한시문이라는 형식으로 추구한 전국 수백만의 지방 호농과 부농층이 표출한 충동이었다. 이 밀물 같은 저류가 없었다면 모리 슌토와 오누마 친잔도 그다지 주목받지 못했을 것이다.

모리 슌토는 권력자들의 욕망 디자이너로 등장하여 성공했다. 메이지 7년(1874) 10월 그가 기후(岐阜)를 떠나 상경하여 시모타니(下谷)의 셋집에 들어갔을 때는 이미 56세의 나이였다. "내 신세가 서글프다"고 탄식했을 정도로 푸념했지만, 설마 몇 년 뒤에 정부 고관들한테 에워싸여 도쿄 시단의 총아가 되리라고는 상상도 하지 못했다. 그가 상경했을 무렵 도쿄 시단은 오누마 친잔을 필두로 오카모토 고세키(岡本黄石), 스즈키 쇼토(鱸松塘) 세 파벌이 정립하고 있던 시대이며, 이 가운데서도 친잔의 명성이 가장 높아 첨삭을 부탁하는 자들이 줄을 지어 있을 정도로 성황이었다. 모리 슌토와 오누마 친잔은 원래 와시즈 기도(鷲津毅堂)의 같은 문하생이었다.

오누마 친잔(1818~1891)은 슌토보다 한 살 위였다. 그는 덴포 6년(1836)에 에도로 나와서 일찍부터 첫 시집으로 이름을 떨치고 이후

---

1) 《日本近代文学》第8集, 1968년.

40년 동안 슌토와는 만나지 못했다.

나가이 가후(永井荷風)가 경모해 마지않은 것처럼, 친잔은 에도의 풍물을 보고 즐기는 데 깊이가 있었으며 막부 말기의 정쟁 속에서도 정치에 관여하지 않고 오로지 시와 술에 빠져 살고 있었다. 그 자세는 지나치게 보수적이라고 평가될 정도지만, 메이지 신정부의 지배에는 예리한 반발을 보였고 "제왕의 정치가 바르지 못하다"고 노래하며 주저함이 없었다. 이 때문에 한때는 감찰 기관에 불려가 험한 꼴을 당하기도 했다. 이 부분은 나루시마 류호쿠(成島柳北)의 자세와도 많이 닮았다.

이에 비하여 모리 슌토(1819~1888)는 안세이 연간 교토의 야나가와 세이간(梁川星巖)의 문하생으로 이름을 알리면서 존왕양이파 지사들과 교류하고 오와리(尾張) 번의 관군으로 보신전쟁에 참가했다. 그러나 시인으로서의 명성은 친잔에 미치지 못하고 메이지 초년 교토, 오사카에서 기후(岐阜), 도쿄로 전전하면서 자신의 불우한 처지를 노래하고 있었다.

그러나 메이지 8년(1875) 시모타니의 마리시텐 요코초(橫町)로 옮겨 마리긴샤(茉莉吟社)를 세우고부터 그의 평판은 날로 높아졌다. 그의 얕은 재주가 신정부 고관의 허영심을 재빨리 파악했기 때문이다. 그는 당시 대심원 판사이자 돌아가신 스승의 아들 와시즈 기도의 도움으로 곧 정부 고관들의 환심을 샀다. 그해 7월에는 잡지 《신문시》(新文詩)를 창간한다. 이 발표 기관지에 정부 고관들의 졸작을 연달아 게재해 주면서 벼락출세한 사족들의 허영심에 불을 지폈다. 마에다 아이에 따르면,《신문시》제1집에서 제32집까지 사이에 이토 히로부미, 야마가타 아리토모(山県有朋), 히지가타 히사모토(土方久元), 다마노 요후미(玉乃世履), 와타나베 히로모토(渡辺洪基), 오에 다쿠(大江卓), 요시카와 아키마사(芳川顕正), 다니 간조(谷干城), 고토 쇼지로(後藤象二郎)에 이르기까지 고위 관료 30여 명의 이름이 실려 있으며, 슌토는 고관들을 위해서라면 졸작이나 연회석에서 읊은 즉흥시조차도 전혀 개의치 않았다고 한다. 이렇게 관민이 서로 화답하는 시편을 잇따라 간행하며 명성을 높여 갔다. 고관이 모이면 말단 관리들도 따르게 마련이다. 마리긴샤에 문전성시를 이루는 번영이 찾아온 것이다.

한편 오누마 친잔은 더욱 술독에 빠져 들었다. 애써 고관들을 멀리하고 재야에 파묻혀 자신의 재능을 감추는 친잔의 기골을 동경하여 "앞뒷문으로 줄을 서는 자 거의 천 명을 헤아린다"고 하지만, 자신은 사람을 멀리하고 폐를 상하여 서서히 쇠퇴하기 시작했다. 메이지 8년(1875) 11월 나루시마 류호쿠가 주최한 시연(詩筵)이 무코지마의 핫카엔(百花園)에서 열렸을 때도 슌토는 참석했지만 친잔은 모습을 보이지 않았다.

메이지 10년(1877) 세이난전쟁이 시작되고 마리긴샤의 단골 고관들이 규슈로 진군하여 사이고 다카모리의 머리를 가지고 개선했을 때 슌토는 《신문시》 제24집, 25집을 전승 축하와 사이고를 매도하는 영합시로 채웠다.

일반 민중이 "사이고의 별이 동쪽으로 떨어졌다"는 소문을 내면서 동정심을 드러냈을 때, 슌토는 "개가 아직도 패한 자의 고기를 다 먹지 못했는데 어찌 혼을 가지고 천상의 별이 되리오"라고 하여 사이고의 시신에 채찍을 가하고 있다. 이때 류호쿠는 그의 잡지 《가게쓰신시》(花月新誌)에 영합시는 한 수도 싣지 않고 전쟁 그 자체를 묵살하고 있었으며 친잔도 또한 재야에 파묻힌 자의 기골을 지켜 초연하게 의지를 굽히지 않는 자세로 대항했다. 친잔은 이듬해 1878년에 슌토 등의 《도쿄신시》(東京新誌)를 비웃기라도 하듯이 《에도메이쇼시》(江戶名勝詩)를 간행했다.

메이지 14년(1881) 4월 출판한 스모 선수 순위표와 같은 《도쿄겐콘분가다이란》(東京現今文雅台覽)을 보면 이름이 실린 문인과 고관 백 수십명 가운데 친잔은 의연히 시인 명단의 가장 높은 자리에 올라 있다. 그러나 슌토 또한 우에무라 로슈(植村蘆洲)를 제치고 최상단의 4위(오노 고잔小野湖山, 초 바이가이長梅外 다음으로)에 랭크되어 있다. 고나가이 쇼슈(小永井小舟), 스즈키 쇼토(鱸松塘) 같은 이도 최상단에 있지만 '서도가·시인'으로 대우받는 마나카 운한(間中雲颿), 미조구치 게이간(溝口桂巌), 다케우치 신잔(竹内信山) 등은 중간쯤 자리하고 있다. 나리시마 류호쿠, 구리모토 호안(栗本匏庵), 후쿠치 오치(福地桜痴) 등은 막부 시대의 고관이었다는 점에서 별격으로 다루어 고관 그룹의 최하단에 배치되어 있다(류호쿠와 같은 대우를 받는 자로 나카무라 게이우中村敬宇, 오카마쓰 오고쿠岡松甕谷, 와시즈 기도, 시게노 야스쓰구重野安繹, 야마오카 뎃슈山岡鉄舟 등이 있다).

고관 그룹의 필두는 아리스가와 다루히토(有栖川熾仁)이고 그 아래로 히가시후시미 반스이(東伏見晩翠), 산조 사네토미(三条実美), 기타시라가와 요시히사(北白川能久), 이와쿠라 도모미 등이 최상단을 차지했으며 제2단에는 이토 히로부미, 오키 다카도(大木喬任), 야마가타 아리토모, 야마다 아키요시(山田顕義), 구로다 기요다카(黒田清隆), 가와무라 스미요시(川村純義), 가쓰 가이슈(勝海舟) 등이다. 제3단 이하는 사사키 다카유키(佐々木高行) 등 58명에 이르고 있다. 이 순위표를 통해 당시 문인계에 대해 대강의 평가를 헤아릴 수 있을 것이다.

메이지 14년(1881), 인기로 보면 친잔이 여전히 도쿄 시단의 맨 윗자리에 있었다. 그러나 현실 세력으로서는 슌토 일문의 시풍이 점차 개화의 세상에 받아들여져 친잔의 조락은 이미 돌이킬 수 없을 지경이 되었다. 오히려 이때 친잔의 인기를 떠받치고 있던 것은 지방 문인과 민권가 등 저변 층이라고 할 수 있다.

모리 슌토는 메이지 12년(1879) 5월 태정대신 산조 사네토미의 시연에 초대받아 자신의 아들 모리 가이난(森槐南)의 출사를 청원하고 있다. 1881년에는 가이난이 관계로 진출하여 이윽고 이토 히로부미의 측근으로 출세하게 된다. 이와 반대로 친잔은 1882년 가을 중풍으로 쓰러져 병상에 눕게 된다. 그리고 1년 반 정도 지난 후 1884년 7월 초봄에 미나미타마 군 오가와(小川) 촌의 자유민권가이자 가장 활동적인 자유당원으로 알려진 호소노 기요시로(細野喜代四郎)가 치열한 정쟁의 틈을 헤치고 노스승 친잔을 찾아와 직접 병상을 돌보고 있다. 다른 많은 지방 민권가들도 이 행동을 따르고 있다.

그렇다면 왜 신체시조(新體詩調)의 순토파가 당시의 혁명가들에게 환영받지 못하고 오히려 '재야의 보수파' 친잔 쪽이 호소노, 이시자카, 후카자와를 비롯한 다수의 지방 민권가들의 존경을 받았을까. 이미 그 아이러니의 이유는 명백할 것이다. 그것은 유신 혁명에 역행하는 것처럼 보이는 반역자 구모이 다쓰오의 시가 오히려 민권 지사들에게 음미되고 있었다는 사실과 마찬가지다.

"새로운 것을 좋아하는 자는 대개 적으로 돌아 선다"는 사실을 인민은 오랜 경험으로 체득하고 있다. 순토가 '사이고의 별'을 우롱했을 때, 이미 그의 시심은 민심에서 결정적으로 떠나 버리고 있었던 것이다. 그것은 저변에 있던 호소노 기요시로와 후카자와 곤파치의 관점에서 볼 때 의심의 여지가 없을 정도로 명백하다.

사실 민권가들은 중앙 문단 시인들의 가장 근본적인 부분을 꿰뚫고 있었으며 그 시정신에 속는 일은 없었다. 지바 다쿠사부로와 후카자와 곤파치, 기타무라 도코쿠 등이 존경하고 있던 야스이 솟켄, 구모이 다쓰오, 친잔 등에게는 분명히 그 가장 중요한 시혼이 살아 있었다. 솟켄이 막부 말기에 센다이 번 백성들의 '통곡의 소리'를 듣고 시 한수를 읊어 "소생 이제까지 20년의 학문은 이 시로 마감한다. 예악 따위는 20년이 지나 논의해야 할 것"이라고 단언한 일화를 떠올려 보기 바란다. 이 고학파 학자를 시대에 뒤떨어진 선비라고 치부할 수 있을까. 또한 솟켄의 같은 문하생 구모이 다쓰오를 '사족 반동'이라고 단언할 수는 없다. 친잔이 만년에 설령 굶어 죽어도 "명예와 이익을 탐하는 무리의 동정은 받지 않는다"고 말한 그 필연적인 이치가 그들의 내면에 있다는 것을 젊은 민권가들은 확실하게 통찰하고 있었던 것이다. 《오누마 친잔 전기》(大沼 枕山伝)에 이르기를,

선생 나이 일흔에 자식은 방탕하여 가운이 기울었다.
이를 걱정하는 사람이 있어 달래어 권하기를
고령의 고희에 어찌 장수를 축하하는 연회를 마련하여
그 궁핍함을 구하지 않는가 하고.
선생이 말하기를,
중흥 이후 세상과 멀리했다.
저들 무리가 명예와 이익을 좇는 것은 내가 혐오하는 바이다.
지금 내가 굶어 죽을지언정 저들 무리에게 동정을 구할 것인가라고.

산타마 자유당의 지도자 이시자카 마사다카(石坂昌孝)는 친잔의 궁 핍한 처지를 듣고 곧바로 쌀과 소금, 땔감을 넉넉히 보냈다고 한다. 이처 럼 말하지 않아도 화답하는 대응 관계야말로 메이지 10년대 한시 문학 계에서 아래로부터의 물결을 지탱한 힘이었던 것이다.[2] 여기서 이야기를 청년 후카자와 곤파치의 주변으로 돌려 보기로 하자.

2. 역사의식과 시정신

후카자와 곤파치는 분큐(文久) 원년(1861) 4월 28일 후카자와 나오마 루의 장남으로 태어났다. 메이지유신이 있던 해에 여덟 살, 자유민권운

동 고양기에는 스무 살 청년이 된다. 그 무렵 후쿠자와의 동경심을 보여 주는 것일까. 나폴레옹 보나파르트와 조지 워싱턴의 빛바랜 사진이 남아 있는데, 그 사진 뒤에는 이런 시가 한 구절 적혀 있다.

백전의 공적을 감히 다시 말한다.
공화정의 위업 천지를 비추네.
사람들이 만약 당신의 심중을 안다면
머나먼 푸른 파도 달빛만 외롭네.

그리고 또 하나 그의 동경심을 말해 주는 것은 오누마 친잔과 구모이 다쓰오의 시에 대한 공명인데, 특히 구모이에 대한 존경심이 컸다. 후카자와가 직접 편집한 시집에는 구모이의 시가 수편이나 필사되어 있으며 그중에서도 다음의 절명시가 특히 눈길을 끈다. 여기에는 메이지 4년(1871) 2월 정부 전복 음모가 적발되어 스물일곱이라는 나이에 처형당한 요네자와(米沢) 번사 구모이 다쓰오의 의연한 정신이 응축되어 있다. 무라카미 이치로(村上一郎)가 "고금동서 최고의 절명시 가운데 하나"[3]라고 평가한 것이다.

죽으면서 죽음을 두려워하지 않고
살아서 삶을 훔치지 않으리.
죽음을 각오한 남아의 절개
태양과 싸우노라.
남아가 가는 길의 올곧음은
가마솥에 삶긴다 해도 두려워하지 않으리.

---

3) 村上一郎, 〈雲井竜雄の詩魂と反骨〉, 《ドキュメント日本人 3·反逆者》 수록, 1968년.

비록 작은 이 한 몸일지라도

만리장성이노라.

　지금까지 구모이 사건은 메이지 초기의 '사족 반란'이나 '봉건 반동'으로 평가되는 경우가 많았다. 그러나 불과 10년 후에 자유민권가들이 구모이를 애석해 하면서 그의 뜻에 얼마나 고취되어 역사를 바꾸는 에너지로 재생되었는지는 이루 헤아릴 수가 없다. 1881년 1월 도쿄 오메이샤의 노무라 모토노스케(野村本之助)가 도치기 현 사노(佐野) 방면을 순회할 때 그곳의 동지 한 사람이 숙소로 찾아와서 담소를 나누는 사이에 우연히 구모이 이야기가 나왔다. 그러자 그는 "비분강개를 금할 수 없다," 자신도 과거 닛코 산(日光山)에서 구모이와 함께 거사를 일으키는 데 가맹한 사람 중 하나라고 고백했다고 한다. 그것을 노무라는 신문에서 전하고 있다.[4]

　그러나 후카자와 곤파치의 구모이 체험은 도치기 현의 한 민권가처럼 직접적인 것은 아니다. 그것은 사상이라는 '상상력' 속에서 반추된 내적인 경험이었다. 그러나 그 경험은 당시 전제 정부에 저항하여 몸을 던져 자유를 쟁취하려 했던 민권가의 실천을 매개로 한 것이었기에 그만큼 더 강렬했다. 그런 의미에서 곤파치의 심상 세계는 구모이나 아카이 가게아키(赤井景韶)와 같은 선상에 있는 인간이었던 것이다. 아니 아카이만이 아니다. 곤파치가 연필로 기록을 남긴 수첩과 비망록, 학습용 노트 철 등에 잇따라 나타나는 유신 혁명에서 처형당한 자들은 그에게 같은 선상에 이미지화된 인맥처럼 생각되는 것이다.

　그가 1881년 10월에 필사한 《사쿠라 소고로 전기》(佐倉宗五郎小伝)의 첫머리에는 "민권이란 것은 과연 서구의 신 수입물로 우리 나라에서

<hr />

4) 《東京橫浜毎日新聞》, 1881년 2월 23일~3월 18일.

는 예로부터 종자 한 톨도 없는 것인가. 고대 왕정의 시대는 별도로 하더라도 …… 그 참된 민권의 종자 한 톨이라고 칭할 수 있는 것이라고는 농민봉기가 있을 뿐"이라고 기록하고 있으며, 그의 비망록 첫 장에는 '오시오 헤이하치로(大塩平八郎) 격문'의 한 구절이 필사되어 있다. 사쿠라 소고로는 가즈사(上総) 지역 수백 개 마을의 농민을 구하고자 직소하여 가족과 함께 처형당하지만 그의 이름은 동양 민권가의 서열로 부흥되었다. 헤이하치로는 말할 나위도 없이 오사카 성 아래에서 반란을 일으켜 막부 전복의 계기를 만든 막부의 관리이다. 그들의 희생은 일본의 인민 해방사에 영원히 기록되어 있다. 거기에 곤파치 같은 청년들이 감동하여 전통을 다시 이어 가려 한 것이다. 선명하고도 강렬한 역사의식이라고 평가해야 할 것이다.

유신의 혁명가 요시다 쇼인이 안세이 대옥에서 처형된 것은 유명한 일이지만, 그 쇼인이 죽음을 앞두고 남긴 글 〈유혼록〉(留魂錄)의 전문을 설마 곤파치가 필사하여 보관하고 있었다고는 상상하지도 못했다.

몸은 비록 무사시의 들판에서 썩을지라도 멈추지 않으리 야마토 혼

이 외침은 곤파치에게 얼마나 깊은 감동을 주었을까. 새까맣게 번진 붓글씨 메모 문자로서는 이미 상상할 수밖에 없다. 아마도 그들에게는 쇼인도 다쓰오도 같은 수준의 인간으로 보였음에 틀림없다.

또한 곤파치의 아버지 나오마루는 메이지 19년(1886)에 신토미자(新富座) 극장에서 다카노 조에이(高野長英)의 연극이 공연되었을 때 유지들과 함께 현수막을 보낸 모양이다. 이때 상황이 도쿄의 유이 모리오(油井守郎)가 나오마루에게 보낸 편지에 전해지고 있다. 또한 곤파치의 메모에도 다카노 조에이는 고세키 산에이(小関三英), 와타나베 가잔(渡辺華山), 사쿠마 소잔 등과 함께 기록되어 있다. 무사시의 일개 산촌에 사

는 농민이 왜 다카노 조에이에게 각별한 관심을 보였는지 사료로 보아서는 분명하지 않지만, '사쿠라 소고로—오시오 헤이하치로—다카노 조에이—요시다 쇼인—구모이 다쓰오—아카이 가게아키' 이렇게 나열해 보면 곤파치가 처형자들이 남긴 뜻을 어떻게 계승하려 했는지를 알 수 있다. 그리고 그것은 나아가 '후쿠시마 사건'에서 옥사한 다모노 히데아키(田母野秀顕)를 애도하는 시나 '가바 산(加波山) 사건'으로 교수형에 처해진 고바리 시게오(小針重雄)와 고토다 이와마쓰(琴田岩松)의 유언이나 야스다 가메키치(保多駒吉)가 죽음을 앞두고 남긴 시를 수첩에 적어 두는 의지로 정착했을 것이다.

정부 전복 음모를 꾀했다고 해서 자유당 다카다(高田) 사건의 희생자가 된 구비키(頸城)의 자유당원 아카이 가게아키에 대해서는 깊은 경애심을 가진 모양이다. 그 사람의 됨됨이, 신념, 투옥될 때 어머니에게 보낸 송사(送辭) 등을 상세하게 옮겨 적고, 게다가 "삼가 아카이 가게아키 선생의 영전에 바친다. 때는 메이지 18년(1885) 7월 27일, 형 집행일이다" 고 하여 다음의 시편을 바치고 있다.

요사스러운 기운이 어찌 이 산천을 덮는가.
울면서 절하노라 형장에 임하는 노래 한편
허공에 흩어지는 선생의 피는
후일 자유의 하늘을 적시리라.
한 번 죽음은 원래 자유를 위해 감수하는 것.
장부의 마음가짐 신주(神州)에 가득차고
선생은 비록 죽어도 다시 태어나
요사스러운 기운을 물리치지 않으면 맹세코 쉬지 않으리라.

여기서 "요사스러운 기운을 물리치지 않으면 맹세코 쉬지 않으리라"

는 결의를 표현하는 문학 기법은 당시 일본에서 이러한 한시문을 제외하고는 결코 없었던 일이다. 또한 이러한 표현 수단은 다음과 같은 서경(敍景), 서정(抒情)을 노래하는 데도 적합했다. 곤파치가 자기 마을의 신코인(真光院)으로 서둘러 돌아오는 길에 읊은 짧은 시이다.

아무도 없는 숲속에 따스한 바람이 석양을 머금네
언덕길에 지팡이를 멈추고 계곡 남쪽을 바라보니
서너 발의 총성은 어디서 들려오나
깊어 가는 가을 산 반고선암(半古禪庵)

이 선암에서 지바 다쿠사부로 등이 1879년 12월에 동지들과 함께 시연을 열었던 것을 《무양시집》(武陽詩集)에서는 기록하고 있다. 다쿠사부로의 호쾌한 작풍에 비하여 곤파치의 시에는 섬세함이 두드러진다. 곤파치의 《시제집》(詩題集)을 보면 그들의 미적 관심은 앞서 소개한 호소노 기요시로의 시 세계와 마찬가지다.[5] 그들이 그것을 본 떠 시작(詩作)에 힘쓴 계제(季題) 등은 그들의 미적 관심의 방향에서만이 아니라 마음 깊숙한 곳에 있는 문인 의식, 일본적인 자연 관조의 특징까지도 암묵적으로 시사한다.

'봄'에는 폐사의 꽃놀이, 봄날 밤의 피리 소리 듣기, 강촌의 야유회를 동경하고, '여름'에는 숲 그늘에서 작은 연회, 달밤에 산책, 강촌에서 낚시를 하고, '가을'에는 중추의 달구경, 먼 산에 내리는 비, 달빛 비치는 암자에서 기러기 떼 울음소리를 즐기며, '겨울'에는 얼어붙은 강에서 홀로 낚시하고, 저녁에는 눈 내리는 강가에서 술잔을 기울이면 겨울날 농

---

5) 色川大吉, 〈明治の豪農の精神構造―細野喜代四郎論〉, 《東経大人文科学論集》 8~9합병호, 1965년.

가의 즐거움이 비할 데가 없다.

지금도 일본인의 마음 어딘가에 깊이 잠들어 있을 풍아한 정적인 세계이며 자연으로 돌아가 거기서 적막하고 영원한 안식을 찾으려는 심적인 경향이다. 이는 영생과 죽음을 지척에 두고 살아가는 일본적(동양적)이고 신도적(불교적)인 생활 태도의 전통이며, 와쓰지 데쓰로가 말하는 일본인의 풍토적 심성의 한 측면에 다름 아니었다. 격렬한 자유민권가의 지사적인 기개와 혁명적 행동이 이러한 적막하고 정적인 죽음의 안식 세계와 부합하고 있다는 점에서 나는 그들의 시혼에 담긴 긴장 구조를 보는 것이다.

실제로 그들이 지은 시의 태반은 이러한 정적인 세계에 속한다. 그러나 잘 관찰해 보면 그 정적은 깊은 곳에 격정과 파란으로 가득 찬 억제의 고요함이 스며 있는 경우가 많다. 자신들의 앞 세대와 같은 실의와 체념 위에 성립한 소극적인 것은 아니었다. 마을 밖에는 변혁의 폭풍이 휘몰아치고 포효하는 소리가 들린다. 야망을 품은 청년들에게 입신출세의 유혹이 바로 눈앞에 다가왔다. 아니 그들 메이지인의 마음속에 멈출 수 없는 충동처럼 꿈틀거리고 있다. 실제로 수많은 청년 동지들이 그렇게 고향을 떠났으며 후카자와 주변에도 중앙을 향하여 고향을 떠나는 젊은 무리가 있는 것을 보면 아무리 "산중에 즐거움이 많다"고 자위하는 곤파치라도 마음속에 편치 않은 구석이 있었을 것이다. 《무양시집》의 다음 연작시는 그러한 단면을 잘 말해 주고 있다.

도카이의 남아 의기 호쾌하여
격앙된 결의는 거친 파도를 부순다.
후일 이름을 떨쳐 공을 세우는 날
비로소 함께 일본도를 이야기하리.

또한,

아아! 어찌 내 이름을 드러내고자 하리오.
청산을 즐기며 생애를 마치려 하네.
이끼 긴 세 칸짜리 집에서 장기를 두고
속세를 떠난 은자 수레를 타고 이르니
꽃밭의 꾀꼬리 소리 내며 날아가네.
천명에 따라 어찌 또한 의심하리
되돌아보면 덧없는 청춘의 꿈.

이 시의 경지는 미나미타마의 동지 호소노 기요시로의 다음과 같은
우아한 소망과 너무도 흡사하다.

명예를 바라지 않고 또한 사치를 하지 않으며
문학에 종사하여 생애를 맡기네.
우아한 생활로 무사히 풍월을 즐기면서도
힘들고 어지러운 나라의 처지를 근심하네.
나아가서는 장안에 나타나 정치를 논하고
물러서서는 재야에 은거하며 도리에 어긋나는 일을 피하노라.
다만 기약하노니 후일 은 술잔을 기울이며
일본이 개화하는 시대를 살아갈 것을.

여기서 보이는 것은 세상 사람들의 교만과 사치나 명성을 물리치고
유유자적하게 내면적 가치의 고고함에 자족하려는 동양 문인의 자긍심
일 것이다. 더구나 그것만이 아니라 일본의 개화기에 국민과 함께 봄의
성대한 향연에 은 술잔을 기울이고자 하는 메이지 시대다운 건전한 정

신을 가질 수 있는 미의식이었던 것이다.

3. 지방 문인의 세계

후카자와들의 시 학습은 베껴 쓰는 데서 시작되었다. 오늘날 그것은 20권 정도 남아 있다. 그중에는《메이지시찬》(明治詩撰)을 그대로 베낀 것과《근세시초》(近世詩抄)라는 시집도 있다. 그 밖에 곤파치에게는 자찬 시집이 17권 정도 있는데, 거기에 수록되어 있는 작품은 곤파치가 지은 것뿐 아니라 그의 동지 32명의 작품집도 겸하고 있다. 그것을 분석해 보면 당시 자유민권운동이 한시문 운동과 얼마나 겹치고 있었는지를 알 수 있다.

전체를 통산해 보면 1,500수 가운데 반수에 해당하는 788수가 곤파치의 것이다. 다음으로 많은 것이 나카지마 겐초(中島元徹, 선승)의 303수, 3위는 이쓰카이치권능학교 교장 나가누마가 81수, 4위는 이쓰카이치 자유당원 우치야마 안베에 34수, 5위 니시타마의 선승 오카노 모토야스(岡野元泰) 32수, 6위도 같은 선승 이즈미 보쿠슈(和泉睦宗) 31수, 7위 이쓰카이치 자유당원 쓰치야 즈네시치 22수, 8위 같은 자유당원 유이 모리오 21수, 9위 소슈(相州)의 자유당 간사 사토 데이칸(佐藤貞幹) 20수, 10위 자유당원 하다 슈센(羽田宗仙) 21수, 그 다음으로 다케무라 고지로(武村幸次郎), 이토 미치토모(伊東道友), 쓰치야 간베에, 아카바네 도시요시(赤羽俊良), 다데 도키(伊達時), 요시노 야스조(吉野泰造), 도시미쓰 쓰루마쓰(利光鶴松), 나카지마 노부유키, 지바 다쿠사부로(모두 소학교 교원이며 민권가, 자유당원)로 이어지고 있다.

시집《여란여훈》(如蘭餘薫)은 곤파치를 중심으로 한 25명의 시집인데, 여기도 위 멤버와 거의 같은 사람들이며 여기에 이쓰카이치의 자유당원 사토 신페이(佐藤新平)와 마스다 모쿠료(增田黙了) 등이 가담하고 있다. 이상으로 볼 때 이쓰카이치의 시 동우회 그룹은 곤파치를 중심으로 한 자유당원 그룹과 나카지마 겐초를 중심으로 한 선승 그룹, 그리고 나가누마를 중심으로 한 교원 그룹의 세 가지 교류 기관이 있었다는 것을 알 수 있다. 이 교류 기관은 단코샤(淡交社)라 부르면서 공통된 취미를 가진 모임이었는데, 지역의 자치운동이나 국회개설 요구와 조난당한 동지들의 구원 활동 등이 있을 때 동원력을 발휘한 것이었다.

이분카이(以文會)는 본부를 곤파치의 집에 두었다. 곤파치는 이를 덴소쿠도(天則堂)라고 명명하고 스스로 회원 간 연락과 도쿄와의 통신을 맡았다. 그가 오누마 친잔과 기쿠치 산케이(菊地三渓), 마스기 운가이(馬杉雲外), 구리모토 조운(栗本鋤雲), 다카바야시 고호(高林五峰), 오타 가인(太田華陰) 등과 자주 편지를 주고받은 것은 그 때문일 것이다. 그들의 자편 시집에 이러한 대가들의 붉은 글씨가 곳곳에 보이고 친잔, 산케이, 운가이, 고호 등이 첨삭 지도한 흔적이 그대로 남아 있다.

그중에서도 친잔이 지도한 흔적이 가장 많다. 원래 친잔은 막부 말기부터 이 지역의 호농이나 지식인들과는 오랜 교분을 맺고 있었다. 게이오 연간에는 부슈 다마 군 오노지(小野路) 마을의 호농 학자 고지마 쇼사이(小島韶斎)와 친교를 돈독히 하여 자주 찾아오고 있다. 고지마의 집에는 언제나 친잔의 글이 많았다.[6] 메이지 10년 무렵 시모타니긴샤(下谷吟社)에 입문하려면 1엔 정도가 들었는데, 대부분이 서신으로 주고받는 수업이었고 첨삭에 드는 비용은 보통 한시 50수에 사례금 2엔 정도였다. 친잔과 산타마 자유민권운동가의 관계는 깊고 문하생도 많았지만 친잔이 1882년 가을 병상에 쓰러졌기 때문에 읽어 보지 못한 것이 대

---

6) 현재 마치다시 오노지(小野路), 小島宗市郎 댁 고지마자료관 소장. 이 자료 가운데 오누마 친잔의 것이 다수 포함되어 있다.

부분일 것이다. 그러나 지금 남아 있는 시의 원고더미를 보노라면 친잔이 이렇게도 성실하게 첨삭 비평한 것에 감동하지 않을 수 없다. 여기에는 대가한테서 흔히 볼 수 있는 오만이나 우쭐거림의 흔적은 없다. 지방의 문인들을 감동시킨 것은 당연했을 것이다.

후카자와들의 단코샤는 이 밖에도 도쿄의 메이분샤(鳴文社), 군푸샤(薰風社) 등에 작품을 보내어 지도를 받기도 하고(첨삭료는 한 수당 오언절구 1.5전, 7언절구 2전, 오언율시는 2.5전, 칠언율시는 3전, 고시 10전, 단가 1.5전으로 정해져 있었다), 1883년부터는 가와사키가쿠샤(川崎学社)의 《신도쿠요시》(進德余誌) 등을 구매하여 여기에 투고하기도 한다. 텍스트로서 가장 중시되었던 것은 마시모 반수(真下晩菘)와 미조구치 게이간이 편찬하고 친잔이 선정하여 평한 《동인집》 수편을 비롯하여 오노 고잔이 교열한 《고금시》, 지바 현 평민 마에다 바이소(前田梅莊)가 편찬한 《청년시집》(1883년 간행) 등이었다. 1884년 무렵부터는 여기에 산타마를 포함하여 가나가와 현 전역의 자유민권가 한시 애호 그룹 '고메긴소'(小梅吟窓)와 교류하여 점차 이들과 관계를 밀접하게 하고 있다.

'고메긴소'란 도쿄 무코지마의 고메무라 205번지 와카바야시 요시노스케(若林美之助)의 집에 사무소를 차렸다고 해서 붙인 이름으로《고메긴소 과제》라는 활자판 20쪽 분량의 소책자를 발행하고 있었다. 이른바 동인지이다. 그 기고자를 보면 태반이 가나가와 현 자유당원이었는데, 이들 가운데 와카바야시를 비롯하여 이시자카 마사쓰구, 에노모토 난라이(榎本南賴), 우스이 세이쿄(薄井盛恭) 같은 이름은 놓칠 수 없다. 왜냐하면 그들 모두가 미나미타마 군 자유당원인 동시에 기타무라 도코쿠도 가맹하고 있던 재경 가나가와 현인의 메이지 17년 독서회 그룹의 중심 멤버였기 때문이다.

여기서도 자유민권가의 학습 결사와 한시 그룹이 서로 겹치고 있다는 것을 알 수 있다. 아마도 도코쿠의 친구 이시자카 마사쓰구가 정치적인 독서회 쪽을 이끌고 그의 죽마고우 와카바야시가 '고메긴소'를 돌보고 있었을 것이다. 이 두 사람은 정력적인 민권가였다. 특히 와카바야시의 이름은 신예 연설가로서 당시 《자유신문》에도 종종 광고가 실릴 정도였다. 이 때문에 와카바야시가 1885년 가을에 급사했을 때 한시 그룹도 자연스럽게 해체된 모양인데, 곤파치와 이 모임의 교신도 이때부터 두절된다.

이처럼 곤파치에게는 '자유루(自由樓)의 주인, 학예강담회 간사'로서의 측면과 '이분카이 간사, 덴소쿠도의 주인'으로서의 측면이 밀접하게 표리일체를 이루고 있었다. 이는 곤파치뿐 아니라 그 주위에 있던 대부분의 민권가들에게도 공통적으로 보이는 현상이었다. 예를 들면 《로야쿠오메이슈》(鷺約鷗盟集)이라는 시집에는 곤파치 외에도 10명의 작품이 수록되어 있는데, 이들 모두가 자유당원이거나 민권 사상의 소유자이다. 더구나 이 10명 가운데 8명은 전국 각지에서 이쓰카이치로 흘러들어온 사람들이다.

나카지마 겐초(오우미), 다케무라 비세쓰(竹村美雪, 오우미), 유이 모리오(센다이), 이토 미치토모(센다이), 다케치 교헤이(嵩地堯平, 오이타), 도시미쓰 쓰루마쓰(利光鶴松, 오이타), 아카호시 히카루(赤星晃, 후쿠오카), 구보타 히사코메(久保田久米, 미카와), 사토 데이칸(사가미), 요시노 다이조(기타타마). 여기에 권능학교 교원 지바 다쿠사부로(미야기), 아키야마 분타로(미나미타마), 나가사카 기사쿠(長坂喜作, 가이), 오야 마사오(大矢正夫, 사가미) 등을 더하면 메이지 시대라는 것이 그 얼마나 격렬한 인간의 유동을 불러일으켰는지를 상상할 수 있을 것이다. 오다와라(小田原) 출신의 기타무라 도코쿠도 이 시기(1884~1885)에 절친한 오야 마사오를 찾아 이쓰카이치로 발걸음을 옮긴 것으로 보인다.

4. 정치와 문학

메이지 16년(1883) 11월 12일 지바의 죽음을 접한 후카자와 곤파치는 통곡했다. 그는 불과 며칠 전부터 지바를 간병하던 참이었다. 부인도 자식도 없고 돌아갈 집조차 없이 고독하게 객사에서 숨을 거둔 것이다. 이 불우한 청년 지사를 후카자와 부자는 따뜻하게 받아들이고 장례식에서 유언 집행, 그 밖에 모든 뒤처리를 자기 일처럼 해주었다. 지바 관계 문서가 정리되어 후카자와의 집 낡은 창고에 남아 있었던 것은 그러한 우정이 있었기에 가능했다.

그 무렵 곤파치도 역시 건강을 해치고 위장병을 치료하기 위해 종종 상경하곤 했다. 1884년 6월에는 한때 도쿄의 병원에 입원하기도 했다. 입원 일자는 당시 피차별 부락 출신 민권가들이 곤파치에게 종종 병문안 엽서를 보낸 것을 통해서 알 수 있다. 야마가미 다쿠키(山上卓樹), 야마구치 주베에, 가시와기 도요지로(柏木豊次郎) 등은 미나미다마 군 시모이치부카타 촌의 피차별 부락 지도자인데, 일찍부터 가톨릭에 입신하여 인간 평등의 가르침에 접했다. 나아가 그것을 정치적으로 표현하기 위해 자유민권운동에 참가하여 우치야마 안베에, 곤파치 등에게 접근하고 대등한 동지로서 존경받고 있었다. 후카자와 부자가 민권가로서 훌륭한 점은 이러한 피차별 부락민이나 사족, 또는 타지방 사람에 대한 차별을 배격하고 뜻을 함께하는 자들의 평등성을 관철하는 태도이며 그러한 인권 사상을 확고하게 가지고 있었던 점일 것이다.

곤파치는 건강이 좋지 않았지만 지바가 죽은 후 이쓰카이치 인민의 기대가 자연스럽게 자신에게 집중됨에 따라 안정을 취하면서 쉴 수 있는 상황이 아니었다. 게다가 1884~1885년 2년 동안은 민권운동의 전국적인 퇴조에 역행이라도 하듯이 산타마 지역에서는 운동이 더욱 고조되었다. 1894년 5월부터 9월에 걸쳐 지역 활동가 호소노 기요시로, 히라노 도모스케, 기우치 이노스케(木內伊之助) 등은 관헌의 탄압을 피하여 하치오지, 오우메, 후추 등지로 매일같이 연설회를 강행하고 있었으며, 이쓰카이치에서는 권능학교 교원들 사이에서 군마 사건(群馬事件)이나 가바 산 사건 같은 무장봉기에 호응하려는 움직임이 나타나고 있었다. 곤파치의 친구 구보타 히사고메는 가바 산 봉기에 참가하려 했지만 실패했다. 오야 마사오와 도미마쓰 마사야스(富松正安)도 맹약을 했지만 봉기에 참가하지 못한 것을 번민하고 있다.[7]

그리고 그해 8월부터 산타마 지방에는 곤민당 소요가 잇따라 발생했다. 이 때문에 지역의 자유당원은 더욱 분주해졌다. 더구나 그 분쟁 조정이 한창일 때 자유당 총재 이타가키 다이스케(板垣退助) 일행이 아키가와 강에서 메기 낚시를 즐기고자 니시타마로 온다고 했다. 이 통보를 받은 우치야마 안베에가 낭패하여 요양 중에 있던 곤파치에게 재기를 재촉하는 편지를 빈번하게 보내고 있다. 곤파치가 지켜보고 있을 수만 없었던 것은 당연할 것이다. 그는 이제까지 정부의 탄압 속에서 학예 강담회를 지키는 데 힘을 쏟는 한편 불교 연설회라는 이름을 빌린 위장 결사를 조직하여 합법적인 활동 공간을 확보하고 있었다. 그 불교 연설회의 명부를 보면 지금까지 소개한 이분카이와 자유당 멤버들이 거의 다 들어가 있다.

이렇듯 니시타마의 민권가는 자유당이 해당을 결의한 후에도 활동을 멈추지 않았다. 예를 들면 전국적으로 보더라도 아주 드문 '국회개설 기한 단축 건백서'를 1885년 1월 정부에 제출하고 있다. 이는 대담무쌍한 행동이라 하지 않을 수 없다. 왜냐하면 이것은 '국회개설 조칙'의 일부에 수정을 요구하는 행위로 간주되어 불경죄에 적용될 위험성이 있었기 때문이다. 따라서 그 문안은 요시노 야스조가 신중하게 기초하고 곤파치

---

7) 《大矢正夫自徐伝》1927년. 미간행 초고. 오야 히로코 씨 소장.

가 발기인의 필두가 되었다. 이는 곧 만일의 경우 모든 책임은 자신이 지겠다는 중대한 결의를 의미한다.

이러한 긴장의 연속으로 곤파치의 건강도 더욱 악화되었을 것이다. 그는 1885년 4월 아타미 온천으로 요양 가 있다. 그러나 이쓰카이치의 동지들, 특히 권능학교의 젊은 교원들은 정부의 탄압과 운동의 퇴조에 울분을 참지 못하고 이윽고 그해 6월부터 급진파 지도자 오이 겐타로의 음모에 가담하게 된다. 분명 곤파치에게 알리지 않고 극비리에 추진되었음에 틀림없다. 산타마 행동대는 오야 마사오를 대장으로 군자금 강탈이라는 임무를 부여받고 지역의 호농 저택과 관청 등을 습격했다. 기타무라 도코쿠가 이 일당에 가담할 것을 요구받고 절망한 것도 이때였다. 곤파치가 진실을 알게 된 것은 오사카 사건의 음모가 발각되고 오이와 오야가 체포되어 그 내용이 대대적으로 신문에 보도되었기 때문일 것이다. 도주하던 그의 친구 구보타 히사고메도 고슈(甲州)에서 체포되었는데, 곤파치는 그 좌절의 비통한 심정을 이렇게 노래하고 있다.

보름달 아래 슬픔을 가득 안고 고슈로 향하니
너를 생각하는 오늘 홀로 시름에 잠기네
동양 만리 잠 못 이루는 새벽
이슬을 머금은 부용꽃 여덟 송이의 가을

오사카 사건은 이쓰카이치권능학교에 커다란 타격을 주었고 일시적으로 운동은 침체될 수밖에 없었다. 이때 곤파치 등이 또 다시 타개책으로 강구한 것이 '협립위생의회' 운동이었다. 그는 이때도 바바 간베에(馬場勘兵衛), 다케치 교헤이(嵩地堯平, 의사)와 함께 간사의 한 사람이 되고 모임 대표로는 명문 우치야마 안베에를 내세웠다. 창립위원은 니시타마 전역에서 민권가와 유지 35명을 뽑아 군 전체를 한데 묶은 공중위생 운동을 추진한 것이다.

이 협립위생의회는 규칙 제1조에 "본회의 목적은 일반 인민의 건강과 안전을 유지하고 증진하는 방법을 토론하여 위생상의 지식을 보급하는 데 있다"고 명기하고 있듯이 인민의 보건과 위생을 위한 자주 조직이었다. 이를 통해서 인민과 연계를 강화하고 인민에 대한 계몽 활동을 추진한다는 심려 원모한 운동이었던 것이다.

물론 이 모임은 콜레라나 장티푸스 같은 질병의 위협으로부터 주민을 지켜 주어야 한다는 절박함에서 추진되었다. 그 무렵 콜레라와 장티푸스, 이질, 천연두 같은 전염병의 유행이 극심했으며, 1879년에는 콜레라로 죽은 사망자만 10만 명이 넘었다. 또한 1883~1884년에는 이질이 대유행하여 2만 명의 사망자가 나왔다. 1886년에도 콜레라로 10만8천여 명이 죽었으며 장티푸스와 천연두로 3만2천 명이 넘는 인민이 사망했다. 이에 대하여 정부도 현청도 적극적인 구제책을 내놓지 못하고 있었다. 정부의 입장에서 보면 인민의 위생 관련 예산 따위는 군함 한 척 구입하는 데 드는 비용의 절반도 되지 않는 푼돈이었다. 니시타마의 자유민권가가 일어선 것은 당연한 일이었다.

그리고 이 위생회의 규칙 제20조에는 '공중위생과,' '학교위생과,' '영아보육과,' '악성유행병과,' '구제과' 등을 두고 각각 전문 심사위원을 두고 있었다. 이것은 당시로서는 탁월한 식견이며 일본의 자주적인 위생 운동으로서는 물론이고 보건·의학 사상에서도 선구적인 것이었다. 더구나 이 창립위원 35명 가운데 주요 간사 10명이 자유당원이었다는 사실은 무엇을 의미하는가. 그것은 민권운동의 저변이 얼마나 민중 생활에 밀착한 견실한 것이며 '지역 코뮌'을 지향한 '국민운동'이었는지를 말해 주고 있다. 이러한 사례는 이미 나이토 세이추(內藤正中)와 고토 야스시가 소개한 히젠(備前), 히고(備後), 미마사카(美作) 지방이나 신슈 각지에

서도 보이고 있다.[8]

곤파치는 이후 1888년 가나가와 현회 의원으로 선출되었다. 그러나 병환이 호전되지 않았던 모양인지 두드러진 활동은 보이지 않고 있다. 그 대신에 3대 사건 건백 운동에는 그의 아버지 나오마루가 모습을 보이고 있다.

1889년 12월 대일본제국헌법이 공포되었을 때, 그는 어떤 심정으로 그것을 읽었을까. 지바 다쿠사부로와 함께 인민헌법을 기초하기 위해 동분서주하고 지바가 죽은 후에도 《명법잡지》(明法雜誌)와 《헌법잡지》를 구독하면서 관심을 거두지 않았던 곤파치가 천황 대권만을 전면에 내세운 흠정헌법 조문을 얼마나 쓰라린 심정으로 읽었을지는 상상하기 어렵지 않다. "통독 일편 오직 쓴웃음만 나올 뿐"이라는 감상은 그저 나카에 조민 한 사람의 생각만은 아니었을 것이다.

지바 다쿠사부로는 무엇을 위해 죽었던가. 또한 얼마나 많은 동지들이 국회 개설을 위해 인생을 바쳤던가. 그 바라 마지않던 국회가 국민 1천 명당 고작 유권자 한 사람이라는 놀랄 만한 제한선거를 통해 처음으로 개회된 직후 곤파치는 짧은 생애를 마감한다. 그가 1890년 12월 24일 아침 숨을 거둘 때는 아직 서른 살도 채 되지 않았다. 외동아들을 먼저 보낸 아버지 나오마루의 절망은 이루 말할 수 없었다. 결국 나오마루도 1년 반이 지나 다난한 51세의 생을 마감하고 사랑하는 아들 뒤를 따라갔다.

지금 이들 부자의 묘는 무성하게 이끼가 긴 상태로 산중턱의 낭떠러지 위에 있는 후카자와 저택에서 계곡의 마을을 그리워하듯 내려다보고 있다.

---

8) 内藤正中,《自由民権運動の研究》 1964년; 後藤靖,《自由民権運動の展開》, 1966년.

이상으로 다마 지역 호농들을 중심으로 지방 민권가의 '문학'과 '정치'에 대한 태도를 정리해 보니 이런 감상이 떠오른다.

거기에는 '정치'나 '문학' 같은 선택은 물론 없다. 운동의 태도에는 유유자적함이 있으며 교양이 넘치고 생활에 충실한 인간적인 느낌까지 있다. 이것은 메이지유신 지사들의 행동이나 서생, 장사(壯士), 대륙 낭인, 나아가서는 후일 사회운동가의 행동 유형과도 완전히 다르다.

흔히 일본형 특징이라고 말하는 '정치'를 우직하게 헌신의 대상으로 하거나, 또는 결벽하게까지 '정치'를 포기하고 거기서 도피하여 문인, 은둔자로서 '문학적' 심정 세계에 틀어박히는 그런 식의 양자택일은 전혀 없다. 혹은 또한 그러한 것이 열린 형태로 양립하고 있었다고 말할 수 있다. 거기에 민중 생활의 기반에 입각하여 활동한 호농층과 한시 문학과 독특한 결합 관계를 발견할 수 있다.

과거 호소노 기요시로는 "농사가 끝나 농기구를 거두면 한가로이 세 가지 여유로 들어간다. 낮에는 경전과 역사서를 읽으면서 시문을 겸하며 밤에는 형법과 정치에 관한 연구를 한다"고 노래했다. '농경과 시문, 정치'는 여기서 행복한 통일을 유지하고 있었던 것으로 보인다. 분명히 농촌 지주이자 민권가인 문인에게는 그것이 가능한 과도기의 한때일 수 있었다. 하지만 그조차도 그들에게는 환상에 지나지 않았다. 행복했던 한때는 순식간에 끝나고 곧바로 커다란 시련이 닥쳐왔다. '정치'와 '문학'에서 참된 근대는 이때부터 예리하게 의식화되기 시작한다. 그러나 1880년대에 누릴 수 있었던 곤파치와 동지들의 인생은 그 태풍이 몰아치기 전에 끝났던 것이다.

메이지 초기의 한시 문학은 지금까지 보았듯이 먼저 유신의 혁명가에 의해 시정신을 일신하고 자유민권운동의 밀물 속에서 놀랄 만큼 폭넓게 저변의 지식층에 확산되어 갔다. 새로운 한시를 짓는 이들은 그 문학 형식에 자신들의 생활이나 계급적 욕망과 정치의 정열을 담기 위해 노력하고 그것을 통해서 지금껏 없던 새로운 바람을 불어넣어 시정신을 한층 일신해 갔다.

한시의 생명은 이러한 격동 속에서 다시 살아나 역사적인 변혁에 기여했다고 말할 수 있을 것이다. 만약 이러한 것이 없었다면 아마도 나쓰메 소세키나 모리 오가이(森鷗外), 하기와라 사쿠타로(萩原朔太郎) 같은 이들이 일본 시의 원천으로서 한시를 평가하고 계승하는 일도 불가능했을 터이다.

여태 이러한 사실을 평가하지 못했던 것은 일본 문학사 연구자들의 태만이라고 말할 수밖에 없다.

5장

민중의식의 봉우리와 골짜기

1. 문자 없는 민중의 목소리

나는 지금까지 저변에서 일어난 문화 창조에 관한 문제를 주로 농촌의 식자층, 지주나 호농 차원에서 다루어 왔다. 말하자면 '문자를 다룰 수 있는 인민' '유식자'를 중심으로 고찰해 왔다. 이들이 '인민의 마음속 깊은 곳에서 우러나오는 목소리'에 가장 민감할 수밖에 없는 모순이 집중되는 지점에 있다고 생각했기 때문이다. 이러한 메이지의 '중간층'은 그들 자신이 촌락의 지도자임과 동시에 언제라도 권력의 말단으로서 촌락 지배자가 될 수도 있다는 "저변과 권력 사이에 작용하는 불안정한 인력(引力)의 균형점"에 자리하고 있었다. 그런 까닭에 그들은 끊임없이 양극 분해의 불안에 노출되고 있었으며, 특히 변혁기에는 중간 계층으로서 위기의식이 고조되는 만큼 역사의식을 첨예화하고 시대를 미리 내다보는 가능성까지도 부여받은 사람들이었다. 내가 그들을 '인민의 대변인'으로 보고 그 사상과 행동에 주목한 것은 바로 그 때문이다.

하지만 과연 그들에게 주목하는 것만으로 풀뿌리 문화를 파악할 수 있을까. 문자를 모르고 글도 쓰지 않고 생애를 마치는 대다수 민중을 그들이 대표할 수 있을까. 내가 아무리 오랫동안 '저변의 문화'를 추적해 왔다고 하더라도, 이러한 위상에 그치는 한 결국은 참된 '인민의 심부'에

도달할 수 없는 것이 아닌가 하는 의문이 항상 가시지 않고 있었다.

시마자키 도손의 명작 《동트기 전》에 이런 장면이 나온다. 촌장이자 도매상을 하면서 숙박업을 겸하고 있던 호농 국학자 아오야마 한조(青山半蔵)가 성심성의껏 촌민들을 위해 동분서주하는데, 어느 날 신뢰하고 있던 농민한테 이런 말을 듣고 아연실색한다. "한조님, 당신에게 진심을 말하는 사람이 있습니까?"

농민은 그 누구도 한조에게 진심을 말하지 않는다는 말이다. 이 한마디는 통렬했다. 아오야마 한조뿐 아니라 우리 연구자들에게도 가슴을 찌르는 말이다. 민중의식을 파악하려는 우리는 항상 이 말에 발목을 잡혀 왔다.

그렇다면 '글을 모르는 인민'의 마음은 대체 무엇을 매개로 파악하면 좋을까. 더구나 부분이 아니라 전체 경향을 파악하려면 변혁기에 나타나는 민중의식의 표출 형태, 행동 방식 그 자체를 보고 판단하지 않으면 안 될 것이다. 그리고 간혹 인민의 말(외침, 호소, 항의)을 듣고 적은 관헌 측의 조서, 당사자나 목격자의 증언 기록을 통해 파악할 수도 있을 것이다.

1880년대 불황 속에서 발생한 각지의 농민소요 사건, 특히 그 정점이 된 지치부 사건에 관한 민중 자료는 메이지 변혁기에 가장 밑바닥에 있는 이들의 마음을 알 수 있는 더없이 좋은 자료이다. 그러나 지금까지 그런 문서를 발견하는 일은 수월하지 않았고 또한 그것을 이용하여 민중의식의 심층까지 메스를 가하는 작업을 우리는 게을리 했다. 내가 부소의 곤민당에 관해서 할 수 있었던 작업도, 예를 들면 스나가 렌조(須長漣造), 시오노 구라노스케(塩野倉之助), 와카바야시 하루노스케(若林高之助) 같은 지도자의 사상에 대한 분석이며 그것을 통해서 저변에 대한 설명을 늘어놓은 것에 지나지 않았다. 실제로 당시 지도자와 행동을 함께하고 불굴의 지하활동을 계속해 온 하층민 그 자체의 심정을 파악한

연구는 아니었던 것이다.[1]

따라서 이 장에서는 선학들에 의해 발견된 수백 명의 〈지치부 폭도 범죄에 관한 서류편책〉 등을 이용하여 이러한 미개척 영역을 파헤치고자 한다. 다행히 이노우에 고지(井上幸治)의 《지치부 사건》(1968년)이 연구의 길을 열어 주었기 때문에 우선 그 길을 더듬어 가 보고자 한다. 다만, 여기서는 민중의식의 예리한 봉우리를 표현한 봉기 참가자의 의식에 대한 분석에 그치지 않고 그것을 밖에서 방관하고 비판과 조소를 던진 민중의식도 함께 분석하게 될 것이다. 또한 야스마루 요시오 등의 '통속 도덕' 연구나 '요나오시 논리의 계보'[2]에 의해 개척된 마루야마교(丸山教)와 같은 신흥 종교 참가 민중의 사상 형성에 관한 문제와도 대조하면서 독자적인 법칙성도 탐구할 것이다.

'지치부 폭동'이란 어떤 사건이었던가. 아직 잘 모르는 독자들을 위해 우선 간단히 소개할까 한다. 여기서는 내가 《아사히신문》(1968년 10월 22일)에 기고한 짧은 문장을 인용해 두고자 한다.

사형 판결을 받고 25년이나 잠행하다가 죽음을 목전에 두고 "나는 지치부 사건의 주모자다"라고 이름을 밝힌 사람이 있다.

다이쇼 7년(1919) 6월 홋카이도 오호츠크 해에 가까운 노즈케우시(野付牛) 촌에 이토 후사지로(伊藤房治郎)라는 이름으로 살고 있던 이노우에 덴조(井上伝蔵)였다. 이노우에는 곤민당을 자유당과 결부시킨 핵심 인물로서 《자유당사》에도 기록되어 있다. 봉기 당시에는 '혁명군'의 참모이자 회계 책임을 맡았으며 1884년(메이지 17) 11월 4일 본대가 괴멸할 때 동지와 달아나 자취를 감추었다.

나는 10월 어느 날 이노우에 고지 씨와 그 이노우에 덴조의 친딸을

1) 色川大吉, 〈困民党と自由党〉, 《歴史学研究》 247호. 1960년. 色川大吉, 〈困民党の思想〉, 《明治の精神》에 수록, 1965년.
2) 安丸良夫・ひろた まさき, 〈'世直し'の論理と系譜〉, 《日本史研究》 85~86호, 1966년.

찾아갔다. 스무 살 때 아버지와 사별했다는 그녀는 생전의 아버지에 관하여 "전혀 그늘이 없는 밝은 아버지였고 명랑한 가정이었습니다. ……고백 후에도 아버지를 자랑스럽게 생각했습니다"라고 말했다. 그 얘기를 듣고 나는 덴조가 마지막까지 자신의 행동을 후회하지 않고 확신을 관철하면서 죽어 갔다는 것을 알았다. 그가 자식에게 남긴 유언은 단 하나, "그 사건이 국사범으로 다루어진 것은 유감이다. 아무쪼록 나 대신에 지치부로 가서 동지들의 보살을 공양해 주기 바란다"고 하는 것이었다.

지치부 봉기에 참가한 인민은 5천여 명(8천 또는 1만 명이라고도 한다). 이 가운데 유죄 판결은 약 4천 명, 중죄 300명, 사형 7명으로 곤민당 총재 다시로 에이스케(田代栄助)를 비롯한 5명은 처형되었다. 전사자의 수는 알 수도 없다. 국가도 민간도 그들을 '폭도'로 매도하고 사건을 '폭거'로 매장시켰다. 덴조의 여생을 괴롭힌 것도 바로 이 점이었음에 틀림없다. 그렇다면 이 사건은 도대체 무엇이었던가.

1884년 10월 말, 도쿄에서 가까운 무사시 지치부 군의 산촌에서 2개 대대 1군단으로 편성된 수천 명의 농민군이 돌연히 나타나 엽총, 도검, 죽창 등으로 무장하고 '신정후덕'(新政厚德)의 기치를 내세우면서 오미야(大宮)로 쇄도하여 관청을 점거하고 '혁명군 본부'의 간판을 내걸었다. 그리고 '자유자치 원년'을 선언하고 '요나라시'(世均し)를 실행했다. 이어서 각 마을에 게릴라 부대를 파견하여 악질 고리대금업자를 습격하고 나아가 도쿄로 진군하면서 진압군과 교전하다가 열흘 뒤 이윽고 야쓰카다케(八ヶ岳) 산기슭에서 괴멸되었다. 일본 역사상 드물게 보는 대사건이었던 것이다.

이것은 단순한 농민봉기나 요나오시 소동이 아니다. 또한 단순한 차금당·곤민당의 폭동도 아니었다. 처음부터 메이지 국가를 상대로 싸울 것을 각오한 봉기였다. "천하의 정치를 바로잡고 인민이 자유롭기를 바라며 온 백성을 위해 병사를 일으킨다." 그들이 자유당의 혁명적인 사상을 받아들이고, 자신들의 행동이야말로 정의이며 오히려 국가 쪽에 불의가 있다는 가치의 전환점에 도달하고 있었기 때문이다.

물론 봉기에 참가한 수천 명의 인민 전체가 그런 생각을 하고 있었다는 것은 아니다. 그러나 "돈이 없다고 괴로워하지 마라, 이제는 돈도 자유당"이라는 노래가 이시마(石間) 촌에서 불리고 있었으며, 무명 농민이 "이타가키 공(板垣公)과 병사를 합쳐 압제를 고치자"고 말하고 있었던 점으로 미루어 이러한 환상이 상당히 유포되어 있었다고 추측할 수 있다. 적어도 지치부 곤민당의 핵심이 된 백여 명의 지역 조직책들 사이에는 이러한 사상이 상당히 깊이 뿌리를 내리고 있었을 것이다. 이렇게 되면 지치부 사건은 부르주아 민주혁명 운동의 농민봉기라는 성격을 가지게 된다.

경제적인 배경을 보더라도 메이지 17년(1884)에는 부채에 관한 소요가 60여 건이나 발생하고 있으며 그 반수 이상이 간토 지역의 양잠업 지대에 집중되고 있었다. 게다가 메이지 17년의 농민, 소영업자의 부채 총액이 2억 엔(1970년대 가치로 환산하면 2조엔 상당)이나 달하고 그해에만 10만호 가까운 가정이 파산 선고를 당하는 참담한 상황이었다.

이것은 일본 자본주의의 원시적 축적으로 불리는 디플레이션 정책의 지폐 정리 강행에 더하여 무거운 세금을 통한 수탈이 불러온 결과이며 곤민당 폭동은 그러한 재정 정책에 대한 근본적인 저항이라는 성격도 띠는 것이었다.

그런데 지금까지의 견해에서는 히라노 기타로(平野義太郎) 씨와 같이 차금당(借金党)과 소작당(小作党)을 혼동하여 호농·지주 일반과 빈농·소작의 계급 대립을 원인으로 보거나, 호리에 에이이치(堀江英一) 씨와 같이 '사족 민권 → 호농 민권 → 농민 민권'으로 민권운동의 전개를 단순화하여 그 발전의 최고 형태가 지치부 사건이라고 설명하기도 했다.

그러나 나는 그 어느 쪽도 사실에 부합하는 것이 아니라고 생각한다.

메이지유신의 과제가 부르주아혁명에 있다고 한다면, 자유민권운동은 그것을 국민 자신의 손으로 철저하게 수행하려 한 운동이다. 이 운동의 도화선은 사족 민권에서 시작되었지만 그것을 국민적인 수준으로 펼쳐 나간 쪽은 마지막까지 호농이었다. 전국 각지의 자유당은 호농을 중심으로 탄생했지만 지치부 사건을 지도한 지치부 자유당은 그것과는 이질적인 당이었다는 점에 주의하지 않으면 안 된다. 이러한 실태를 지금까지 분명하게 인식하지 않았던 탓에 많은 오해를 불러왔다. 지치부 사건의 본질은 관헌 측의 사료와 소수의 지도자에 대한 재판 기록만으로는 파악할 수 없는 것이다.

1968년 5월 이노우에 고지의 《지치부 사건》이 발표되자 이러한 측면의 장해가 일거에 제거되었다. 이노우에는 몇 년 동안 사료를 발굴한 끝에 군마 현청 등에서 소장하고 있던 3백여 명의 농민 심문조사를 면밀하게 검토하여 경이로운 조직을 만들어 낸 곤민당의 지역 조직책 1백여 명의 사상과 행동의 윤곽을 처음으로 밝혔다. 이것으로 지치부의 자유당원(곤민당의 중핵)들이 오이 겐타로(大井憲太郎)를 중심으로 한 좌파 자유당과 달리 마지막까지 '환상의 혁명정당'(자유당)의 실재를 믿고 입당했다는 사실이 분명해졌다.

최근 와카바야시 구라노스케(若林蔵之助)에 의해 발견된 후쓰부(風布) 촌의 지역 조직책 오노 후쿠지로(大野福次郎) 등의 문서를 보더라도 후쿠지로는 봉기 직전인 10월 27일부터 불과 나흘 만에 약 50통의 신규 자유당 입당서를 모으고 있다. 그것은 그들이 '혁명정당'으로 입당을 권유하는 형태로 봉기 준비를 위한 조직 공작을 벌이고 있었다는 사실을 입증하고 있다. 더구나 정작 자유당이 오사카에서 당을 해체하는 대회를 열고 있었던 때인 만큼 그들의 활동은 더욱 감동적이다.

사형 판결을 받고 이후 홋카이도 아바시리 감옥에서 옥중 20년의 고

생을 견딘 기쿠치 간페이(菊地貫平)는 지치부 혁명군 참모장으로서 본대가 괴멸된 후에도 잔존 부대를 이끌고 조슈(上州)에서 신슈(信州)로 전전하면서 싸웠다. 그러한 결사 항전파를 지탱한 사상은 무엇이었을까.

"간페이의 경우에도 다른 간부와 마찬가지로 군대와 정면충돌하는 전투를 피할 의도는 철저했다. 어디를 가도 곤민당을 다시 일으킬 사회적 기반이 있다고 생각하는 낙관주의, 이 봉기를 유지하면 고신(甲信) 지방의 봉기도 일으킬 수 있을 것이라는 자유당적인 낭만주의."[3] 오늘날 유행하는 말로 하자면 '체 게바라식 사상'이라는 말해도 좋을 것이다. 이 간페이의 이름으로 전전의 좌익이 완전히 무너지는 1933년의 11월 9일의 시점에서 당당하게 '지치부 사건 폭도 전사자의 묘'라는 무명전사의 비가 야쓰카다케 산을 마주보는 마나가시(馬流)의 언덕에 세워졌다.

전후 '옥중 18년'의 도쿠다 규이치(德田球一)의 명성은 잘 알려졌지만 '잠행 35년'과 '옥중 20년' 메이지 영웅들의 이름은 조명 받지 못했다. 아니 그 그늘에서 이상을 품고 실천하다가 쓰러져 간 수백 명 무명전사들의 강인한 사상성은 끝내 알려지지 않은 채 파묻혀 온 것이다.

2. 무명전사의 사상

이제 이상을 품고 행동하다가 쓰러져 간 수백 명 인민 전사자들의 강인한 사상성을 살펴보기로 하자.

지치부 사건에 참가한 민중은 5천~8천 명이라고도 한다. 하지만 이노우에는 그 가운데 중핵이 100~130명 정도이며, 그들이 무장봉기에 동

---

3) 井上幸治,《秩父事件》, 1968년.

원할 수 있는 범위는 약 3천 명으로 보고 있다. 이 3천 명이라는 숫자는 단순하게 '부화뇌동한' 자들이 아니라 사전에 공작 활동을 하고 있던 중핵적인 조직책들이 긴급 소집을 열면 곧바로 호응할 수 있는 세력을 의미했다. 그 핵심이란 봉기할 때 실제로 지휘관으로 선발된 수십 명을 포함한 곤민당의 지역 조직책이며, 촌락 대표 조직책과 촌락 내의 경지(耕地) 조직책으로 형성되어 있었다. 이노우에는 그들을 전투 분자와 활동 분자로 나누어 부르고 있다.

이들 중핵 백여 명과 거의 겹치는 형태로 30명 정도(1884년 5월 현재 지치부 군)의 정식 자유당원이 존재하고 있었다. 그렇기 때문에 자유당원의 반수는 곤민당 지도부이며 나머지는 자유당원이면서 이 봉기와는 전혀 무관한(참가를 거부한) 부분이다. 따라서 우리가 사건을 지도한 '지치부 자유당'이라고 간주하고 있는 것도 사실은 '자유곤민당'이라고 부르는 편이 더 적당할 것이다.

총재 다시로 에이스케(田代栄助, 58세), 부총재 가토 오리헤이(加藤織平, 37세), 회계장 이노우에 덴조(31세), 대대장과 소대장 격인 사카모토 슈사쿠(坂本宗作, 30세)와 오치아이 도라이치(落合寅市, 34세), 다카기시 젠키치(高岸善吉, 38세), 그리고 군마 지역 조직책 오가시와 쓰네지로(小柏常次郎, 42세), 신슈 지역 참모 기쿠치 간페이(37세)에 이르기까지 모두 이러한 종류의 자유당원이다. 그리고 이 지도부를 중심으로 주위에 백여 명의 촌락 대표 그룹과 경지 그룹의 조직책이 있었다. 이들이 봉기 직전에 솔선하여 자유당에 입당하고, 나아가 농민들을 이 혁명적인 자유당에 가맹시켜 곤민당 봉기 계획에 참가할 것을 권유했던 사실은 앞서 본 오노 후쿠지로의 사례에서도 명백하다.

내가 주목하고 싶은 바는 바로 글을 모르는 이 사람들의 사상과 의식이다. 이 가운데 '문자를 아는 인민'은 이노우에와 기쿠치 정도일 것이다. 나머지는 문자를 알더라도 호농 민권가처럼 글로 자신을 표현하거나 남을 설득하거나 할 수 없는(또는 그렇게 하려고도 하지 않는) 인민이다. 다시로 에이스케는 봉기 당시 58세로 다년간 전국 각지를 돌면서 민사소송을 처리해 주는 일을 하며 산전수전을 다 겪은 사람인만큼 품격이 몸에 익은 매력 있는 인물이었다고 한다. 그 집안은 지치부에서는 명문가로서 대대로 촌장을 역임해 왔다고 하는데, 유신 후에는 몰락하여 불과 3~4정보의 밭농사와 양잠을 하고 있을 뿐이었다. 그마저도 고리대금업자의 손에 넘어가기 직전이었다고 한다. 다시로가 총재로 추대된 것은 그의 덕망과 일상적으로 남의 일을 돌봐 주는 활동을 계속해 온 그 능력 때문일 것이다. 또한 그는 부슈·조슈 지방의 동시 봉기 공작을 마지막까지 고집한 정치적 감각의 소유자였다. 그는 결코 봉기주의자가 아니다. 사려 깊을 뿐 아니라 합법 노선을 마지막까지 추구한 정치적 현실주의자였다고 할 수 있을 것이다.

부총재 가토 오리헤이에게도 공통점이 있다. 그는 부하 여럿을 거느리는 노름꾼 두목으로 보여 야쿠자로 불리었지만 그것은 사실이 아니다. 취조에 임한 검사조차도 지도자 가운데 "가장 남달랐던 인물은 가토였다"고 술회하고 있을 정도이다. 가토는 봉기의 지도를 부탁받았을 때 촌민들에게 빌려주고 받아 둔 자신의 차용증서 150엔을 제 손으로 파기하고 참가했다. 또한 그의 맏아들이 마을 소학교 교사로 근무하고 있는 점으로 보더라도 가토의 가정이 견실했다는 것은 상상할 수 있을 것이다(이노우에, 앞의 책).

오가시와 쓰네지로도 다시로, 가토와 비슷한 인물이었다. 42세의 나이에 정해진 집도 없이 방랑 생활을 보내고 있었다. 상당한 웅변가이자 호인이었는데, 때로는 만담가 같은 일도 했던 것 같다. 일에도 근면하여 지치부로 온 후 양잠 일을 도우면서 조직 활동을 했다. 그의 매력은 넓은 세상을 돌아본 경험을 가진 인간의 풍부한 이야깃거리와 호인 같은 신뢰감에 있었을 것이다. 오가시와가 조직한 마을 인민들은 봉기 당시 최후까지 완고하게 투쟁했다.

지치부 군 요시다(吉田) 촌의 '곤민당 트리오'로 불리던 오치아이, 다카기시, 사카모토는 모두 가난한 농민이면서 봉기 조직책으로서 백 수십 명의 중핵 가운데 특출한 빛을 발하고 있다. 그들이야말로 힘겹게 오래도록 조직 공작을 담당한 최고의 공로자였다. 그들은 1884년 초에 함께 자유당에 입당하여 합법적으로는 대중적인 청원 운동을 계속하여 수많은 민중을 끌어들이면서, 비합법적으로는 다시로나 가토를 설득하여 봉기 사령부를 만들고 나아가 조슈나 도쿄 본부와도 연락을 취하며 주도면밀하게 체제를 강화하고 있었다.

오치아이는 70킬로그램이나 되는 거구로 7.7석의 밭을 일구며 숯도 굽고 있었다. 사카모토도 고다마(児玉) 군의 누에 공진회에 자신이 만든 것을 출품하여 상을 받을 정도로 열심히 일하는 인품 있는 양잠가였다. 다카기시는 세 사람 가운데 큰형 격이었는데 고지식할 정도로 우직한 인물로 오히려 우스꽝스러운 일화가 전해지고 있다. 슈사쿠는 봉기 날이 정해지자 고산도슈 거사(悟山道宗居士)라는 계명을 써 넣은 흰 머리띠를 두르고 두 번 다시 살아 돌아올 생각은 없었다. 실제로 본대가 괴멸되고 지도부가 흩어진 후에도 그는 백병전 부대를 이끌고 신슈에서 게릴라전을 펼치면서 최후까지 저항하여 처형을 당했다.

이 인물들의 삶을 보고 있으면 그들이 어떻게 해서 사상 형성을 이루었는지, 사회체제에 대한 비판에 어떻게 눈을 뜨게 되었는지 그 과정을 짐작할 수 있을 것 같다. 그들은 주체적으로는 인내심 강한 민중 도덕의 근면한 실천자였다. 특히 다카기시는 자신의 경영을 지키기 위해 농업 기술을 개선하는 데도 남달리 힘썼다. 그러나 아무리 농사일에 매진하며 인내해도 현실은 조금도 호전되지 않고 오히려 도산 직전까지 내몰리게 된다. 이렇게 되었을 때 그들은 자신들을 몰아붙이는 별도의 원인, 생산력도 생산 시스템도 아닌 생산관계 자체로 눈을 돌리지 않을 수 없었을 터이다. 그것도 처음에는 고리대금업자나 관리들의 비리라고 생각하고 있었을 것이다. 그렇기 때문에 이치를 다하고 예를 갖추어 간청하고 탄원했다. 하지만 수차례 되풀이해도 경찰에 연행되거나 폭행을 당하고 쫓겨났다. 관청에 부탁해도 관리는 간청을 들어주지 않았다. 아마도 거기까지 갔을 때 자유당적인 사회관이 그들을 더욱 상부에 있는 권력(지배기구)의 비판자로 승화시켜 갔을 것이다.

이노우에 고지의 명언처럼 정말 "격랑은 온갖 인간 군상을 떠오르게 한다." 군마 현 경찰과 사이타마 현 경찰이 심문한 봉기 참가자 수백 명의 조서를 읽어 보면, 우리는 이제껏 들어 본 적도 없는 무명 인민이 예상 밖의 말과 굳은 신념, 불굴의 태도를 견지한 사실에 놀라지 않을 수 없다. 격랑이 먼지에 덮여 있던 인민의 뛰어난 자질을 씻어 내 보인 것이리라.

가미히노자와(上日野沢) 촌의 기무라 마타키치(木村又吉, 본명)는 경찰의 심문에 "이름은 고노 나오시치(河野直七), 나이는 54세, 신분은 평민, 직업은 막노동꾼, 문자 해득 불가, 전과 없음"이라고 답하고 신슈 사쿠다이라(佐久平)의 마나가시(馬流)까지 나와서 본진에서 아침밥을 먹다가 돌연히 총소리가 들려 도주했다고 답하고 있다. 이 54세의 반(半)프롤레타리아는 "고리대금업자는 모두 '규칙에 없는' 금리를 탐하는 무리들이므로 갚지 않아도 전혀 지장이 없다"고 하는 동료들의 말에 동의하여 자신도 조직 활동을 했고, 처음에는 경찰서에 민원을 내고 채권자에게도 수차례 연납을 탄원했지만 들어주지 않았기 때문에 결국 봉기에 가담했다는 취지를 태연하게 밝히고 있다. 그리고 아라카와(荒川) 강을 사이에 두고 치른 전투에서는 갑군(甲軍) 대대장 아라이 슈사부로(新井周三郎) 휘하에서 총을 들고 싸웠으나 오가노(小鹿野) 경찰서에서는 "자신의 판단으로 총을 쏘았다"고 했다. 경찰이 "관리를 죽일 작정으로 총을 쏘았느냐?" "그렇다면 죽일 작정으로 2층을 향해 총을 쏘았음에 틀림없지 않으냐?"라고 윽박지르자, 마타키치는 "그렇다! 틀림없다"고 태연히 대답하고 있다.

　가미히노사와 촌에서는 이러한 일개의 반프롤레타리아부터 오야마즈미 신사(大山詰神社)의 신관 미야가와 쓰모리(宮川津盛)와 같은 인텔리까지 포함된 50여 명이 참가하여 형사 피고인이 여럿 나왔다. 이 마을에서 소대장이 된 이는 무라다케 시게카즈(村竹茂一)였는데, 그 또한 처음에는 고리대금업자에게 탄원하는 일부터 시작했지만 이윽고 비정함에 분노하여 28개 촌의 대표와 함께 오미야 경찰서장에게 설득을 부탁했다. 그러나 관헌은 오히려 채권자 쪽을 옹호하여 인민의 호소를 들어주지 않았다. 이렇게 궁지에 몰린 그는 비합법적인 대중 집회에도 자발적으로 참가하게 되고, 이윽고 봉기를 결행한다는 말을 듣고 "동포 인민을 구하기에 더없이 좋은 방책이라고 감심하여 두말 않고 동의했다"고 고백하고 있다. 그의 답변서는 전체적으로 보면 참으로 솔직하고 당당하며 46세의 연륜 탓인지 담담하여 조금도 가식이 없으며 기죽은 기색도 없다. 그 문답은 이랬다.

　문: 당신이 인솔한 폭도 50여 명의 역할은 무엇인가?
　답: 죽창조 40명, 총포 4정, 10여 명은 백병전 부대에 편입하여 3열로 진용을 갖추고, 나는 그 진퇴를 지휘하고 집을 태우거나 파괴했다.

　이 농민 소대장은 도중에 자신의 지휘가 서툴다고 판단하여 다른 사람에게 양보했다. 하지만 성실한 그는 그 뒤로도 전열을 떠나지 않고 병졸의 한 사람으로서 지치부의 본대가 괴멸한 후에도 야쓰카다케 산기슭에서 게릴라전을 펼치다가 우미노구치(海ノ口)에서 체포되었다. 이렇듯 인간적이고 도덕적인 자질을 가진 자야말로 인민을 배반하지 않는 참된 인민의 지도자일 수 있었을 것이다. 같은 마을의 모리가와 사쿠조

(森川作蔵)도 고노 나오시치, 무라다케 가즈시게 등과 신슈까지 돌진한 한 사람인데, 마나가시에서 체포되어 15년 형을 받았다.

3. 산촌 코뮌

지치부 군의 이시마(石間) 촌은 가토 오리헤이가 살던 마을이었던 만큼 공작이 철저하여 5명의 경지 조직책을 중심으로 180명이 동원되었다. 이 마을 전체가 175호였으니 상당한 조직률이다. 아라이 시게타로(新井繁太郎)는 이 마을 경지 조직책의 전형이었는데, 심문에 대해 우루시기(漆木) 경지 35호 가운데 30호까지는 자기와 또 한 사람이 동원했다고 분명하게 말하고 있다. 그는 다나카 센야(田中千弥)의 《지치부 폭동 잡록》에서 "우루시기 경작자 시게타로는 가업을 버리고 아내와 딸에게 무술을 훈련시켰다. 자유의 망설을 믿고 산업에 뜻을 두지 않는 자"로 평가되고 있다. 또한 아라이 후쿠타로(新井福太郎)는 자유당과 차금당의 차이를 다음과 같이 분명하게 구분하고 있다.

자유당은 학교를 폐지하고 조세를 줄이고자 다수가 폭거하여 현청과 군청, 경찰서를 파괴하는 것을 목적으로 한다. 차금당은 관청의 공증문서나 차용증서를 태워 없애는 것을 목적으로 한다.

1884년 일본의 산속에 문자 그대로 코뮌 부락이 출현한 것이다. 거기에 해방의 노래가 유행하고 이로써 '자유자치 원년'이라는 찬연한 정신이 수용되고 있었다는 것은 결코 꿈이 아니었다. 이 마을에서만도 20명의 형사 피고인이 나왔다. 그러나 이 코뮌도 짧게 끝나고 만다. 11월 4일 오후 지도부가 흩어지고 해체한 것을 알게 된 아라이 시게타로는 다시로, 가토 등이 돈을 들고 달아났다고 의심하고, 그들을 "잡아서 족친다" 고 흥분했지만 행방을 모른 채 일단은 신슈 쪽으로 고개를 넘다가 "이 대로는 도저히 목적을 관철할 수 없다"고 생각하고 돌아오는 도중에 조 슈의 촌민들에게 붙잡히고 만다. 조슈 자유대의 대장 오가시와 쓰네지 로도 비슷한 절망에 빠진 것 같다. 이와 같이 일본의 코뮌은 단명에 그 쳤다. 성립되는 순간부터 일찍이 와해의 내홍이 시작되고 있었다.

이시마 촌에 뒤지지 않는 강인한 후쓰부 촌이 있다. 이 마을은 가장 먼저 총성을 울려 지치부 봉기의 도화선에 불을 붙인 곳이었다. 코뮌 상 황은 이 마을에도 출현했다. 경지 조직책 오노 후쿠지로가 봉기 직전에 닷새 동안 모은 자유당 입당 가맹증은 52통 정도인데, 그 가운데 28통 이 이 마을에서 나왔다. 하나하나 살펴보면 19세 소년부터 66세의 노 인까지 포함되어 있다. 춥고 가난한 80호 정도의 산촌에 오노 묘키치(大 野苗吉) 아래에는 오노 나가시로(大野長四郎), 후쿠지로(福次郎) 같은 지 역 조직책이 있고 마을 전체가 '곤민당 → 자유당'으로 변화하는 운동이 펼쳐지고 있었다. 그들은 '후쓰부조'(風布組)로 불릴 정도로 결속이 매 우 강하여 언제나 선두에서 싸우면서 전황이 악화되어도 무너지지 않 았다. 이 마을의 소대장은 이시다 미키하치(石田酒造八)이며 오노 나가 시로는 140명 정도를 이끌고 왔다고 증언하고 있다.

그들은 대부분 형편이 어려운 양잠 농민이다. 또 경찰과 재판소의 보 호를 받고 있던 주변 마을의 고리대금업자나 대부 회사로부터 심한 압 박에 허덕이고 있었다. 몸으로 빚을 갚아야 하는 한계까지 몰린 자도 적 지 않았다. 가나자키(金崎) 촌의 에이호샤(永保社)에서 후쓰부 촌의 오 노 신키치(大野新吉) 외 두 명이 빌린 원리금은 합계 1,082엔 20전에 달 하고 있었으며, 오노 나가시로 자신도 대금 회사에서 85엔을 독촉 받고 있었다. 후쿠지로는 이런 사람들의 부채를 일일이 기록한 서류를 가지 고 있다가 체포 당시 다른 중요 서류와 함께 압수되었다.

이 경지 조직책 오노 후쿠지로는 10월 31일 밤 흰 머리띠에 흰 멜빵을 메고 칼을 뽑아 들었고, 다지마 류스케(田島竜助)와 함께 14~15명을 이끌고 가미요시다(上吉田) 촌의 결집 지역으로 향하는 도중 미나노(皆野) 촌에서 경찰대에 체포당하여 고이케(小池) 호장의 집에 갇혔다. 이때 그는 다지마가 가지고 있던 서류를 다다미 아래에 숨기고 자신은 '부화뇌동자'로 벌금형을 받는 데 그쳤다. 그리고 방면된 후 은밀히 고이케 집에 잠입하여 서류를 되찾으려다가 체포당하여 이번에는 7년 6개월의 중형에 처해졌다. 이 서류에는 봉기 준비를 지령한 문서 등이 들어 있으며 지도부가 체포되었을 때는 "화약을 폭발시켜 경찰서를 파괴할 것" 등의 내용이 있었다는 점에서 볼 때 단순한 부채 반환 소요가 아니라는 것을 알 수 있다. 또 이 서류 안에는 "탁하지 않은 이 세상이기는 하지만 지금부터 8년 후에는 더욱더 좋은 세상이 될 것"이라는 노래 한수가 적혀 있어 그들의 국회 개설에 대한 환상과 기대를 짐작케 한다. 후쿠지로 자신은 합법적인 청원을 다한 후에 "들어주지 않을 때는 완력으로 철도를 파괴하고 전신기를 절단하며 …… 빈민을 구제하고자 상담석에 참가하여 그 계획에 응했다"고 단언하며 국가권력과 대결할 뜻이 있었다는 점을 분명하게 밝히고 있다. 경지 조직책층에서 이러한 발언이 나왔다는 점에 주목해야 할 것이다.[4]

이 후쿠지로와 나가시로의 상부에 있던 사람이 후쓰부 촌의 대표 조직책 오노 묘키치였다. 그는 봉기 당시 "황송하오나 천조님에게 적대하니 가세하라," 가세하지 않으면 베어 버린다고 외치면서 칼을 뽑았다고 하는 이노우에 고지의 소개로 유명해진 인물이다. 실제로 이 사내의 처참한 전투 방식은 그 권력에 맞서는 저항 의식을 믿기에 족하다. '황송하

---

4) 사이타마 현 관계 지치부 폭도 심문조서 자료, 오노 후쿠지로 공술서 등. 와카사 구라노스케 (若狹蔵之介) 씨 소장.

'오나'라는 말투는 봉건시대에 인민이 영주나 관리에게 말할 때 흔히 쓰는 관용구인데, 근세 농민 문서는 거의 대부분 이런 표현으로 시작되고 있다. 하지만 결코 존왕 의식을 의미하는 것은 아니다. 묘키치 자신은 농민으로서는 몸값을 내야 할 정도로 궁지에 몰린 곤민이었지만 촌 내에서는 자유당원으로 알려져 있으며 갑군 대대장 아라이 슈사부로 휘하의 부대대장 격이었다.

그의 분투는 11월 4일 오후 간부가 도주한 후에 시작된다. 이미 슈사부로는 중상을 입어 대대장 깃발을 사카모토 슈사쿠에게 물려주고 있으며, 묘키치는 500명 정도 되는 부대를 이끌고 혼노가미(本野上) 경찰서와 관청을 습격했다. 그 후 산을 넘어 고다마 군의 히라노 부(平野部)를 향해 돌진한다. 하치만야마초(八幡山町)의 데마에긴야(手前金屋) 촌에 접근한 것은 밤 11시가 넘어서였다고 한다. 거기서 서둘러 도쿄에서 파견되어 온 진압군 제3대대의 주력 부대와 격돌했다.

> 진압군은 초반에 폭도의 거센 기세를 감당하지 못하고 후퇴하여 잠시 그 예봉을 피해 대나무 숲에 있다가 다시금 폭도의 우측을 포격하자 쓰러진 자를 넘고 넘어 거리 모퉁이로 서둘러 집결한 폭도들은 이윽고 견디지 못하고 반대 편 인가로 들어가 다다미를 쌓아 올려 이를 방어벽으로 삼고 자정을 넘겨 1시 25분까지 싸웠다……[5]

또한 사이타마 현 경찰서 가마타 오키다(鎌田沖太)의《지치부 폭동 실기》에 따르면, 농민군은 진압군을 발견하자 함성을 지르면서 발포하고 25~30미터의 지척까지 거리를 좁히면서 다다미를 세우고 항전했다. 제3대대장 히라노 대위는 재차 공격을 반복했지만 굴하지 않기에 이윽고

---

5) 《土陽新聞》, 1885년 11월 특집 기사.

전원을 이끌고 칼을 뽑아 함성을 지르면서 공격하여 간신히 이 완강한 농민군을 물리칠 수 있었다.

오노 묘키치는 이 전투에서 무명 전사자의 수에 들어가 버렸다. 그의 시신은 확인되지 않은 채 산속 어딘가에 묻혔다. 그러나 그의 이 나카센도(中仙道) 돌파를 노린 출격 작전은 본진이 해체된 뒤에도 여전히 발휘된 곤민당의 왕성한 전의를 나타내는 중대한 의미를 가진다. 이 전의에 담긴 사상성이란 무엇일까. 황송하게도 천조님의 정부에는 '올바른 이치'가 없다. 우리들의 '반역'이야말로 이치에 맞는 것이다. 다시 말하자면 "정의는 국가 쪽이 아니라 자신들에게 있다"는 확신을 나타내고 있는 것이 아닐까. 그런 말을 인민이 발설하는 것은 쉬운 일이 아닌 것이다. 그 쉽지 않은 가치의 전환이 이루어졌다는 사실을 묘키치의 죽음은 말해 주고 있는 것이다.

포로로 잡아 두었던 경관에게 불의의 습격을 받고 부상을 당한 갑군 대대장 아라이 슈사부로는 지치부의 이웃 오부스마(男衾) 군 니시노이리(西ノ入) 촌의 평민이다. 한때 소학교 교원을 지내기도 하다가 이시마 촌에 교원 자리가 있다는 소문을 듣고 가토 오리헤이를 찾아가 머물던 가운데 이 계획에 참가했다고 한다. 자신은 "촌민의 곤궁을 보고 차마 방관할 수 없어" 궐기했다고 진술하고 있는데, 취조관을 깔보기라도 하듯 이렇게 대답하고 있다.

> 경찰관 질문: 너는 이러한 폭거를 일으켜 도대체 무슨 일을 이룰 생각인가
> 피고인: (이때 웃으면서 말하기를) 나는 대총독이라도 될 작정이었다.
> 질문: 대총독이란 무엇인가
> 답: 일본 육군의 대총독을 말한다.

이처럼 관을 관으로 인정하지 않고 두려워하지 않는 불굴의 기백은

일본 민중의 역사적 약점인 정치적 권위주의를 돌파하는 변혁적인 인민의 면모를 잘 나타내고 있다. 그 무렵 아라이 슈사부로는 아직 23세였다고 하는데, 주위에서는 40세 정도로 보였다고 할 정도니까 그 인간적 매력과 신념의 강인함이 절로 외경심을 불러일으켰을 것이다. 지치부의 많은 농민이 이런 인민의 지도를 받아들이고 함께 세상을 바꾸기 위해 목숨을 바친 점에 그들의 '반상항관'(反上抗官) 의식의 고조를 엿볼 수 있으며, 저항권의 사상에 접근하고 있었다는 것을 짐작하게 한다. 특히 백여 명에 이르는 지역 조직책의 의식은 그 사상에 가장 가까이 접근하고 있었던 것으로 보인다.

지치부 군 가미요시다 촌의 치가야(千鹿谷)라는 부락에 살고 있던 지역 조직책 시마자키 가시로(島崎嘉四郎)는 게릴라 대장으로서 부슈, 조슈, 신슈에 이르기까지 곳곳에서 분전했는데, 전황이 가장 절망적인 상태가 되었을 때(오노 묘키치 등이 긴야에서 패했다는 소식을 듣고 군대와 경관이 대거 쳐들어온다는 보고를 받았을 때), 그는 불쑥 일어나 이렇게 말했다고 한다.

이미 나는 신슈 길을 넘어 다수를 모아 다시 돌아올 것이다. 따라서 목숨이 아까운 자는 마음대로 돌아가라. …… (다시 올 때는) 즉시 진격한다.

미나미간라(南甘樂) 군 히라하라(平原) 촌의 거간꾼 오가와라 쓰루키치(大河原鶴吉, 34세)는 이 대장의 호소로 귀가한 사람인데, "치가야의 대장이 말하기를 신슈에서 사람들을 모아 다시 이곳으로 온다. 그때는 즉시 진격한다고 하기에 반드시 돌아온다고 마음을 정하고 서둘러 귀가한 것임에 틀림없다"고 진술하고 있다. 이때 30명 정도는 가시로를 따라 신슈에서 게릴라전을 펼쳤다. 이처럼 명쾌한 언동에서 메이지 시대 민중의식의 정점을 볼 수 있는 것이다.

"황송하오나 천조님에게 적대하니 가세하라"고 외친 오노 묘키치, "육군 대총독이라도 될 작정이다"라고 호언장담한 아라이 슈사부로, "국왕은 죽어도 국민은 결코 죽지 않는다"고 바꾸어 적은 지바 다쿠사부로, "인간은 동등 동권인데 …… 제왕이라고 하는 악인에게 높은 자리를 주어 함부로 위권을 부여하고"라는 연설로 투옥된 후쿠시마의 농민 야나기누마 가메키치(柳沼亀吉)는 모두 소학교 교원이었다. 이러한 그들의 언동에는 인권을 국왕이나 권력보다 앞세우는 사상이 뚜렷하게 나타나고 있다. 물론 몇 가지 사례만 가지고 당시 일본 민중이 공화제를 지향했다거나, 현실의 천황에 대한 반감이 넘치고 있었다고 주장할 생각은 전혀 없다. 문제는 그만큼 단순하지 않으며 전통의 진흙투성이가 된 복잡한 사상성이 거기에 내재되어 있다고 나는 생각한다.

어쨌든 이러한 지역 조직책들의 맑고 높은 변혁 의식 위에 비로소 지도부의 자유당적인 언사도 성립하는 것이다. 지역 조직책들이 대중에 대하여 전국의 일제 봉기에 대한 기대를 호소하거나 국회의 조기개설, 조세의 경감, 전제 정부 전복을 대의명분으로 '혁명군'을 자칭하고 '신정후덕'(新政厚德)의 기치를 내세울 수 있었던 것도 그들이 부채반환 소요 차원에서 가담한 대중과의 가교 역할에 성공했기 때문이었다.

따라서 11월 4일 이후 전황이 혼란에 빠지면서 지도부의 일제 봉기에 대한 혁명적 환상이 사라지고 괴멸이 시작되자, 전투를 지속할 수 있는 정신력은 오로지 지역 조직책을 중핵으로 하는 수백 명의 단련된 인민의 사상성 이외에는 없었다. 그리고 그 사상성이란 앞서 소개했듯이 군대와 정면충돌을 피하고 중핵만이라도 확립되어 있으면 어디를 가더라도 곤민군을 재생산하는 사회적 기반이 있으며 언제까지라도 싸울 수 있다는 혁명적 낙천주의에 있었다. 신슈로 진출한 기쿠치 간페이, 사카모토 슈사쿠, 시마자키 가시로 등의 부대는 이에 더하여 자유당적인 낭만주의(전국적 봉기에 대한 기대)와 체 게바라식 게릴라 사상이 있었던 것으로 보인다. 그러나 그 사상이 1945년 패전에 이르기까지 일본 근대사 속에서 빛을 보는 일은 끝내 없었다. 지치부 사건의 민중사상사적인 에스프리는 이러한 매개 고리, 지역 조직책 백여 명의 사상 형성 과정 속에 있다고 말할 수 있을 것이다.[6]

4. 통속도덕으로부터의 탈출

지치부 봉기에 참가하여 처벌 받은 3천4백여 명 가운데 형사 피고인이 되어 조서를 확인할 수 있는 261명에 관하여 이노우에 고지는 다음과 같이 분석하고 있다. 이 조서에서 보면 사건 참가자의 읽고 쓰는 능력은 예상보다 높다. 가능한 자 40퍼센트에 견주어 불가능자 60퍼센트의 비율이다. 그 무렵 신문에서 말하던 '무지 무식한 무리'라는 말은 사실과 다르다. 또한 연령 구성을 보면 30대가 83명으로 가장 많고 다음으로 20대가 63명, 40대 53명, 50대 34명으로 30~40대의 장년층이 과반을 차지하고 있다. 최연소 참가자는 17세이며 가장 나이가 많은 사람은 72세로 죽창 대신 지팡이를 짚고 참가했다고 한다. 자산에 관해서는 '곤민'이라는 이름이 어울리는 중농, 빈농이 대부분이지만 부농이나 지주, 상인도 포함되어 있었다. 직업은 261명 가운데 70퍼센트가 농민이었으며 나머지는 숯쟁이, 산림 노동자 등이 15명, 인부, 막노동꾼 등 반프롤레타리아 11명, 소영업자 11명, 목수, 미장이 등이 5명이다. 마을 전체 근로 생활자의 운동이었던 것이다.

지치부 사건은 도박꾼이 선동한 폭거라고 보도되었는데, 전과자는 261명 가운데 고작 7명에 지나지 않는다. 그 가운데 한 사람은 병역 기

---

6) 주 4 참조.

피, 다섯 명이 도박꾼이었다. 이러한 통계에서 보더라도 관헌의 선동 공작이 얼마나 이 사건의 진상을 왜곡시켰는지 알 수 있다. 만약 이 봉기가 그런 범죄자 집단의 폭거였다고 한다면 민중사상사에서 우리가 주목할 의미는 아무것도 없다. 뿐만 아니라 지치부의 조직책들은 이 '야쿠자' 집단과는 대척점에 있는 진술한 민중 도덕의 실천자들이었다.

정부나 저널리즘, 민간의 유언비어가 말하듯이 과연 지치부 사건은 '야쿠자' 집단의 폭동이었을까. '야쿠자'가 민중을 지도할 수 있을까. 아니다. '야쿠자'란 근세 이래 일본 민중이 방대한 자기 규율의 에너지를 가지고 자신의 주체를 확립해 온 '통속도덕'에 위배되는 것이며, 그 내적인 규율인 도덕관념을 파괴하는 존재였다. 즉 '야쿠자'란 근면, 검약, 정직, 화합, 겸손, 효행 등 자기 정립을 위한 엄격한 도덕적 실천에 견디지 못하고 민중의 근로 생활에서 탈락하여 나태, 방탕, 사치, 쟁투, 난폭, 불효를 일삼는 악덕자의 무리에 빠진 '무용지물'의 '무뢰배'에 다름 아니었다. 그렇기 때문에 당시 민중에게 '야쿠자'로 낙인찍히는 것은 거의 인간으로서 실격을 선고받았다는 것을 의미하며, 쓸모없는 인간, 병신 같은 인간으로 매도되어 무라하치부(村八分, 촌락 사회에서 규약이나 질서를 어긴 자에게 가하는 제재 행위─옮긴이)와 같은 추방을 의미하는 것이었다.

이러한 '야쿠자'가 애당초 지치부 봉기와 같은 민중운동을 지도할 수 있을 리가 만무하다. 지치부 곤민당은 무엇보다도 통속도덕의 충실한 실천에서 출발한 것이다. 본디 통속도덕이란 소생산자가 사회적 격동을 견디며 살아가는 데 어울리는 생활 원리이다. 그렇기에 메이지 정부의 디플레이션 정책에 따른 불황과 과중한 세금 수탈로 파탄 지경에 처한 경영을 극복하기 위해 지치부 인민도 열심히 일하고 절약하고 궁리하면서 온 식구가 협력하여 인내하고 노력해 온 것이다. 하지만 그렇게 지극한 근로, 절약, 정직으로도 1880년대의 맹렬한 자본의 원시적 축적에 따른 수탈과 고리대의 마수에서 벗어날 수는 없었다. 사람들은 국가의 법과 사회의 규약을 충실히 지키고 자신에게만 가혹한 요구를 강요하는 통속도덕을 아무리 실천해도 이미 더 이상 자신과 가정의 행복을 지킬 수 없다는 사실을 알게 되었다. 통속도덕적인 삶은 막다른 길에 부닥쳤다. 이때 비로소 사람들은 심각하게 고민한 것이다. 그러나 통속도덕에서는 사회체제 전체를 살펴보고 비판하는 논리는 나오지 않는다. 일하고 또 일하는데도 왜 우리는 조금도 편해지지 않는가. 문제는 역시 내 탓인가. 자기부정이 부족한 탓인가. 아니면 '국가의 법과 사회 규약'에 문제가 있는가. 이 문제는 막연하여 종잡을 수가 없었던 것이다.

여기서 인민은 가까운 역사적 경험에서 해결의 실마리를 찾으려 한다. 에도 시대의 일을 생각해 낸다. 덴메이(天明), 덴포(天保) 기근 때의 사례를 생각해 낸다. 그 당시 해마다 바쳐야 하는 공물을 못 내거나 부채 반환으로 고통 받고 있을 때 마을 관리나 호농 가운데는 '자비를 베풀어' 연납을 인정해 주었다. 어떤 마을에서는 40년 연부(年賦)를 인정해 준 사례도 있다. 물론 그 시절에 견주어도 메이지의 고리대는 너무도 다르고 이자도 높다. 징수도 가혹했다. 빌린 돈은 반드시 갚지 않으면 안 되는 이상 고리대금업자에게 연납을 탄원할 수밖에 없다. 처음에는 온순하게 구걸하는 태도로. 그러나 점차 극악무도함에 분개하여 몇 명이 모여 몇 번이고 고리대금업자와 대부 회사에 탄원을 반복하게 된다.

빌린 돈을 갚는 것은 민중의 도덕관념에서 볼 때 당연한 일이다. 부당한 폭리, 혹독한 징수는 '정직, 화합, 상호 양보'의 미덕을 유린하는 부도덕한 행위로서 용납되어서는 안 된다. 사람들은 그렇게 믿었다. 여기서 채권자에 대한 개인적인 탄원은 대표를 통해 이치를 따지는 청원으로, 집단적 교섭으로, 결국에는 강경한 태도로 호소하게 되는 필연성이 있었다. 그러나 그 과정에서는 지도자가 필요할 수밖에 없다. 그리고 지도자가 되는 자는 우선 누구보다도 민중의 모범이어야 한다. 민중의 도덕관념(통속도덕)을 누구보다도 충실하고 엄격하게 관철하는 자기 규율을 가진 자, 그런 사람이야말로 자신의 외부(사회)에 대해서도 확신을 가진 예리한 비판자일 수 있는 것이다. 그러한 지도자가 선두에서 통속도덕의 사유 방식을 극한까지 파고들어 자신에게도 상대편에게도 가차 없이 추궁했을 때 통속도덕의 한계를 내부에서 돌파할 가능성이 열리는 것이다.

이러한 과정을 다시 한 번 사카모토 슈사쿠, 다카기시 젠키치, 오치아이 도라이치 등 '곤민당 트리오'의 발자취를 더듬어 가며 정리해 보자. 그들이 어떻게 해서 민중 도덕에 입각하면서 합법의 계단을 올라갔는지. 더구나 대중과 함께 한발씩 밟고 올라가 마침내는 함께 합법의 틀을 넘어갔다는 점이 중요하다.

곤민당 트리오가 지치부 군청에 처음으로 청원을 한 것은 메이지 16(1883)년 12월의 일이었다. 고리대금업자를 설득시켜 달라고 군수에게 부탁한 것이다. 그러나 그 자리에서 거절당하고 말았다. 아마도 그전에 그들은 개별적으로 수차례 고리대금업자에게 탄원을 거듭했음에 틀림없다. 메이지 17년 '트리오'는 전술을 바꾸어 청원 조례를 통한 청원 행동으로 나왔다. 그러나 호장이 날인을 거부했기 때문에 정식으로 청원 수속을 밟을 수가 없다. 다시 한 번 군장에게도 탄원했지만 받아 주지 않았다. 트리오의 합법적인 운동은 여기서 한동안 막다른 길에 봉착했다.

메이지 17(1884)년 8월 이미 각 마을에서 곤민당의 조직화가 진행되고 있었으며 그 연락회의가 골짜기와 산림 속에서 열렸다. 회의에서 슈사쿠가 대표가 되어 고리대금업자에게 부채 4년 거치, 40년 연부 반환을 교섭했다. 과거의 역사적 경험을 바탕으로 한 것이었다. 이에 대하여 채권자들은 경찰과 재판소를 등에 업고 완고하게 거부했다. 9월 6일 재차 산림에 모인 160명 정도의 조직책들이 경찰서에 구인되었지만 조직화는 늦추지 않았다. 트리오는 이 9월 초순 한편으로는 다시로 에이스케와 가토 오리헤이 등을 맞이하여 중앙 지도부를 강화하면서 다른 한편으로는 또 다시 채권자와 경찰서에 합법적인 청원 운동을 전개했다. 스스로 수십 개 촌의 대표가 되어 연판 위임장을 제시하고 오미야 경찰서장에게 설득을 청원했지만 이마저도 각하되었다. 그러나 그들은 이와 반대로 경찰서장의 양해를 성립시키고 채권자와 개별 교섭을 공식화했다. 이때가 되면 트리오는 지역 조직책들과 곤민 대중과 거의 일선에 나란히 서 있었다. 10월 5일에는 오가노초(小鹿野町)에 600명이나 되는 부채민이 밀려와 경찰을 당혹스럽게 했다. 이 인파는 열흘이나 계속되어 지치부의 각 마을에 엄청난 파문을 불러일으켰다.

이러한 방식은 곤민당 대중에게 저마다 직접 분쟁을 경험케 하고 그 한계를 자각하게 하는 효과가 있었을 뿐만 아니라 그들 사이에 강한 연대감을 키웠다. 그리고 그 성과를 한데 묶는 형태로 간부들이 대표 교섭으로 나왔다. 이 교섭에서 아라이 슈사부로는 웅변으로 민중 도덕과 이자 제한법의 충실한 실행을 요구하는 합법주의를 내세우고 고리대업자들을 궁지로 몰아세웠다. 그러나 채권자들은 '법'과 관헌을 등에 업고 그 요구를 들어 주지 않았다(하치오지 곤민당 사건 때 고리대금업자 한 사람이 "메이지 정부가 있는 한 한치도 양보하지 않겠다"고 공공연히 말하고 있다).

여기서 대중들 사이에서 실력 행사를 주장하는 목소리가 나왔다. 그러나 조직책들은 그런 움직임을 제지했다. 마지막까지 민중의 논리를 내세우기 위해서, 그리고 직접 적대자를 넘어서 그 훨씬 후방으로 이어지는 권력 계열로 눈을 돌리게 하기 위해서 또다시 경찰서에 설득을 청원하는 절차를 밟은 것이다. 그러는 사이에도 곤민 대중에 대해서는 재판소나 경찰. 현청 할 것 없이 모두 고리대금업자와 '한통속'이며 정부가 정한 '법'의 보호를 받고 있는 이상 그것을 돌파하는 '요나오시'를 일으키지 않으면 근본적인 해결을 기대하기 어렵다는 의미로 설득 노력이 이루어지고 있었다. 사실 대중은 이러한 일부분을 직접 경험하고 피부로 직감한 것이다.

간부들이 은밀하게 지치부 군 가미요시다 촌의 이노우에 덴조 집에 모여 무장봉기를 결정한 것은 10월 12일이었다. 그 후에도 지역 조직책 120~130명과 이와도노사와(岩殿沢)에서 집회를 열고 최후까지 청원 운동을 멈추지 않을 것을 협약했다. 물론 이 청원은 아무 성과도 없이 거부되었다. 아니 그 이상으로 채권자들은 오미야 재판소에 출두하여 수많은 소환장을 부채민들에게 배달하게 했다. 소환장을 받은 농민들의 심리적 공포감은 곧바로 확산되어 합법 노선을 취하는 간부들을 압박하고 즉시 봉기를 요구하게 된다. 총재 다시로는 이노우에 덴조와 대중들 앞에서 30일만 더 유예해 달라고 호소했다. 하지만 그마저도 끝끝내 들어 주지 않았다. "15일 간의 연기를 청했으나 들어주지 않고, 일주일도 들어주지 않는다."

다시로와 이노우에는 30일의 유예가 있으면 "사이타마 현은 물론이고 군마, 나가노, 가나가와, 야마나시 현에 이르기까지 인민의 일시 봉기는 필연"이며, 그렇게 되면 "감세를 정부에 요청하는 일도 용이할 것"이라고 설득했다.[7] 다시로의 진술서에는 명백하게 곤민당의 요구와 자유당의 혁명적 낭만주의(전제 정부 전복, 국회 조기 실현, 악법 폐지와 신정후덕 요구)의 결합이 보인다. 사회체제 전체에 대한 비판적 사상이 엿보이는 것이다. 하지만 민중은 그것을 봉기라는 수단으로 즉각 실현해야 한다고 주장하며 물러서지 않았다. 다시로의 신념은 동요했다.

이렇게 해서 1884년 11월 1일, 먼저 3천 명에 이르는 농민군이 움직이기 시작하여 국가기관에 대한 총격을 개시한 것이다.

이러한 인민의 자발적인 봉기가 얼마나 통곡을 억누른 것인지, 저마다 얼마나 무거운 마음을 담은 것이었는지를 우리는 충분히 알 수가 없다.

---

7) 다시로 에이스케 진술서, 1885년 각 신문에 게재.

어느날 곤민당에 참가한 이와다(岩田)라는 농민의 집에서는 참극이 일어났다. 식사 시간이었을 것이다. 아내도 애가 타서 "당신은 자유당에 나가면 되지만 아이들 셋은 어떻게 되는가" 하면서 남편이 식사도 못하게 달려들었다. 남편은 그 말에 화가 치밀어 칼을 휘둘러 어린아이 둘을 베어 버렸다고 한다.[8]

온후하고 금욕적이며 참을성 강하고 무엇보다도 '관리'를 무서워하던 산촌의 인민이 어떻게 다년간의 소극주의를 넘어서 의기양양하게 권력에 맞서 대항할 수 있었을까. 이 비밀은 그들이 자신의 내면적인 도덕관념(자기 규율)으로서 민중 도덕을 극한 상태까지 관철하고 그 한계까지 파고들었을 때 비로소 열릴 수 있었던 것이다. 즉 근면과 성심으로 청원을 반복하고 자기부정을 거듭하면서 그 견디기 힘든 한계점에 다다랐을 때, 거만하게 자신들 앞에 버티고 서 있는 상대에 눈을 돌리게 되고 그 도덕적 비열함과 불의를 통렬하게 공격했을 때일 것이다. 이렇게 해서 비로소 자신들의 도의적 우위를 발견하고 자기 긍정으로 전환했을 것이다. 여기서 인민들은 가치의 전환을 이룩한 것이다. 인도의 간디가 지도한 사티아그라하 운동(도덕·정신·비폭력 운동)의 사고방식에도 이와 통하는 사상이 있다고 생각한다.

여기까지는 덴리교(天理教)의 교조 나카야마 미키나 오모토교의 교조 데구치 나오, 마루야마교의 교조 이토 로쿠로베에(伊藤六郎兵衛) 등이 경험한 회심의 정신 과정과 같은 성질의 것이었다고 생각한다. 그러나 그 고조된 인민 의식의 한계 상황에서 통속도덕적인 사유 방법을 사회변혁적인 사유 방법으로 비약시키는 계기가 되었던 것은 나카야마 미키나 데구치 나오, 이토 로쿠로베에 등의 그것과 달리 종교적 매개가 아니라 자유민권의 세계상이라는 정치사상적인 매개였던 것이다(미키, 나

---

8) 井上幸治, 앞의 책.

오, 로쿠로베에 등의 회심으로의 정신 과정에 관해서는 야스마루 요시오 등의 연구를 참조하기 바란다).[9]

이 부분이 사카모토 슈사쿠와 이토 로쿠로베에의 차이였다. 자유민권당과 마루야마교의 차이였다. 정치사상적인 매개와 종교적 매개와의 차이였다. 두 사람에게는 거기에 도달하기까지의 공통된 전제가 있었다. 그들이 성실한 모럴리스트라는 점, 강인한 자기 규율가였다는 점, 민중의 통속도덕의 규칙을 시종일관 끈질기게 지키고 의식의 고압상태를 만들어 마침내 그 벽을 권력에 대립하는 가치원리로 내부에서 돌파해 낸 인간이라는 점이었다. 무사시국 노보리토 촌 빈농의 아들 로쿠로베에는 자신의 은밀한 신념을 주술적, 종교적 매개에 의해 지고한 신의 것으로 권위지우고 '천하태평'을 추구하여 사회체제 전체를 일거에 비판하는 원리에까지 도달했다. 그렇기 때문에 그의 변혁에 대한 정열은 1880년대에 궁핍의 극에 달한 농민들의 마음을 사로잡고 마루야마교의 신도 수는 단숨에 수십만 명으로 부풀어 올랐다. 그리고 때로는 곤민당 인민과 나란히 악정을 비판하고 권력의 말단을 위협하는 일대 세력이 되었던 것이다.

그러나 마루야마교의 사회변혁 구상은 사상으로서는 두드러지게 환상적, 주술적인 것이기 때문에 합리적인 개혁 운동을 조직할 수가 없었다. 이에 비하여 지치부의 봉기 인민은 주술성이 거의 없다. 자유당의 혁명성에 대한 환상은 다분히 있었지만 적을 타도하고 인식할 때의 합리성에서는 통속도덕의 사유 틀을 타파하고 보다 넓은 사회적 시야와 피아의 역관계를 냉정하게 고찰하는 리얼리즘을 낳고 있었다. 이는 자유민권운동에 의한 혁명적인 세계상의 사상 매개가 없이는 불가능한 일이다.

이렇게 해서 일본 인민은 야스마루 요시오 등이 밝히고 있듯이 도쿠가

---

9) 安丸良夫·ひろた まさき, 앞의 논문, 《大本70年史》上卷; 村上重良, 《近代民衆宗教史研究增補版》1963년 등 참조.

와 시대 후기에 통속도덕의 유심론적인 사유 방법(통속도덕의 실천에 의해 인간의 '마음' 속에 숨어 있는 무한한 부와 가능성을 이끌어내고 오곡풍양, 황폐한 농촌부흥, 일가안태, 행복번영을 가져올 수 있다는 인식)을 획득함으로써 지금까지 민중 생활의 구석구석까지 파고들어 있던 주술성, 비합리성, 소극성, 체관을 떨쳐 내고 합리성, 능동성, 자발적인 휴머니즘과 새로운 생활 태도를 낳을 수가 있었다. 즉 방대한 자기 규율의 에너지를 여기에 쏟아부음으로써 정신 혁명을 이룩하고 새로운 주체를 형성해 왔다.

그러나 통속도덕의 사유 방법으로는 일상생활 차원에서의 인간해방은 어느 정도 실현할 수 있어도 사회체제 전체의 인식에 대해서는 지극히 환상적이고 무력했다. 지치부 곤민당의 사상은 실로 이러한 한계를 타파한 것으로 평가할 수 있다. 그리고 이러한 전위적인 부분과 자유민권운동에 남겨진 대중의 변혁에 대한 잠재적 갈망은 나카야마 미키나 데구치 나오, 이토 로쿠로베에와 같은 민중 종교에 의해 분출되고 조직되었다. 또는 같은 시기에 경쟁적으로 발전한 보덕사(報德社) 운동 등을 통해 채워지고 이었다. 아마도 이것이 1880년대에 주로 농촌에서 전개한 민중의식의 전모라고 할 수 있을 것이다. 그리고 여기에 공통적으로 보이는 것은 어느 그룹도 통속도덕적인 사유의 모태에서 태어나 그 철저화, 합리화, 초극을 과제로 하고 있었다는 점이다. 이 시기 민중적 사유의 기본적 성격이 여기에 있었다는 사실은 도시 상인의 전통을 별도로 한다면[10] 결코 부정할 수 없을 것이다.

앞의 3, 4장에서는 지바 다쿠사부로와 후카자와 곤파치 등이 전통 사상을 계승하고 그것을 재해석함으로써 변혁 사상을 형성해 가는 과정을 밝혀 보았는데, 이 장에서 검토한 곤민당 차원의 민중사상 형성 과

---

10) 高尾一彦, 《近世の庶民文化》, 1968년 참조. 여기서 다카오(高尾) 씨는 야스마루 씨 등이 말하는 통속도덕적 사유를 긴키 지방 상인들의 상인 도덕과 비교하여 후진 농촌 지역에서 보이는 민중사상의 한 양식으로 보는 전망을 제시하고 있다.

정과는 다소 차이가 있다는 점을 독자들은 알아차릴 것이다. 후카자와 같은 호농 민권가의 경우에는 통속도덕의 실천을 직접 전제로 하고 있었던 것은 아니다. 오히려 사상적으로는 지배계급의 것이었던 유교 도덕을 교양으로 깊이 수용하고 있으며, 그 유교가 가지는 보편주의적인 측면을 인민의 입장에서 철저하게 받아들이고 재생한 점에 변혁의 논리를 발견하고 있다. 즉, '천,' '왕도,' '인'(仁), '방벌,' '역성혁명' 같은 유교적 원리가 지배계급의 입장에서 떨어져 나와 일반화·보편화되고 반대로 피지배자(인민)의 입장에서 새롭게 설정되어 그것을 철저히 지켜 가려 했다는 점에 격렬한 변혁의 에너지를 발견할 수 있는 것이다.

서구의 인권설에 의거한 자유민권의 여러 원리가 이 변혁적 전회(轉回)의 촉매가 된 사정에 관해서는 앞서 설명한 대로이다. 이와 같이 똑같은 인민이라고 해도 '문자를 다룰 수 있는' 호농층과 '문자를 모르는 백성'인 저변 민중 사이에는 사상 형성의 방법이라는 본질적인 점에서 중대한 차이가 있는 것이다. 호농과 저변층 사이에도 이 정도로 차이가 있고 보면 이른바 도시 지식계급과의 차이에 관해서는 단절이라고 말할 수밖에 없을 것이다.

5. 저변에서 일어난 사상투쟁

여기서 곧바로 지식계급과 민중의 사상 형성에 질적인 차이가 있다는 점을 문제 삼기 전에, 같은 민중끼리 암묵적으로 격렬한 사상투쟁이 일어나고 있었다는 점에 관해서 한마디 하지 않을 수 없다.

지치부 봉기의 진상은 관헌 측의 엄격한 정보 통제와 의식적인 유언비어에 의해 저널리즘에도 일반 국민에게도 거의 전달되지 않았다(신문사는 직접 취재를 전혀 하지 않았다). 그럼에도 불구하고 일부 민권파 신문이나 현지를 목격한 여행자의 정보를 통해 이 사건이 일반적인 농민봉기나 도박꾼의 소요가 아니라 자유당과 결합한 일종의 중대한 반란적인 폭동이었다는 사실이 조금씩 전달되었다.

이러한 상황에서 물이 모래 속에 스며들듯이 확산되어 가는 봉기 인민의 사상이나 원성의 침투를 막고 오히려 이를 반격하려는 저변에서 사상 공세가 일어나고 있었다. 그것은 봉기가 좌절되어도 이노우에 덴조나 기쿠치 간페이, 오노 묘키치나 시마자키 가시로 등의 사상이 좌절하지 않는 한, 조건에 따라서는 사쿠라 소고로의 경우와 같이 농민들 사이에 유포되어 인민의 모범으로 우상화되고 전통화되어 변혁의 에너지로 전화되지 않는다고 단정할 수 없었기 때문일 것이다.

내무경 야마가타 아리토모의 지배 아래에서 전 경찰이 이 점에 신경을 곤두세우고 지치부 사건 같은 봉기가 발생하는 것을 엄격하게 경계하면서 일련의 캠페인을 조직하여 이러한 게릴라 사상을 국가권력이 '저지,' '말살'한 것은 당연한 일이었다.

그러나 이러한 이데올로기적인 봉쇄 작전은 결코 관료 기구의 힘만으로 달성할 수 있는 것이 아니다. 또한 발행 부수가 불과 수만 부에 지나지 않는 신문 저널리즘 따위로 가능한 일도 아니다. 그렇다면 과연 누가 오노 묘키치 등의 혁명적인 사상을 저지하고 그들을 '무법자'로 매장했을까. 이 문제를 추궁하지 않으면 안 될 것이다. 나는 그 노력의 일환으로 저변의 무명 '세간사'들, 또는 '촌락의 선전가,' '작은 선동가'들에 주목하고자 한다.

여기에 메이지 17년(1884) 11월에 출판된 〈지치부 폭도 퇴산 설득〉과 〈시세아호다라라경〉(時勢阿房太郎経)이라는 두 권의 팸플릿이 있다.[11]

---

11) 《たいさんくどき》와 《阿保太郎経》의 사본은 지치부 시립도서관 제공. 이노우에 고지 씨의 호의로 빌렸다.

전자는 포켓형의 다섯 장짜리 10쪽에 정가 2전으로 도쿄에서 인쇄되어 판매된 것인데 이 봉기가 대규모였다는 것을 오보를 섞어 가면서도 다음과 같이 국민들에게 전달했다. 일부 자유당원이 참가하고 있지만 주체는 다시로를 중심으로 한 고리대 정벌의 폭민 5천 명이며 그 기세가 창궐의 극에 달했다고 한다.

　(……) 이들 무리는 다시로 에이스케를 비롯하여 기쿠치 주로, 이노우에 세이조, 오자와 가쓰조, 야기하라 마사오, 아라이 엔지, 오치아이 도라조 외에 히다치의 쓰쿠바과 가바 산, 이 산 저 산을 근거지로 큰 마을에 수배하여 철포 3천 정을 모아 소동을 일으키고 대부 회사에 쳐들어가 대금 장부와 증거 문서를 모두 태워 버리고 가네이(金井) 촌 관청으로 난입하여 서류를 모두 태워 버렸다. 또한 각지에 난입하여 빼앗은 금전은 헤아릴 수 없다…….

문체는 '속요' 투이며 후자와 같은 설교조는 아니다.

지치부 군 노가미초(野上町)의 도치가라가(栃原家)에 원본이 소장되어 있는 〈시세아호다라경〉는 열일곱 장짜리 종이에 붓글씨로 정서되어 있다. 아마도 사건 직후에 쓰기 시작하여 이듬해 어디선가 출판된 것으로 보인다. 문체, 교양, 내용으로 보아 이 책이 기고된 것은 1884년 11월부터 12월 사이, 필자는 지역 사정에 밝은 호농이나 부유한 상인일 것이며 문장에 밝은 지방 지식인에 틀림없다. 아니면, 당시 간토 지역에 유행하고 있던 설경사(説経師)이거나 그 경본의 작자였을지도 모른다. 군마현 사람일 가능성도 있다. 아무튼 이 책은 민중에게 설교하기 위해 실로 교묘하게 만들어진 책이었다.

그렇다면 이 책은 어떤 수법을 이용하여 부화뇌동하는 부류의 민중을 현혹시키고 회의를 품게 하여 지치부 봉기의 의의를 말살하려 했을까. 적어도 곤민당의 조직책들이 뿌린 위험 사상의 영향을 미연에 방지하고 오히려 이를 공격하려는 적극적인 자세에 놀랄 뿐이다. 이 작자는 역사적 시야를 가지고 있으며 지치부 사건을 설명하는 데 메이지유신부터 요나오시 봉기, 일련의 사족 반란, 후쿠시마 사건, 가바 산 사건 등 자유당의 격화 사건, 그리고 가나가와 현의 곤민당 소요 등을 조목조목 인용하면서 비판하고 있다. 이 책이 민중을 포섭하는 갖가지 수법, 논리의 특징은 다음과 같다.

> 왕정복고의 유신 이후 폐번치현과 지조개정 그 당시 아래에서도 틈을 보아 도박꾼 우두머리가 요나오시라고 허풍을 떨어 빈민, 우민을 선동하여 다수를 모아 곡물 창고와 술도가를 부수고 전당포는 남김없이 물품과 대부증서를 돌려달라고 무법과 난폭이 극에 달해 잠깐은 좋지만 끝은 이득이 되지 않아……
>
> 여러분도 알겠지만, 지난 날 가나가와 현 하치오지 부근 곳곳의 촌락 빈민 사회는 무리를 이루고 밀어닥쳐 채권자를 윽박지르고 4개년 거치에 연부로 빚을 갚는다면서 벙어리도 아닌데 귓볼을 잡아당기고 입을 찌르는 등 자비도 인정도 모르는 놈들이다…….

첫째로 그들은 요나오시와 곤민당을 '무법자'로 취급한다. 민중 도덕에서 볼 때 약속을 지키지 않고 폭력을 휘두르거나 난폭한 행동을 일삼는 자는 '무법자'로 매도한다. 이때 왜 인민이 이처럼 극한 상황에 빠졌는지에 대한 민중봉기의 과정은 완전히 무시하고 처음부터 뒤집어씌우듯이 '무법자'라는 낙인을 찍는다. 인민을 도덕적 열등자로 규탄하고 외축시키는 것이 비결이었다.

그렇다면 이러한 방법이 효과를 가져왔을까. 민중들의 처지에서 보면 이렇게까지 하지 않으면 안 될 정도로 자기부정의 성실한 노력 과정 그 자체가 소중했을 터인데, 그것을 생략하고(실은 작자가 고의로 생략한 것이지만) 인민이 일거에 폭행으로 치달은 듯한 인상을 주고 있다. 남을 책망하기 전에 먼저 자신을 책망하는 습성이 있는 민중에게 이 점을 추궁당하는 것은 상당한 약점이었다. 민중은 자신에 대하여 엄격하지 않는 인간을 신용하지 않는다. 이러한 약점을 설경사들은 충분이 인지하고 부자들의 무법은 외면하면서 인민의 폭행을 침소봉대하여 과장하고 사실을 왜곡하여 '무법자'의 낙인을 찍고 '자비도 인정도 모르는 놈들'이라고 단정해 버리는 것이다.

둘째로 흔히 쓰는 방법은, '권력'은 우월자이며 우월자는 반드시 승리하는 법이고, 그 우월자에 거스르는 것은 '바보'라는 식의 어조이다. 위세를 떨친 사이고 다카모리 등의 '적도(賊徒)조차도 당랑지부(螳螂之斧)'가 아니었던가. 인민인 주제에 분수도 모르고 바보 같은 짓을 하는 것이라는 논리이다.

……정부의 위세가 사해의 풍랑을 다스리는 시대라는 것을 모르는 바보. 메이지 15년 가을 무렵 후쿠시마 사건에 이어서 올해는 히다치 쓰쿠바 소동……

사이고 다카모리의 반란도 후쿠시마 사건도 가바 산 사건도 여기서는 모두 절대적 우월자에게 거역한 어리석은 행동으로 부정되고 있다. 이유야 어떻든 지는 것을 뻔히 알면서도 거스르는 것은 바보라는 일상생활의 지혜가 민중에게는 있다. 그것을 국가적인 대사에까지 확대시켜 적용하면서 왜 그렇게 되었는지에 대해서는 외면하고 있다. 게다가 민중에게 우월자는 곧 유능한 자, 총명한 자라는 감각이 있으며 그것이 '권력'에 대한 봉건적 권위주의를 부인하기 어렵게 만든다. 그렇기에 오노 묘키치 등이 "황송하오나 천조에 적대하니 가세하라"고 외쳤을 때 인민이 얼마나 격렬한 감동을 느꼈을지는 짐작하고도 남을 것이다.

셋째로 민중은 '제멋대로 하는 자'라고 불리는 것을 가장 싫어한다. '제멋대로'라는 비난을 받으면 촌락에서 살아갈 수가 없었다. 민중의 도덕은 정직, 근검과 함께 공동체 내에서 겸손함과 화합을 가장 잘 지켜야 할 규율로 인식하고 있었다. 그 민중 도덕이 여기서는 반대로 이용되고 있다. 즉 이미 시행되고 있는 국가의 법령을 개인적인 사정으로 바꾸어 달라고 하는 따위는 곧 '제멋대로'라는 논리로 전용되고 있다. 더구나 그 이유, 이치도 따지지 않고 처음부터 뒤집어씌우는 식으로 하는 것이 설경사들의 수법이었다.

> 또한 이번에 사이타마 현 지치부 군에서는 다시로 에이스케를 대장으로 정하여 조세 감액에다가 학교 폐지, 징병령 개정, 빌린 돈을 연부로 갚는다는 따위로 제멋대로 주장하고. …… 고다마 군, 하다라, 한자와 군에서 부화뇌동하여 엽총을 메고 밤길을 걸어……

넷째로 곤민당과 같은 것은 '농사꾼과 야인의 폭민인 까닭'에 사물의 이치를 모르는 무리라고 하는 논리이다. 농사꾼, 야인, 빈민, 어리석은 백성, 나태하고 도덕적으로 열등자, 무식하고 비천한 무리라는 관념은 오랫동안 민중에게 붙여진 모멸적인 언설로서 서로 밀접하게 겹쳐져 있었다. 그 민중들 사이에 있는 편견에 이 논리가 파고들고 있다. 그것은 민중 내부의 사대주의, 고루하고 나쁜 관습, 노예적인 정신 구조의 이면이며 이 극복되어야 할 역사적 약점을 오히려 민중을 설득하기 위한 논리고 역이용하고 있는 것이다.

그러나 이러한 책의 저자조차도 지치부의 인민이 얼마나 경찰이나 군대와 용감하게 싸웠는지를 묘사하지 않을 수는 없었다. 특히 오노 묘키치 등이 전사한 고다마 군 전투에서 28명의 즉사자 외에 수많은 중상자가 나왔다는 사실은, 사물의 이치를 모른다고 치부한 농민군의 전의가 얼마나 고조되었는지를 암암리에 증명하고 있다. 이러한 점에 대해서 저자는 한 마디도 언급하지 않고 있다.

경찰, 순사가 수백 명이 …… 설득을 해도 '농사꾼, 야인으로 구성된 폭민들은 조금도 이해하지 못하고' 완력으로 발포하기에 '개죽음 당하지 말라고' 순사는 달래고 …… 적도들은 말을 듣지 않고 더욱 기고만장하여 술을 마시기 시작하여……

고다마에서 긴다니 사이에서 적도와 병사들이 맞닥뜨려 서로 발포하여 부상당한 병사와 순사가 적지 않으며 적도는 즉사 28명에 중상과 부상자는 부지기수, 손발이 움직이는 자는 당황하여 부산을 떨면서 곳곳으로 흩어지고 뒤를 추격하여……

폭도는 나가노 현 시나노에서 남쪽 사쿠(佐久) 군으로 달아나 여기서 또다시 사람을 모아 다카노마나가시우미지리 주변에서 금전과 의류를 모으자 폭행 폭거로 경찰에 저항하여 발포하기에 나가노 순사도 사망자, 부상자 속출하고 한때는 힘이 지쳐 후퇴하여 기색을 살피다가 다카사키 주둔소 병사가 이와무라다 역과 우스다 부근으로 공격하시고 고슈 방면으로는 헌병 일대대가 진격했다…….

여기서 주목하고 싶은 것은 여전히 '적도'와 '관군'을 나누는 방식이다. 그리고 '관'에 대한 뿌리 깊은 경외심, 문체에서조차 나타나는 관존민비의 기풍이다. '적도'라고 부를 경우 그 저항이 아무리 영웅적이라 하더라도 모두 '폭행'과 '강도약탈'로 치부하고 있다.

다섯째는 일변하여 신파조의 민중 심리, '가족'의 애정에 약하다는 점을 파고드는 논리이다. '권력'에 반역하여 결국 곤란에 빠지는 것은 뒤에 남은 연로한 부모와 처자식이 아닌가. 그 연약한 희생자들의 심정을 생각하면 '눈물이 난다'고 하는 거짓 휴머니즘이다. 이것은 어느 시대나 권력자가 흔히 쓰는 수법이다. 이 방법에 따르면, 높은 곳에서 인민 전체의 안위를 친히 염려해 주는 것은 자신들(권력)이며 실은 '폭민'들이야말로 가족에 대한 가해자이고 가족은 그 무법한 자들에 의한 희생자라고 하는 결과가 되어 버린다.

독안에 든 쥐를 잡고 보면 일고의 가치도 없는 차금당 빈민들로 한심한 녀석들. 자신은 그렇다 치고 뒤에 남은 노부모와 처자식에게 염려를 끼치고. …… 오카노초 니오(二王)로 간다. 니오라는 글자를 취함하여 쓰면 '두 번 만난다'라는 뜻일 것이라고 먼 길을 떠나가는 것은 부모의 은애, 아내의 정조, 자실들의 효행, 듣기만 해도 눈물이 나는 거야…….

설경사들은 메이지의 민중이 결코 '개체'로서의 존재가 아니라 조상의 넋을 모시고 부모와 처자식, 친척들과 함께 존재함으로써 비로소 자신의 삶에 의미를 부여할 수 있는 '이에'(家)적인 존재라는 약점을 잘 알고 있었다. 따라서 이 운명적인 '이에' 공동체의 위기를 눈앞에 들이댐으로써 개체로서의 주체적인 사상성을 좌절시키는 수법으로 자주 이용하고 있었던 것이다.

마지막으로 이 책의 작자가 사용하는 수법의 뛰어난 점은 '너희들은 악몽을 꾼 것이다'고 하는 다음과 같은 교묘한 결론이다.

총대장과 그 밖에 두목도 포박되었지만 …… 다른 대장은 금은을 훔쳐 밑천을 챙기고 어딘가 달아나 남은 동료, 여우나 너구리로 변장하여 이제는 꿈에서 깬 것처럼 자수하는 것은 부질없는 일이다. 영리한 말솜씨는 나쁜 일에 잡히지 않는 법이다. 닭살 돋는 일에는 얽히고 싶지 않아. 일심불란으로 가업에 종사하고 규칙을 지키면 악마는 떠난다. 천자의 천하는 태평

하고 천년 세월에 백성을 살찌운다. 풍요로운 시대를 구가하는 것은 만백성
이 축하할 일이로다.

이것은 혁명적 지도자들에게는 악행의 티를 잡고 지도자와 민중을 이
간질하려는 상투적인 수법이다. 더구나 "닭살 돋는 일에는 얽히고 싶지
않아"라고 하여 민중의 시의심(猜疑心)을 부추기고 동시에 '천자'의 인정
(仁政)으로 천하태평을 누린다고 설파하는 필법은 상당히 전문가다운
모습을 보인다. 이러한 선동의 발상은 오랜 봉건시대를 통하여 갈고 닦
아온 것인 만큼 인민을 분리시키는 데는 더욱 강력한 효과를 가지고 있
었다. 그 증거로 대부분의 요나오시 봉기나 메이지 시대 인민 투쟁이 이
전통적인 논리에 의해 내부에서 붕괴되고 있었던 것이다.

이상과 같은 특징을 가지는 논법을 구사하여 누구에게도 부탁받지
않고 민중의 위험 사상에 제동을 걸고 나아가 적극적인 공세를 펼치는
이러한 무명의 이데올로그들을 보면 전적으로 천황제는 행복했다고 말
할 수밖에 없다. 인민에 대해서는 의기양양한 얼굴을 하고 권력에 대해
서는 충성스러운 낯짝을 하는 이러한 지방의 '유식자들,' 헤아릴 수 없는
설경사, 세간사들이야말로 근대 천황제 지배의 진정한 사회적 지주가 되
고 있었던 것이다

나는 이러한 설교사들과 지역 조직책들 사이에 벌어지는 투쟁이야말
로 저변에서 일어난 사상투쟁이라고 생각한다. 천황제 이데올로기와 민
중의식을 둘러싼 사상투쟁은 비단 가토 히로유키나 이노우에 데쓰지로
(井上哲次郎) 같은 어용학자들에 의해 일어나는 것만은 아닌 것이다. 오
히려 민중은 가토나 이노우에 같은 이름조차도 모른 채 〈시세아호다라
경〉의 저자와 같은 수백, 수천 명의 무명 설교사들에 의해 생활의 고통
을 견디면서 천황제 지배 이데올로기를 그들 자신의 통속도덕적인 형태
로 수용해 갔던 것이다.

만약 자유민권 사상가 우에키 에모리나 오이 겐타로, 바바 다쓰이, 나카에 조민 등이 이러한 굴절된 민중의 정신사에 관심을 기울이고 민중 자체의 내재적인 논리와 그 독자적인 형성 방식을 차분히 이해했다면, 그래서 그들을 둘러싼 저변에서 일어난 치열한 사상투쟁의 의미를 흡수했다면 일본의 변혁 사상은 크게 달라졌음에 틀림없을 것이다. 그러나 역사에 대하여 이런 넋두리는 그만두자. 메이지유신부터 100년이 지난 지금, 우리는 이러한 사태를 냉정하게 관찰할 수 있는 지점에 서 있기 때문이다.

6. 봉우리에서 골짜기로

민중사상에서 중요한 공통 기반을 이루고 있던 통속도덕적인 자기 규율이 점차 민중의 자발성과 내면성을 약화시키고 사회적 통념으로서 외적인 존재로 변하여 민중을 사회 규제 속에 구속하게 된 것은 언제부터일까. 적어도 나가쓰카 다카시(長塚節)가 소설《흙》(土)을 집필했을 당시 간토 지방의 농촌에서 그것은 강한 외적인 규제력을 가지는 사회적 통념이 되고 있었다. 그 참담한 사례에 관해서는 7장에서 상세하게 서술하지만 메이지 중기(1880년대 후반~1890년대 후반)는 통속도덕의 과도기에 해당한다고 볼 수 있다.

지치부 봉기가 패배하고 16년이 지난 후의 일이다. 같은 사이타마 현 우라와초(浦和町)에서 팸플릿 한 권이 유포된 적이 있다. 1890년 5월에 발매된《진실 가락》이라는 일종의 숫자풀이 노래로, 하나부터 스물까지 통속도덕의 덕목이 도덕적 단가로 아름답게 정리되어 있다.

읽어 보게나 진실 이야기, 거짓말이 아니야 진실 가락

이렇게 표기되어 있는 이 도덕적 단가를 과연 누가 작사하고 가락을 붙여 불렀는지는 알 수 없다. 오미야와 지치부에서는 이 노랫가락이 유행하고 니시타마 등지에도 유포되고 있었다. 미나미타마나 사가미 지방에는 도궁술(陶宮術)이라는 일종의 통속도덕(심경단련교)이 호농층을 중심으로 유행하고 메이지 20~30년대에는 폭발적으로 확산되다가 메이지 말기에 이르러 쇠퇴한 사례도 있다. 이러한 민중사상의 변천은 메이지 농촌의 생산관계가 근본적으로 변화하는 상황에 조응하면서 통속도덕의 성격이 크게 변하고 있다는 것을 보여 주고 있다.

　하나, 사람으로 태어난 바에야 지켜야 할 사람의 길 그건 진실이야
　둘, 두 번 다시 돌아오지 않는 오늘 하루를 공허하게 보내는 것은 어리석은 일
　셋, 일신을 위해서라면 돈을 벌어야지 두들겨서 돈이 나오는가
　다섯, 언제까지 이 세상에 살 것인가 안팎으로 화합해서 살아야지
　일곱, 무언가 부족함이 없는 것이 삼천세계에 있는 것인가
　열셋, 삼천세계도 다 같은 일 겉치레보다 마음이 가장 소중해 그것이 진실이야

'근면,' ' 검약,' '화합,' '효행' 등을 존중하는 같은 통속도덕이라도 여기까지 오면 어쩐지 소극적이고 비속한 것으로 변하고 있다. 이렇게 되면 도덕적인 실천은 자기 목적으로 변하고 있으며, 비속한 소부르주아적인 이해득실을 고려할 뿐 자신을 둘러싼 넓은 세계의 상황이나 변화 과정에 대한 적나라한 시각은 죄다 상실된다. 모든 문제는 자신의 '마음' 하나로 귀착되고 그 '마음'의 평안을 유지하고 그 진실을 감수하는 것만이 이 지상에서 가장 행복한 조건이 된다. 통속도덕의 역사적 형성기에 '마음'의 철학은 민중에게 무한한 가능성을 믿게 하고 민중의 체념을 타

파하여 그들을 적극적인 주체로 탄생하게 만드는 인간주의적인 의의를 가지고 있었다. 그러나 메이지 중기가 되면 이 '마음'의 철학은 '남의 소문을 내지 않는다,' '부족함에 불평하지 않는다,' '삼천세계보다도 마음이 가장 소중'하다는 등 퇴영적인 것으로 전락하고 있는 것이다.

과거 나카야마 미키가 덴리대신(天理大神)이라는 절대 신의 입장에서 '세계를 마음대로 하는' 당시의 권력자를 통렬하게 비판하면서 민중에게 "인간은 신의 자식이다. 따라서 그 마음을 소중히 하고 바로 잡아 도덕적 생활을 보낸다면 이상 세계를 가져올 수 있다"고 가르친 바로 그 자기 규율, 그 '마음'의 철학과 비교해 볼 때 감개무량한 바가 있다.

> 점차 마음에 용기가 솟아오르면 온 세상이 번성(오후데사키, 1의 9)
> 온 세상 모두가 형제이다 타인이라고 말할 까닭이 없다(오후데사키, 13의 4)

이것을 《진실 가락》의 '무언가 부족함이 없는 것이 삼천세계에 있는 것인가'와 비교해 보면 발상의 방향이 완전히 반대이며, 1900년대가 되면 통속도덕은 이미 기만적인 사회 통념이 되어 지배를 타파하는 사상으로서가 아니라 지배적 사상의 기반으로 편입되어 있는 것이다. 이렇게 되면 민중은 자기 도덕관념을 진지하게 실천하면 할수록 지배 체제를 아래로부터 지탱하는 결과가 되고, 자신의 출구를 더욱 찾기 어렵게 만드는 악순환의 과정에 빠져 버리는 것이다. 그리고 한 차례 이러한 사회 통념이 성립되면 변혁가는 오히려 민중으로부터 이단시되고 통속도덕에 의해 엄격한 규탄의 대상이 되어 권력자로부터는 물론이고 민중 사회로부터도 추방되고 소외되는 결과가 되는 것이다.

〈지치부 폭도 퇴산 설득〉이나 〈시세아호다로경〉이 나온 지 불과 16년이 지나 오노 묘키치와 이노우에 덴조, 사카모토 슈사쿠 등은 자기 고향에서도 있을 장소를 잃게 되는 것이다. 그리고 도회지의 지식인이 인지하지 못하는 사이에 천황제가 이 저변의 변화에 힘을 빌려 깊숙이 닻을 내릴 때, 실은 일본 근대를 결정하는 최대의 이데올로기 형성이 진행되고 있었다는 것을 고려하지 않으면 안 된다. 메이지의 사상가, 문학자 가운데 몇 사람이나 이 중대한 목전의 변화를 알아차렸을까.

이상과 같이 일상적으로 일어나는 저변 민중 차원에서의 사상투쟁은 상호 간에 통속도덕을 방패로 한 허위의식의 공방이지, 결코 권력의 사상이 노골적으로 공세를 펼친 것과 같은 것은 아니었다.

그것은 저변에서 일어난 민중의 집단적인 상상력의 투쟁이었다. 맑고 차가운 물보라가 몰아치는 지치부와 신슈 산악지대 골짜기의 촌락에서 체포를 모면한 노인과 여성들이 그 자식들에게 집단적인 상상력을 불러 일으키고 '지치부 폭도'가 얼마나 용감하고 당차게 싸웠는지를 생생한 일화로 전승해 가는 한, 제아무리 권력이 탄압이나 매도를 가한다 해도 민중은 결코 복종하지 않을 것이다. 그것은 오에 겐자부로가 말하듯이[12] 빈약한 개인적 상상력의 산물 따위를 훨씬 능가하는 무거운 것이다.

와카사 구라노스케(若狹藏之助)의 이야기에 따르면, 극히 최근까지도 지치부 봉기 그 자체에 관한 '민중판 아호다로경'이 지치부 시에 사는 한 노파와 조호지(淨法寺) 촌의 노인에 의해 전승되고 있었다고 한다. 그 노파는 탄압이 두려워 결코 사람들 앞에서 부르는 일은 없었지만 자신이 신뢰하는 사람에게는 들려주었다고 한다. 조호지 촌이야말로 과거 지치부 혁명군의 갑군을 이끈 불굴의 전사 아라이 슈사부로(처형됨)가 소학교에서 교편을 잡았던 마을이다.

---

12) 大江健三郎, 〈活字のむこうの暗闇 1〉, 《群像》 1969년 7월호.

6장

메이지 문화의 담당자

1. 일본 지식계급의 성립

자유민권운동에 대한 연구가 전후에 상당히 진전되었다고는 하지만 아직도 운동의 전모가 3분의 1도 밝혀지지 않았으며 미개척인 채로 남겨진 지역이 많다. 그래도 지금까지 판명된 민권파 결사(정치 결사와 학습 결사)의 수는 수백에 달하고 있으며 고치(高知) 현의 50여 결사와 가나가와 현의 50여 결사만 합쳐도 100개의 결사가 넘는다. 아마도 전국의 모든 지역을 조사해 보면 그 수는 무려 1천 개를 넘을 것이다.

메이지 초기에 인민이 처음으로 자신들의 힘으로 결성한 이들 결사는 인간 형성의 장이었을 뿐 아니라 모든 운동의 '근거지'라는 의미도 동시에 담고 있었다. 인민은 여기서 실제로 새로운 시대의 숨결을 느끼고 자치란 무엇인가를 실감하면서 자신의 장래와 일본의 미래상을 꿈꿀 수가 있었다. 앞서 소개한 니시타마 산촌의 결사 등은 그 한 예에 지나지 않는다. 아마도 같은 내용을 가진 갖가지 결사가 이 시기에는 전국 각지에서 활발하게 활동하고 있었을 것이다. 현재 직적접인 자료는 많지 않지만 당시의 《도쿄요코하마마이니치신문》(東京橫浜每日新聞), 《조야신문》(朝野新聞), 《유빈호치신문》(郵便報知新聞), 《지유신문》(自由新聞) 등의 도시 저널리스트들이 이러한 농촌 결사에 초대되어 지방 유세를 시도한 수십 건의 보고서나 기행문 등을 읽어 보면 1880년 대에 저변의 활동이 얼마나 활발하게 전개되고 있었는지 알 수 있다.

이쓰카이치 학예강담회처럼, 불과 하나의 결사에서만도 수 명, 혹은 수십 명의 새로운 민중적인 개성을 낳고 있었다. 1천 결사가 있었다고 한다면 메이지의 역사에 대하여 가지는 사상적·문화적 잠재력이 얼마 나 큰 것이었는지 가히 상상할 수 있을 것이다. 원래 자유민권운동은 좁 은 의미의 정치 운동이었을 뿐 아니라 국민적인 규모로 펼쳐진 학습 운 동이었다는 점을 강조해 왔는데, 실재로 이러한 와중에서 수많은 지방 지식인이 탄생하고 있었다. 1880년대에 농촌과 산촌에서 나타난 미증 유의 활황은 이러한 그들의 지적 향상심과 자치 정신으로 지탱되어 '메 이지의 활력'을 낳는 원천이 되었던 것이다.

산타마를 방랑하면서 사상의 원체험을 체득한 기타무라 도코쿠, 또 는 남쪽 나라 도사(土佐) 사가와(佐川)의 호상 집에서 정의의 기치를 내 세우고 자유당 야외 간담회에 나타나 이학회(理学会)를 만든 마키노 도 미타로(牧野富太郎), 일본의 중앙 알프스 산간에 둘러싸인 신슈 분지에 서 자유의 호소에 감격하여 성장한 기노시타 나오에(木下尚江), 에히메 (愛媛)의 마쓰야마(松山)에서 지방 정치 연설회에 주먹을 불끈 쥐고 참 가했다는 소년 마사오카 시키(正岡子規)에 이르기까지. 수많은 젊은이 들이 지방에서 지적 의욕을 불태우고 있었던 것도 이 1880년대의 활기 가 있었기에 가능한 일이었다. 그들은 이를 통해서 생애를 관통하는 사 상적 기질과 자유의 정신과 문체의 뿌리를 획득했던 것이다.

메이지 17~18년(1884~1885) 무렵 이쓰카이치 지방까지도 발길을 옮 긴 것으로 보이는 기타무라 도코쿠가 그 무렵에 쓴 한시와 기행문은 후 카자와 곤파치와 지바 다쿠사부로 등의 글과 거의 같은 발상과 방향을 보이고 있으며, 도코쿠도 또한 같은 원천에서 자신의 사상 형성을 시작 했다는 것을 말해 주고 있다. 사실 그는 미나미타마 군 가와구치 촌의 호농이자 기골 있는 문인 아키야마 구니사부로(秋山国三郎)에 깊이 이끌려 평생 변하지 않는 애정과 경애심을 품고 있었다.

만약 자유민권운동이 적어도 10여 년 간 좌절하지 않고 계속되었다면 아마도 일본 지식계급의 성립 방식이나 체질은 전혀 다른 형태로 나타났을 것이다. 적어도 후카자와 곤파치 같은 지방 지식인이 문화 활동을 중단하고 민중이나 도시 지식인과 단절되어 국민 문화 형성의 주역으로 등장할 수 없게 되는 일은 없었을 것이다. 그리고 기타무라 도코쿠와 시마자키 도손, 나쓰메 소세키와 기노시타 나오에 등의 비극적인 고립도 상당히 완화되었을 것이다. 물론 이것은 상상에 지나지 않는 이야기다. 실제로 민권운동은 조기에 유산되고 풀뿌리에서 문화를 창조하는 대세는 크게 저지되었다.

농촌 민주주의 운동의 주역이었던 호농 민권가들은 이 정치적 타격으로 후퇴하고 또한 곤민당 등의 저변 민중의 압력을 받고 권력과의 사이에서 딜레마에 빠져 궁지에 몰리면서 그 들의 전향적인 자세를 바꾸어 갔다. 예를 들면 산타마에서 손꼽히는 운동가였던 호소노 기요시로(細野喜代四郎)는 농민 지도자에서 곤민당과 채권자 사이의 조정자로 바뀌고 나아가 관선 호장으로 임명되기에 이르면서 곤민당에 대한 적대자로 바뀌어 갔다. 이에 따라 한시인(漢詩人)으로서의 긴장 구조가 크게 무너지고 점차 자유로운 자신감도 약화되어 갔다. 이러한 정신 구조의 변화는 그대로 작품에 반영되어 참신한 시정신은 자취를 감추고 급속하게 고답적이고 탈속적인 문인 의식으로 후퇴해 갔다. 그 상세한 과정에 관해서는 따로 논한 바 있기 때문에 여기서는 더 이상 언급하지 않겠다.[1]

한시 문학의 역사에서 보면 메이지 시대에는 그 후에도 두세 차례 한

---

1) 앞의 논문, 〈明治の豪農の精神構造 — 細野喜代四郎論〉.

시 부흥기가 있었다. 그러나 1880년대에 보인 바와 같은 광범위한 시정신의 약동과 변혁적인 기능은 끝내 두 번 다시 되살아나지 않았다. 그러한 재촌적인 조류의 퇴조 경향은 한시에 그치지 않고 갖가지 민중적인 문예, 사상, 기술, 생활문화의 창조적인 기운이 후퇴하는 데까지 파급되어 갔던 것이다.

농촌 민권운동의 동향에서 보이는 이러한 변화는 야망을 가진 유능한 청년들을 촌락에 묶어 둘 만한 매력을 상실하고 지방 지식인이 도시로 '도주'하는 현상을 재촉했다. 1880년대에 성립한 방대한 결사나 학습 서클의 대부분은 활동할 장소를 잃고 해산하거나 양잠, 농사 연구회와 같은 실무적인 조직으로 변해 갔다. 촌민들은 점차 자신의 촌락에 대한 긍지를 상실하고 입신출세하려면 도회로 나가야 한다는 투기적인 정신에 빠져들어 갔다. 이에 더하여 중세 이래의 소박한 민중 감정을 흔들어 도시 문화 중심의 사상을 강화시켜 간 것이다.

게다가 일본 자본주의와 그것을 육성하는 메이지 국가는 농민을 희생시켜 자본의 본원적 축적을 강행했다. 그리하여 1880년대 후반부터 심각한 불황이 전국을 뒤덮어 영세 농가의 도산이 약 60만 호, 가족 이산이 200만여 명이나 되는 참상을 불러왔다. 물론 이러한 수탈 정책에 대하여 자유민권가의 일부 급진파는 무력 저항으로 수차례 군대, 경찰과 충돌했다. 그러나 자유당의 동시 봉기도 기대하지 못한 채 가바 산, 지치부, 이다(飯田) 사건처럼 하나둘 진압되어 갔다.

호농층은 이러한 와중에 계급 분해하여 혹자는 재산을 탕진하고 몰락하거나 도시로 흘러 들어가게 되고 또 다른 일부는 기생지주가 되어 국가의 말단 관료와 결탁하고 지방에서 자신의 지배적 지위를 강화했다. 이른바 지주제 하의 농촌이 이렇게 자본주의 성립과 함께 일반화된다. 그리고 사상적·문화적 활기뿐만 아니라 경제적 활기까지 상실함에 따라 농촌은 보수적이고 후진적인 지역으로 역전되어 간다. 메이지 후기에는 이미 그 누구도 '선진적인 농촌, 후진적인 도시'라고 생각하는 사람은 한 사람도 없었던 것이다.

메이지 문화는 이러한 '선진적 도시'에서 꽃을 피웠다. 그러나 대체 그 뿌리는 어디서 배양되고 그 싹은 어떻게 트기 시작했을까. 그것을 밝히기 위해 다시 한 번 '메이지 문화의 담당자'가 된 사람들이 어디서 나왔는지를 되돌아보자. 지금 각 문화 분야의 창조자가 된 사람들 가운데 대표적인 인물로 꼽히는 자를 도식적으로 제시해 보면 다음 쪽 표와 같이 될 것이다. 다만 여기에는 내가 '메이지 청년 1세대'로 보는 1850년 전후에 태생한 다음 사람들은 제외했다. 이들은 모두 문화 활동가라기보다는 '정치가 겸 그 무엇'으로 부르기에 적합한 그룹이기 때문이다.

고노 히로나카(河野広中), 스에히로 뎃초(末広重恭), 야노 후미오(矢野文雄), 바바 다쓰이(馬場辰猪), 호시 도루(星享), 오노 아마네(小野梓), 스에마쓰 겐초(末松謙澄), 오이시 마사미(大石正巳), 다구치 우키치(田口卯吉), 다나카 마사미치(田中正道), 가네코 긴타로(金子堅太郎), 이토 이요지(伊東巳代治), 하라 다카시(原敬), 오쿠노미야 겐시(奥宮健之), 우에키 에모리(植木枝盛) 등.

이 사람들과 비교하면 표에 열거한 '메이지 문화의 창조자'는 '메이지 청년 2세대'(1850년대 후반부터 1860~70년대 태생)라고 부를 수 있다. 특히 1세대의 낙천적인 정치주의에 일단 의문을 품고 출발한 굴절된 정신의 소유자가 많다. 출생지를 보면 도호쿠 지방이 적으며 간토 이서 지방이 많은데 분포는 전국의 조카마치(城下町)나 농촌, 산촌, 어촌에 골고루 퍼져 있다. 에도에 많은 까닭은 옛 막신(幕臣)의 집합지였기 때문이며 또한 유신 후 일자리를 찾아 각지에서 이주해 온 사람들이 많았기 때문일 것이다.

또한 출신 계층을 보면 과반이 부농, 호농상층(일부 향사를 포함)의 자제들이다. 그리고 약 반수가 '촌락' 출신이다. 나머지는 사족인데 그중에

메이지 문화의 창시자들(출생 연도와 출생지)

종교	애비나 단조(1856, 후쿠오카)	우에무라 마사히사(1857, 에도)
	우치무라 간조(1861, 에도)	가와구치 에카이(1866, 오사카)
	스즈키 다이세쓰(1870, 가나자와)	데구치 오니사부로(1871, 京都)
문학 연극	쓰보우치 쇼요(1859, 미노)	모리 오가이(1862, 시마네)
	후타바데이 시메이(1864, 에도)	마사오카 시키(1867, 에히메)
	고다 로한(1867, 에도)	나쓰메 소세키(1867, 에도)
	도쿠토미 로카(1868, 히고)	기타무라 도코쿠(1868, 오다와라)
	바바 고초(1869, 고치)	다카야마 조규(1871, 야마가타)
	마무라 호게쓰(1871, 시마네)	구니키다 돗포(1871, 초시)
	다야마 가타이(1871, 조슈)	도쿠다 슈세이(1871, 가나자와)
	시마자키 도손(1872, 신슈)	히구치 이치요(1873, 도쿄)
	다카하마 교시(1874, 에히메)	요사노 아키코(1878, 사카이)
	마사무네 하쿠초(1879, 오카야마)	나가쓰카 다카시(1879, 이바라기)
	나가이 가후(1869, 도쿄)	
미술	아사이 추(1856, 에도)	고야마 쇼타로(1857, 미토)
	오카쿠라 덴신(1862, 요코하마)	구로다 세이키(1868, 가고시마)
	요코야마 다이칸(1868, 미토)	시모무라 간잔(1873, 와카야마)
	히시다 슌조(1874, 신슈)	오기와라 모리에(1877, 신슈)
사상	구가 가쓰난(1857, 스가루)	미야케 세쓰레이(1861, 가나자와)
	시가 시게다카(1863, 아이치)	도쿠토미 소호(1863, 히고)
	오니시 하지메(1864, 오카야마)	니시다 기타로(1873, 이시카와)
학문 기타	가타야마 센(1859, 오카야마)	요코이 도키요시(1860, 구마모토)
	우메 겐지로(1860, 마쓰에)	호즈카 야쓰미(1860, 우와지마)
	구로이와 슈로쿠(1862, 고치)	니토베 이나조(1862, 모리오카)
	마키노 도미타로(1862, 고치)	이와모토 요시하루(1863, 효고)
	나가오카 한타로(1863, 나가사키)	야마지 아이잔(1863, 에도)
	쓰다 우메코(1864, 에도)	나이토 고난(1866, 아키다)
	도요다 사키치(1867, 시즈오카)	미나가타 구마구스(1867, 와카야마)
	다나카 오도(1867, 사이타마)	기노시타 나오에(1869, 마쓰모토)
	혼다 고타로(1870, 아이치)	고토쿠 슈스이(1871, 고치)
	미노베 다쓰키치(1873, 효고)	쓰다 소키치(1873, 기후)
	야나기타 구니오(1875, 효고)	노구치 히데요(1876, 후쿠시마)

서도 막신의 비중이 높다. 게다가 나가노, 도야마, 이시카와, 오카야마, 시마네, 고치, 에히메, 구마모토 등 자유민권운동이 활발했던 지역에서 25명이나 되는 많은 인물이 나오고 있다는 점도 주목할 만하다.

이들은 1880~1890년대에 저마다 자신의 분야에서 독자적으로 선구적인 역할을 하게 되는데, 이 무렵이 되면 일본 사회에도 각종 학교 등에서 수천 명의 문화 전공자가 양성되고 특정한 수용층도 생겨나 본격적인 '지식계급'이 성립했다는 사실을 알 수 있다. 다만 이 지식계급은 앞서 말했듯이 메이지유신이나 자유민권운동에 의해 육성된 새로운 지방 지식인을 주류로 한 것은 아니다. 오히려 농촌에서 도시로 옮긴 도주자, 입신출세를 위한 이주자가 지방 조카마치 출신의 지식인과 함께 도쿄를 무대로 한 도시 지식인 그룹과 합류하여 형성된 것이다.

그러나 메이지 시대는 아직 전제 정부에 대한 민중의 저항 정신이 살아 있으며 도시의 지식계급으로 흘러 들어간 야성적인 피와 전원적인 에너지가 넘치고 있었다. 그 때문에 메이지 문화는 활기 넘치는 창조력을 발휘하고 있었다. 오랫동안 저변에서 축적되어 온 일본 농민과 상인의 뛰어난 의지와 준수한 재능이 표면으로 분출된 것이다. 그렇기에 메이지 문화에는 다이쇼 문화에서 볼 수 있는 소시민계급의 온화한 분위기는 없다. 대단히 실험적이며 독창과 모방이 뒤섞이고 서구화와 국수주의가 어지럽게 교차하고 있다. 그리고 아직 유신 이래의 국가적 열정(내셔널리즘)이나 민중의 심적인 고통이 도시의 제일선에 있는 문화 창조자들의 가슴에 예리하게 울려 퍼지는 관계를 가지고 있었던 것이다. 나쓰메 소세키, 모리 오가이와 무샤코지 사네아쓰, 아쿠다가와 류노스케 등과의 차이는 이러한 부분에서 비롯되었을 것이다.

이렇듯 일본의 지식계급은 지방 지식인과 도시 지식인의 합류로 성립되었다. 그리고 그 형성 방식에 특수한 역사적 성격을 부여한 것이 거대한 문화운동으로서의 자유민권운동의 고양과 좌절이었다. 이미 앞의 표에서 보았듯이 지방 지식인의 태반은 호농 출신이며 특히 민권운동이 활발했던 지역에서 다수의 문화적 재능이 개화되고 있다. 하지만 이러한 지방 지식인은 일본 지식계급의 주류가 되지 못했다. 주류는 전통적인 사족 지식인과 일부의 상인이나 도시화한 지식인에 의해 형성되었던 것이다.

그러나 아직도 메이지 지식인은 자신을 낳고 키워 온 고향 마을이나 농민과 깊은 심적 유대를 가지고 있었다. 평민주의와 시골신사론으로 일본 근대화를 구상한 도쿠토미 소호는 규슈 실학당 호농들의 실험정신을 보편화한 것으로 볼 수도 있다. '시모스케(下野, 지금의 도치기 현)의 농민' 다나카 세이조(田中正造)는 민중 도덕의 미풍양속인 근면과 성실의 전형적인 인물이며 그 투쟁의 일생은 농민의 정치적 급진주의의 표현이었다. 일본 농민의 지칠 줄 모르는 지적 호기심과 탐구심, 낙관주의, 자연 애호심 등은 세계적인 학자 마키노 도미타로(牧野富太郎)나 미나가타 구마구스(南方熊楠), 노구치 히데요(野口英世) 등의 미적인 기질에 의해 단련되고 국제무대에도 널리 알려지게 되었다. 그러한 농민의 끈질긴 탐구 정신과 합리주의가 없이는 가타야마 센(片山潜)이나 도요다 사키치(豊田佐吉)와 같은 업적도 생각할 수 없을 것이다.

야나기타 구니오는 일본 농민이 가지고 있던 신비주의와 생명 사상의 표현자, 마사무네 하쿠초(正宗白鳥)와 나카자토 가이잔(中里介山)을 농민의 바닥을 알 수 없는 늪과 같은 니힐리즘과 사회 불신의 체현자, 데구치 나오는 농민의 신앙심, 도의심, 자연 감응력의 체현자로 본다면, 일반적으로 농민과 거리가 있다고 비판받는 일본 지식인 가운데에도 자신의 문화 창조의 씨를 민중의 우성인자를 통해 결실을 본 자가 많았다는 것을 알 수 있다.

물론 민중 각자의 입장에서 본다면, 야나기타나 구마구스, 다나카 세이조, 데구치 나오 등은 자신들과는 전혀 닮지 않은 '거인'일 것이다. 거인적인 존재로 우러러볼 것이다. 또한 그렇게 보일 만큼 온갖 민중적 개성을 거대한 스케일로 집약했고 그것을 낳은 세계 보편적인 것을 가지고 있다. 발생적으로는 일본의 민중이 그들을 낳은 것이 틀림없지만, 그들이 '거인'이 된 것은 실로 그들의 창조이며 그 창조(보편화)의 힘을 통해 민중들을 키우고 있는 것이다. 만약 이 기본적인 순환(교류)이 멈추지 않고 생생하게 진행되었다면 메이지 문화는 일본 민족의 '국민 문화'로 전환할 수 있었을 것이다. '거인'은 그 광대한 기반을 가질 수가 있었으며 기반과 함께 한층 번영하고 기반 안에 자신들의 뜻을 실현할 수가 있었을 것이다. 적어도 한 사람의 거인이 다음과 같은 격렬한 고통을 말할 필요는 없었을 것이다.

일본만 우리 나라라고 생각하면 실망한다. 나는 세계시민이며 일본만의 시민이 아니다. 북아메리카의 초원도 남아메리카의 임야도 시베리아의 황야도 …… 캐나다의 삼림지도 모두 우리 나라라고 생각하면 나는 아직 이 땅이 좁다고 푸념하지 않는다. 또한 귀족과 부유한 상의 발호에 분노하지도 않는다. (……)
일본인만이 동포라고 생각하면 나는 실망한다. 그러나 인간은 피부색의 여하를 불문하고 그 언어가 다름에도 불구하고 모두 진실을 진실이라 말하고 거짓을 거짓이라 말하는 자는 우리 동포라고 생각하면 나는 결코 실망하지 않는다. 저 남아메리카에서 자유와 독립을 위해 고투하고 있는 보어인도 우리 동포이다. 저 필리핀에서 이미 3년에 걸쳐 미국인의 맹위에 굴종하지 않고 동양에서 최초의 자유국가를 건설하고자 투쟁하고 있는 타갈로그 인종도 우리 동포이다. 저 유럽 북부에서 다른 황색 민족은 모두 러시아 황제에게 예속시키려 하는 사이에 홀로 인종의 중요성을 주장하고 이로 인하여 전 국민이 추방의 난관에 처하고 있는 핀란드인도 우리 동포이다. 일본의 정치가는 그 정부의 정책이라면 하나같이 맹종하고 그 철학자는 충군애국 외에는 아무것도 주장하지 못하고 있더라도. 나는 인종 전체에 관하여 결코 실망하지 않는다. 사해 모두가 형제인 이상 다른 나라의 좋은 점은 이제 이 나라에도 온다. 우리 나라의 정치가와 철학자로부터 기대할 수 없는 것을 우리는 세계의 다른 나라 정치가와 철학자한테서 기대할 수 있는 것이다.[2] (우치무라 간조)

2. 내면성에 대한 깨달음

서장에서도 말했다시피 일본은 특별한 나라이다. '풍토론'이나 '섬나라 문화론'으로 보더라도, 또한 그 오랜 쇄국의 역사로 보더라도 일본에는 이민족과의 접촉으로 단련되는 문화적 감성이 결여된 부분이 적지 않다. 그중에서도 오랜 역사 속에 지속되어 온 일계적(一系的) 관념은 중세 사회 이래의 장로주의, 가족주의, 신분주의, 공동체(부락) 의식을 강하게 잔존시켜 근대 문화를 제약하는 조건이 되었다.

자유민권운동이 활발하게 전개될 당시에는 이러한 관념이 동요되고 제약 조건도 내측에서 극복되고 돌파될 것처럼 보였다. 특히 이 시기 민중의식의 성장은 장로주의, 신분주의, 부락 의식을 극복하고 더 넓고 자유로운 민권결사의 '코뮌'적인 사회의식으로 고조될 가능성도 있었다. 물론 '코뮌'적인 사회의식이라 해도 일본 민중의 경우 개인주의 원리에 입각한 로크나 루소의 사회계약적인 것은 아니다. 어느 정도 지연적인 공동체 의식에서 출발하여 그 전통적인 형태 속에 새로운 민주적 내용을 만들어 내려 한 것이었다. 하지만 그러한 시도도 자유민권운동의 좌절과 함께 일단 상실된다.

---

2) 内村鑑三, 〈希望の区域〉, 《万朝報》, 1901년 3월.

이에 따라 본디 서구형 시민사회와는 이질적이었던 일본의 주민 사회가 1880년대 이후에는 기생지주제의 진행과 함께 한층 이질적인 부르주아 사회의 성격을 나타내게 되면서 일본 지식인들 사이에 절망의 목소리를 내는 자들이 속출했다. 그들은 서구형 시민사회의 정신을 전한 기독교나 근대문학과 미술의 걸작에 접할 기회를 가질 때마다 고전적인 근대의 단정한 아름다움에 충격 받고 자신들의 비뚤어진 문화를 수치스러워 한 것이다.

메이지 20년대 일본의 젊은 혼이 프로테스탄티즘이나 바이런, 괴테의 말에서 개인의 존엄과 인간성 해방의 로망을 느꼈을 때 분연히 '자아'에 눈뜨고 질풍처럼 가치 전환을 일깨운 것은 당연한 일이었다. 그 순간부터 젊은이들은 자신을 다른 종류의 인간, 일본인과는 무관한 이방인으로 느끼기 시작했을 것이다. 서장에서도 인용했듯이 다카무라 고타로는 그것을 파리에서 경험하고 있다.

이 바닥을 알 수 없는 세계의 도시 한 구석에서
나는 때때로 국적을 잊었다.
고향은 멀리 작고 조잡하며
시끌벅적한 시골 같았다.
나는 파리에서 처음으로 조각을 깨닫고
시의 진실에 눈을 뜨고
그곳 서민 한 사람 한 사람에게서
문화의 의미를 읽었다.
슬픈 생각에 옳고 그름도 없이
이루 비할 수 없는 낙차를 느꼈다.
일본의 사물과 국가 일체를
그리워하면서 부정했다.

기타무라 도코쿠나 나쓰메 소세키처럼 민권운동이 좌절한 후에 20대를 맞이한 젊은이들이 메이지 사회의 절망적이고 어둡고 낡은 몰인간적인 정신 풍토에 반항하여 서구적인 근대, 혹은 화려한 시민사회(에 대한 환상)에 사로잡혀 혼의 밑바닥부터 전율을 느꼈다고 해서 안 될 이유는 없다. 그 전율의 경험을 통해서 그들이 느끼고 이해한 근대적 자아와 내부 생명이야말로 장차 그들의 창작 활동에 원천이 되었던 것이 아닌가. 그리고 그것은 일본 민중이 가진 적이 없던 국제적이고 보편적인 인간 정신의 재보(財寶)를 일본 역사에 추가한 것을 의미하는 것이 아닐까.

　이 서구의 충격에 대한 예민한 반응을 민중의 사상 형성 방법과 다르다고 해서 부정해 버리는 것은 지나치게 토착주의적인 편견이다. 아무리 자신의 국가와 민족을 사랑한다고 하더라도 서구의 충격을 엄격한 고찰의 대상으로 직시하고 여기서 단 한 번도 절망한 적이 없는 지식인은 결코 글로벌한 인식이나 일본의 '참된 근대'를 추구하기 어려울 것이다.

　내가 주장하는 바는 지식인의 방법이나 논리를 가지고 민중의 그것을 덮어 버리거나 멸시하는 식의 무지는 고쳐야 한다는 점이다. 지식인은 창조의 독자성을 진지하게 추구하고 그것을 통해서 보편적인 인식에 도달하지 않는 한 기타무라 도코쿠나 다나카 세이조, 우치무라 간조(內村鑑三)와 같이 재차 민중의 정신세계에 근접할 수 없을 것이다. 그것을 우리가 결코 가벼이 여기고 있는 것은 아니다. 다만 지금 일본의 사상 상황이나 역사학의 연구 상황에서는 민중의식이라는 아포리아를 중시하는 것이 중요하다고 생각하는 것일 뿐이다. 언젠가 이 양자는 이론적으로도 실제로도 지양·통일되지 않으면 안 될 것이며 반드시 그렇게 될 날이 올 것이다. 다만 그렇게 되는 것은 지식인의 민중 차원의 계몽(지도) 따위에 의한 것이 아니라 오직 민중 스스로의 사상적 자립(자기변혁)을 통해서만 가능하다고 생각한다.

기타무라 도코쿠는 1891년 23세의 나이에 시극 《호라이교쿠》(蓬萊曲) 속에서 실의에 가득 찬 방랑자 야나기타 모토오(柳田素雄)의 독백을 이렇게 표현하고 있다.

　　내 눈은 기이하게도 내 안을 보고 밖을 보지 않으며,
　　내 안의 갖가지 기이한 것들은 반드시 탐구하여 남기지 않는다.
　　또한 의심스럽다, 빛이 있어 속만 들여다보는 내 눈의,
　　지금 어둠을 향해서는 안을 버리고 밖을 뚜렷이 응시하고자 한다.
　　(……)
　　생각하면 내 안에는, 반드시 부드럽지 않은 두 개의 천성이 있다,
　　하나는 신성(神性), 또 하나는 인성(人性), 이 두 가지는 내 안에,
　　잠시 쉴 틈도 없이 싸우고, 내 생명이 다할 때까지는, 나를 병들게 하고 지치게 하고, 번민하게 할 것이다.

　이러한 번민은 이전의 일본인이 몰랐던 정신 영역에 속하는 것이었다. 도코쿠는 이 영역에 사색을 심화시켜 〈내부생명론〉(1893)과 〈나의 감옥〉(我牢獄), 〈각인심궁(各人心宮) 안의 비궁(秘宮)〉(1892) 같은 논문으로 일본에서 자아 성립사의 기초를 쌓았다. 근대적 인간관의 근거가 되는 개인의 존엄은 도코쿠에 의해 '내부 생명'으로 추구되고 그 내부 생명은 근원적인 자유의 희구로서 일본 인민의 역사 속으로 소급하려 했다. 그것이 성취되었다고는 할 수 없다. 그러나 도코쿠가 이러한 탐구의 방향을 제시할 수 있었던 것은 그 자신이 민권가로서 인민과 행동을 함께하고 좌절하면서도 민권 사상의 재생을 위해 고뇌해 왔기 때문일 것이다. 다만 도코쿠에게도 다분히 정치적이었던 그 민권 자유의 이념을 인간의 '내면세계'로까지 전회시켜 뿌리 내리게 하는 데 직접적인 매개의 역할을 한 것은 메이지의 기독교였다고 할 수 있을 것이다.

메이지의 기독교, 그중에서도 프로테스탄티즘은 일본 지식인에게 실로 커다란 영향을 끼쳤다(말하자면 쇼와 시대 마르크스주의의 영향에 필적한다). 기독교 세계로 들어가 거기서 '신'과 '선교사'와 '교회'의 분위기를 접하면서 서구를 직접 경험하지 못했던 대다수의 메이지 일본인은 근대 시민사회란 어떤 것인가를 감득했다. 물론 거기에는 다분히 이국 정서와 로맨티시즘이 섞여 있었을 것이다. 그러나 그 '유일한 절대자와 개체로서 인간의 대면'이라는 엄격한 원리를 담고 있는 기독교는 8백만의 신들에 둘러싸인 신불(神佛) 혼합에 익숙하고 오랫동안 갖가지 무한 포용적인 사상 원리의 정신 풍토에 살아 온 일본인에게는 참으로 충격적이고 혁명적인 것이었음에 틀림없다.

이른바 서구 근대화의 세례는 기독교를 통해 이루어진 경우가 많다. 그렇지만 기독교도가 된 일본인이 하나같이 도코쿠와 같은 '내적 생명론'에 도달한 것은 아니다. 기독교에 의한 충격이 강렬했던 만큼 거기로부터의 이탈, 혼란, 혼미 또한 깊었던 것이다. 《일본기독교회사》에 따르면, 메이지 24년부터 32년까지(1891~1899) 세례를 받은 자는 7,770명이지만 그 가운데 반수에 해당하는 3,795명이 제명되었다고 한다. 제명되지도 않고 어느새 종교를 포기한 지식인도 많았다. 시마자키 도손이나 마사무네 하쿠초도 이때 기독교를 떠난 사람 가운데 한 사람이었다.

이러한 지식인은 천황제 국가가 지향한 근대화와는 이질적인 논리를 가지는 근대화를 지향하고 있었다. 도코쿠나 다오카 레이운(田岡嶺雲)처럼 근대화 그 자체에 근본적인 의문을 품은 이도 있었다. 그러나 메이지 중기까지는 아직도 천황제의 반동화에 대한 대항이 우선이며 사람들은 '시민적인 근대'의 가치를 추구하고 있었다고 말할 수 있다. 1892~1893년에 있었던 '교육칙어와 기독교'를 둘러싼 일대 논쟁이 그 상징이었다. 이 논쟁에서 기독교계는 진보적인 지식인의 도움으로 이론적으로는 조금도 밀리지 않았다. 그러나 황실과 천황제의 금기에 대해서는 비판을 가할 수 없었으며(감히 그 핵심에 메스를 가하여 체포되거나 순교하는 참된 기독교인도 나타나지 않았으며), 논쟁은 뒷마무리가 시원찮은 상태로 불충분하게 끝났다. 게다가 이 논쟁 직후에 청일전쟁이 발발하고 대부분의 일본인이 애국주의 조류 속에 매몰되어 버리면서 기독교의 교세도 급속하게 쇠퇴해 간 것이다.

3. 문명관의 여러 가지 모습

청일전쟁(1894~1895년), 의화단 사건 출병(1900년), 러일전쟁(1904~1905년)으로 일본이 대외 전쟁을 시작하게 되면서 지식인의 사상과 민중의식에도 다양한 변화가 일어났다. 실제로 일본이 서구 제국주의의 대열에 가담한 것이 국민 의식의 변화에 어떤 영향을 끼쳤는가 하는 점은 매우 중요한 사실이다. 그러나 이 문제를 충분히 규명한 연구는 아직도 없다. 아리이즈미 사다오(有泉貞夫)가 《아이자와일기》(相沢日記)를 분석하여 일개 호농에 대한 의식 변화의 역사를 추구한 것과 같은 사례는 다소 있지만[3] 전체상을 그려 낸 실증적인 연구는 쉽지 않은 작업일 뿐 아니라 전망하기도 어렵다.

청일전쟁의 승리는 후쿠자와 유키치를 다시 한 번 국민의 시야에 등장시켰다. 이 위대한 메이지 초기의 계몽가가 《문명론의 개략》(1875)을 발표한 당시에는 '문명'이 서구의 전매특허가 아닌 인류 보편의 것이라는 점을 국민들에게 제시하고, 서구 열강의 힘에 저항하면서 '문명'의 보편적 가치를 서둘러 도입해야 한다고 호소한 것이었다. 그러나 자유민권의 혁명적인 움직임이 강화되고 한편으로는 조선을 둘러싼 청일 양국

---

3) 有泉貞夫, 〈明治国家と祝祭日〉, 《歴史学研究》, 1968년 11월호.

의 긴장이 고조되면서 그는 '탈아론'(1885)을 주창하고 아시아의 '나쁜 친구'(惡友)와 속히 손을 놓을 것을 요구했다. 즉 '야만'적인 아시아에 대해서는 일본도 서구와 함께 '문명'의 입장에서 간섭하고 무력을 통해 각성시키는 것이 당연하다는 생각으로 전환한 것이다. 그러고 10년, '문명'을 도입하고 군비를 갖춘 일본이 아시아 '야만'의 상징이었던 대청제국을 굴복시켰다. 후쿠자와는 이 전승에 도취되어 "바야흐로 유신의 대업이 이루어졌다. 이 승리는 일본 문명의 승리에 다름 아니다"라고 국민들에게 고한 것이다.

이 무렵부터 일본 지식인들의 문명관에 깊은 균열이 생겼다. 우치무라 간조는 자기비판의 문장을 발표하여 청일전쟁을 '문명의 의로운 전쟁'이라고 공인한 것을 잘못이라고 사죄하고, 나아가 제국주의 국가의 문명이란 무엇인가에 대한 의문을 나타내기에 이르렀다. 이 의문을 한층 급진적으로 노동계급의 입장에서 추궁한 것이 기노시타 나오에와 고토쿠 슈스이(幸徳秋水)였다. 우치무라, 기노시타, 고토쿠는 기독교도와 사회주의자라는 차이를 넘어서 당시 최대 일간지 《요로즈초호》(万朝報)에 논진을 펼치고 메이지 정부의 '근대화' 정책과 '문명'적인 현상의 허위를 통렬하게 폭로하고 비판했다. 그들의 문명관은 기독교와 사회주의를 축으로 한 인류 보편의 이념이었던 만큼, 동서양을 불문하고 나라 안팎의 불의에 대하여 가차 없이 비판한 것이다. 고토쿠의 《제국주의》(1901)는 노동계급의 입장에서 현 체제에 대한 비판을 통하여 참된 문명사회의 이상을 제시하려 한 것이었다.

그러나 일본과 같은 후진국에서 볼 때 사회의 문명화·근대화란 곧 서구화에 다름 아니었다. 메이지 시대의 일본인이 구체적인 예를 들어 이 이미지를 묘사하지 못했던 것은 당연할 것이다. 서구화(현실의 모습은 제국주의) 이외에 근대화의 이미지를 그릴 수 없었기에 오카쿠라 덴신처럼 '아시아의 원리'를 치장하여 《동양의 이상》(1903)으로 대결하거나, 다오카 레이운처럼 반근대주의, 반문명주의의 기치를 내세울 수밖에 없었을 것이다.

이들에게 '문명'의 원리란 이미 일원적인 것일 수는 없었다. '서양의 문명'은 아시아의 원리인 '동양의 이상'에 의해 극복되어야 할 것으로 대상화되었다. 덴신의 초기 노트 〈동양의 각성〉(1902)에는 청일전쟁에서조차 서양이 아시아를 내부에서 무너지게 하기 위해 부추긴 전쟁이라는 인식이 있으며 서양의 제국주의 지배에 맞서 아시아 식민지 해방운동의 원리를 대결시키려는 발상이 저변에 흐르고 있었다. 그러나 덴신의 경우에는 일본 자체가 제국주의로 이행하면서 그 초기의 급진주의를 약화시켜 갔던 것이다.

여기서도 러일전쟁은 중대한 전환의 계기가 되었다. 대러시아제국에 대한 일본의 경이로운 승리는 서구 여러 민족에 대하여 황색 파워가 습격해 올 수 있다는 공포감을 안겨 주었다. 이른바 '황화론'(黃禍論)의 유행이다. 이에 대하여 덴신은 러일전쟁의 이유와 관련해《일본의 각성》(1904),《차의 책》(茶の本, 1906)을 영문으로 발표하여 일본의 전통적인 평화 의지와 예술정신을 소개하고 비서구적인 근대의 길을 모색하면서 "황색 인종의 공포"설을 부정했다. 거기에는 1902년 덴신이 인도에서 독립운동 투사들과 함께 서구 제국주의의 문화 파괴에 분노하고 '아시아는 하나'라고 외친 격렬한 열정은 이미 보이지 않는다. 덴신의 모색은 도중에서 멈추었다.[4] 일본이 제국주의의 패도로 들어섰다는 것이 일본 지식인의 사상 심층부에도 변화를 가져온 것이다. 다만 대부분의 지식인이 이렇게 미미한 전환을 눈치 채지 못하고 있었을 뿐이다.

청일전쟁의 승리는 아시아에서 본격적인 제국주의 시대가 열리고 러일전쟁의 승리는 아시아·아프리카에서 본격적인 민족해방운동의 시

---

4) 色川大吉, 〈東洋の告知者天心──その生涯のドラマ〉,《岡倉天心》, 1970년.

대가 왔다는 것을 알렸다. 일본이 서구 제국주의의 대국 러시아를 물리쳤다는 뉴스는 아시아, 아랍, 아프리카의 사람들의 혼을 일깨웠다. 이 1905년의 '재팬 쇼크'는 타고르, 쑨원, 간디, 루쉰 같은 사람들뿐만 아니라 수에즈의 아랍인 항만노동자에서 아프리카의 흑인, 터키, 인도, 필리핀 민중들에게 자신들의 앞날에 '광명'이 있다는 사실을 강렬하고 깊이 예감케 했다. 이러한 반향에는 수많은 증언이 있어 우리 일본인의 마음을 아프게 한다. 실제로 일본은 그 후 이들의 기대와 원망을 저버렸지만, 그들은 그 환상에 힘을 얻고 자력으로 민족해방을 위한 투쟁에 우뚝 서게 된 것이다.

이러한 세계사적인 균열은 후타바데이 시메이와 같은 사람들도 번민에 빠지게 만들었다. 그들은 러일전쟁 후 〈나는 회의파다〉(1906)라는 글에서 "나는 20세기 문명은 전부 무의미한 것이 되지 않을까 생각한다"라고 인생과 예술에 대한 근원적인 의문을 표명하고 있으며, 같은 해 '나의 반생의 참회'에서는 자신의 생애는 양 극단으로 찢겨져 있다고 탄식하고 있다.

제국주의적인 애국주의의 정열과 사회주의적인 이상, 나는 이 양 극단에서 끊임없이 동요하면서 아직도 번민을 떨칠 수가 없다.

후타바데이는 개인 성향의 문제로서가 아니라 이것이 왜 해결 불능한 상태에 놓여 있는가 하는 근본적인 수수께끼를 풀 수가 없었다. 그뿐만이 아니다. 나쓰메 소세키와 모리 오가이도 메이지 40년대에 양극으로 찢겨지는 자신을 느끼면서 고투하고 있었다. 그 근저에는 당시 일본의 지식인이 처한 객관적인 추세, 세계적인 분열, 또한 그것을 필연적으로 만든 천황제의 완성(내부 위기의 표면화)에 따른 심각한 국민적 균열이 있었다. 그것이 그들 양심적인 지식인들에게 끝내 평안의 자리를 내

주지 않았다는 사실을 인식할 수 없었던 것이다.

물론 사람의 삶은 가지각색이다. 그러한 역사의 변조에는 전혀 눈을 감고 오로지 서구 근대의 미적 환상에 도취하여 비속한 메이지 문화를 멸시하고 혐오감을 드러낸 나가이 가후(《프랑스 이야기》, 《신귀조자일기》, 《환락》, 《냉소》, 1909)나 다카무라 고타로처럼 메이지 문명에 대한 비판은 안으로 숨겨 밝히지 않으면서 오로지 자신의 내면세계에 대한 탐구와 내부 생명의 형상화에 매진한 존재도 있었던 것이다.

이시카와 다쿠보쿠는 나가이 가후의 삶에 대하여 "말하자면 시골 작은 도회에 사는 부자의 방탕한 아들이 한두 해 도쿄에 살면서 신바시나 야나기바시의 기생들에게 빠져 놀다가 돌아와서는 시골 여자의 흙냄새를 맡고 만나는 사람마다 욕을 해댄다. 그 혐오감 가득 찬 말투 그 자체다. 과연 가후 씨 자신은 부농의 장남으로 아침부터 밤까지 아무 일도 하지 않는 한가한 사람이다"라 하고, "진실로 국가를 사랑하지 않으면 떠나야 할 뿐이다. …… 이미 떠날 수 없다면 먼저 그 나라를 개선해야 한다. 이렇게 해서 일국 국민 생활의 개선은 실로 자기 자신의 생활 개선부터 시작해야 한다"고 혹평했다.[5]

이 비평의 통분은 그가 가후에게 멸시당한 메이지 문명의 밑바닥에서 그것을 쌓아 올린 이름 없는 무수한 일본 민중의 모습을 보았기 때문일 것이다. 이 민중을 서구 문명에 심취한 모더니즘으로 잘라 버리려는 도회적인 부르주아 인텔리에 대하여 다쿠보쿠가 반감을 느끼고 밑바닥 사회를 살아온 인간으로서 규탄한 것은 당연한 일일 것이다. 더구나 당시 다쿠보쿠는 국가권력에 대한 문제를 회피하고 있는 메이지 문학가들에 대한 근본적인 비판을 은밀하게 품고 있었기 때문이다.

그러나 다쿠보쿠의 지당한 비판으로 가후와 같은 식의 '문명론'은 매

---

5) 石川啄木, 《百回通信》, 1909년.

장되지는 않는다. 그것을 무엇보다도 증명하는 것은 가후가 《신귀조자일기》(新歸朝者日記)를 발표하고 60년이 지난 지금까지도 이런 종류의 책이 계속해서 출판되고 있다는 사실이다.

서구 근대 문화의 진수를 접한 일본의 젊은 지식인이 경박한 모방이나 심취가 아니라 혼을 일깨우는 감동을 받고 귀국하여 조국의 '시민'과 '시민사회'를 보고 절망하는 사고의 패턴은 지금도 지치지 않고 되풀이되고 있는 것이다.

7장

비문화적 상황과 지식인

1. 절망의 메이지 농촌

메이지 38년(1905) 도호쿠(東北) 지방에 심한 냉해가 덮쳤다. 1803년 대 이래 대흉작이 되어 미야기 현의 경우 평년작의 20퍼센트로 수확이 격감했다. 그리하여 미야기 현 총인구 약 90만 명 중에 28만 명이 곤궁에 빠졌다. 메이지유신 이후 풍작은 드물었지만 흉작은 메이지 2년, 17년, 30년, 35년, 38년, 43년으로 여섯 차례나 있었다. 도호쿠 지방 농민의 피폐는 메이지 말기에 이르면 만성화되고 빈궁은 결정적이었다.

메이지 35년 흉작으로 생긴 상처가 아직 아물지도 않았는데 러일전쟁이 발생하여 직접 간접으로 다대한 영향을 받고 있을 때, 근대 미증유의 흉작으로 인하여 자작 겸 소작의 중산층인 경우에도 생계가 극히 곤란하여 토지와 가옥을 잃고 하층민으로 전락하는 자가 적지 않았다. …… 하층민의 대다수는 쌀 수확이 전혀 없을 뿐만 아니라 노동할 일자리도 없어 굶어 죽기 직전의 상태에 있으며 산간 촌락에 사는 자들은 나무껍질과 풀뿌리를 캐서 먹는다고 하지만 눈이 쌓이는 계절에 접어들면서 이조차도 불가능하게 되어 평지의 영세민들과 마찬가지로 팔짱을 끼고 구원을 기다릴 수밖에 없는 형편이다.

이 《미야기현 흉황지》는 놀랄 만한 민중 생활의 참상을 우리에게 전해주고 있다.

메이지 39년 1월 25일의 일이었다. 흉작으로 일자리를 잃은 미야기 현 다마쓰쿠리(玉造) 군의 농민 엔도 히사지(遠藤久治, 53세)의 일가족 4명은 며칠씩이나 굶고 있었다. 그날 밤 이웃 사람이 히사지의 집 앞을 지날 때 "배가 고파 죽을 지경이다"라고 신음하는 소리가 들렸다고 한다. 이웃 사람이 이 소리를 듣고 떡을 가져다주었지만 히사지는 떡을 삼킬 힘도 없이 이튿날 아침 죽었다. 류마티즘으로 양 팔이 불편한 부인 마쓰(56세)도 그다음 날 죽었다. 나머지는 병든 맏아들과 어린 아들이 남게 되었다. 히사지는 만성 기관지염으로 사망 원인이 신고되었지만 관청에서는 '결식의 계속을 사인으로 인정'했다고 한다.

같은 마을에 사는 농민 우지이에 도모스케(氏家友助, 51세)의 일가족 6명은 작은 전셋집에 살고 있었는데 한쪽 벽이 완전히 허물어져 찬바람을 막을 수가 없었다. 지붕까지 파손되어 하늘이 보이는 상태라 눈비를 막을 수도 없었다. "극한 상황에서 가족은 남루한 누더기 한 장으로 버티고 있었는데 소매는 팔꿈치, 바지는 무릎까지 오는 마치 어른이 아이의 옷을 입은 것과 같다." 물론 침구는 하나도 없고 "화롯가에 짚을 깔고 거적을 덮은 채로 잔다고 한다."[2]

이 자료를 소개하면서 〈절망의 메이지 농촌〉이라는 훌륭한 논문을 발표한 사이토 히로시(斉藤博) 씨는 머리말에 메이지 천황의 시를 싣고 있다.

지방관은 명심하라, 가난한 백성들 집의 부뚜막에 연기가 피어오르는지 아닌지(메이지 38년)

---

1) 藤原愛之助 編,《明治三十八年宮城県凶荒誌》, 1916년.
2) 같은 책.

참으로 안타깝고 가슴이 아프다. 나는 이것을 읽고 다음과 같은 의문을 품었다. 어찌하여 인민은 이렇게까지 궁지에 몰리면서도 묵묵히 참고 따르면서 죽어 가는가. 왜 단호하게 타파하지 않고 항의의 외침도 없이 원조도 구하지 않고 오로지 참고 견디면서 굶어 죽어 가는가. 너무도 배가 고파 그럴 기력조차 없다는 건 이유가 되지 않는다. 인간은 그런 사태가 다가오기 전에 상상력으로 탐지하고 거기서 벗어나려 발버둥치는 생물이기 때문이다. 천황제 국가가 촌락과 부락의 구석구석까지 지배의 그물망을 펼치고 지주들의 도움으로 암암리에 인민을 억압하고 있었기 때문이라는 것도 충분한 해답이 되지 않는다. 그 이상으로, 아니 그 이전에 그들 자신의 내부에 스스로 자신을 굳게 옭아매어 버리는 정신적인 그 무엇인가가 있었기 때문이 아닐까. 그 내적인 속박의 힘이 앞에서도 설명해 온 '통속도덕'만으로 파악할 수 있는 것인지, 아니면 촌락 '공동체'의 규율 때문인지, 혹은 농민의 수백 년에 걸친 근본적인 불신과 절망의 표현인지를 우리는 철저하게 규명할 필요가 있다. 그들을 자살에 가까운 아사(餓死)까지 몰아간 것, 더구나 그 파멸까지도 견디는 에너지는 어디에서 오는 것일까. 그런 문제의식을 품고 나가쓰카 다카시의 《흙》(1912)과 마야마 세이카(真山青果)의 《미나미고이즈미무라》(南小泉村, 1909)를 새삼 다시 읽을 필요가 있다.

위의 두 책에는 공통적으로 농민이 자기 마을 사람들에 대해서는 아무리 궁핍해도 동정을 구하거나 멸시당하는 것을 죽기보다도 싫어하는 관념이 보인다. 특히 도호쿠 지방에서는 '안냐'라거나 '가슷타가리'라 불리는 것을 가장 두려워했다. 그 정도라면 묵묵히 굶어 죽는 편이 좋다는 것이다. '가슷타가리'란 굶어 죽고 싶어 한다는 말이고, '안냐'란 데와(出羽) 지방에서는 거지를 의미하는 멸시어로 숙명적으로 굶어 죽을 지경에 처한 남자를 말한다.

입에 풀칠할 방도가 없이 2~3일씩 밥을 굶어도 타인에게 구걸하는 것을 수치라 여기고 이루 말로 표현하기 어려운 이물질을 먹으면서 간신히 생명을 부지하는 자가 적지 않은데, 시바다 군 가와사키 촌 부근의 빈민으로 종종 이세 신궁에 참배하려 간다면서 이웃에 결별을 고하고 마을을 떠나는 자가 있다. 이들은 모두 자기 얼굴을 모르는 다른 마을에 가서 구걸 행위를 하지만 자기 마을에서는 결코 궁핍을 호소하지 않는다.[3]

자기 마을에서는 설령 굶어 죽는 한이 있어도 결코 궁핍을 호소하지 않는다. 2~3일 정도 굶어도 타인에게 밥을 구걸하는 것을 수치로 생각하는 자기 규율은 도대체 무엇일까. 왜 인민은 다른 마을에 가면 구걸까지 하면서 연명을 꾀하지만 자기 마을에서는 굶어 죽는 길을 선택하는가. 촌락 공동체가 진정한 상호부조의 공동체라면 오히려 자기 마을에서 도움을 구할 수 있을 것이다. 그러나 메이지 시대 민중 도덕의 현실로써는 전혀 반대였다. 스스로 굶어 죽는 길을 선택한다는 것은 통렬한 자기 규율이 있어야 가능할 것이다. 만약 그것이 민중의 내발적인 사상에 의한 것이라면 경탄할 만한 사상이라 하지 않을 수 없다. 그러나 그 자기 규율이 다른 마을에서는 이완되어 버린다는 점에서 볼 때 이는 다분히 자기 마을(공동체)의 암묵적인 강제와 겹치는 개별 의식이라고 할 수 있을 것이다. 즉 그것은 자기 마을에서만 '수치'로 인식되며 촌민 한 사람 한 사람을 내부에서 규제한다. 그런 의미에서 사회 통념이 되었다고 하더라도 보편적인 규모에서 시민사회 의식은 성립되지 않는다. 더구나 마을의 주민 사회는 이미 공동체 성원의 평등과 생명의 안전을 보장하는 쌍무적인 것은 아니었다. 그것은 명백히 지주층에 지배당한 반강제적인 가짜 공동체로 변질되었다. 따라서 가난한 빈민들이 자기 마을에

---

3) 같은 책.

서도 다른 마을에서도 구제받는 일은 없다. 최후로 의지할 곳은 '이에'지만 그 '이에'조차 잇따른 흉작으로 붕괴하고 가족은 먹고살기 위해 사방으로 흩어지고 있었던 것이다.

엔도 히사지와 같은 농민은 마을을 떠나지 않고 굶어 죽었지만 그런 궁민의 딸들은 제사 공장의 노동자가 되거나 거리의 여자로 몸을 팔면서 연명해 갔다. 남자들은 배를 타거나 혹은 탄광 갱부가 되어 갱도 바닥에서 탄차를 밀기도 했다. 일가족은 뿔뿔이 흩어졌지만 각자 어딜 가도 자신들을 둘러싸고 있는 숙명관에서 쉬이 벗어나기 어려웠다.

마야마 세이카는 이 도호쿠의 농민들에 대하여 이렇게 말하고 있다. '비참하고 말할 보람도 없는 생애' '추한 생애' '굴종의 생애,' '비천한 얼굴,' '아무리 허덕이며 몸부림쳐도 그 고된 인연에서 벗어날 수 없는 오랜 관습에 익숙해져' 있는 그들. '땅을 기어 다니는 벌레 같은 인생,' '남아도 비참 나가도 비참'이라고.[4]

그것은 자신이 가난하거나 불행해진 것은 세상의 도덕이나 규율을 견디지 못했던 부모와 그 자손인 자신 탓이다. 그렇기 때문에 하는 수 없다는 체념을 심어 온 만큼 더욱 심각했다. 탄광에서 일하는 갱부들이 자신들을 '하죄인'(下罪人)이라고 자조하거나 매일 밤 마룻바닥에서 남자들의 무거운 체중을 견디며 땀투성이가 되는 여자들이 그것을 '근무'이라고 생각하는 그런 '나락(奈落) 의식'으로 떨어져 결정(結晶)되고 있다. 이러한 굴욕을 '하죄인'이라거나 '고통스러운 세계의 일'이라고 표현하면서 살아가는 바로 여기에 밑바닥 민중의 생생한 의식이 있었던 것이다.

기숙사의 구금 제도에서 생활하던 제사 공장의 여공이 '화로에 둘러앉아 꽁보리밥을 바라보면서 쌀은 없느냐고 눈에는 눈물'이라는 노래를

---

4) 青山青果,《南小泉村》, 1907~1909년.

불렀다고 하지만(실은 이러한 원망 섞인 노래는 여공들의 노래 전체에서 보면 놀랄 만큼 적은 것이지만), 그녀들의 고향에서는 양친이 풀뿌리를 먹으면서 굶주림을 견디고 있다는 것을 기억하고 있는 한《여공애사》(女工哀史)의 부당한 불의에 대한 분노나 현상 변혁의 요구도 생기기 어려운 것이 현실일 것이다. 그런 점에서 지주나 자본가들은 이러한 궁핍에 대한 민중의식이나 '하죄인' 의식을 아주 교묘하게 이용하고 그 의식을 극히 리얼하게 파악하여 지배하고 있었다. 한편, 진보적 지식인은 오히려 이러한 민중의식을 이해하지 않고 있었다. 그 때문에 인민 해방의 호소도 거의 밑바닥 민중에게는 미치지 않았으며 받아들여지지도 않았던 것이다.

이러한 민중의 현실을 파악하지 않고서 상대적 궁핍을 아무리 강조한다 해도 그것이 변혁의 계기가 되는 일은 있을 리 없다. 메이지 초기 사회주의의 절규가 민중의 마음을 사로잡지 못하고, 고토쿠 슈스이 등이 오히려 비국민으로 단절·고립되어 고독하게 사형으로 몰려 간 비극도 여기에 요인이 있다고 생각된다.

2. '나락' 의식

물론 일본의 저변 민중이 위와 같이 어둡고 소극적인 이미지만 가지고 있는 것은 아니다.《흙》의 주인공으로 등장하는 빈농 간지(勘次)처럼, 나가쓰카 다카시가 '짐승적'이라고 표현하면서도 비도덕적인 생명력조차 발휘하여 나락의 바닥에서 기어 올라오는 모습도 민중의 진실을 나타내고 있다. 또한 광산에서 폭동을 일으켜 권력을 위협하면서 몸을 던지는 반항에도 민중의 진실이 보였던 것이다. 여기서는 어느 육군 상등병의 수기 속 군가 편곡을 통해서 지식인들의 의표를 찌르는 또 하나 저변 민중의 넉살스러운 인간상을 분석해 보자.

　기원절에 부르는 〈구름 사이로 우뚝 솟아 있는 다카치호(高千穗)〉라는 노래가 있는데, 그것을 재미있게 '가사를 바꿔' 부른 노래다. 같은 멜로디라도 가사의 지명 따위를 조금씩 바꾸는 것이 군대 노래의 특징인데, 노래를 보면 육군 상등병 오사와 게이노스케(大沢敬之助)가 지바 현 사쿠라의 육군 제2보병연대에서 2년 동안 병역을 마치고 1899년 말에 만기 제대할 때 유행하고 있었던 것으로 생각된다.

　　구름 위로 우뚝 솟은 높은 누각도 환하게 빛나는 전등도
　　2년여의 계약으로 오늘은 헤어져 여행길 떠나는 하늘
　　존귀한 천황의 저 멀리 궁성을 바라보며 머리 숙여 참배하고
　　흘러내리는 눈물을 억누르면서 화려한 수도의 거리를 지나
　　그 옛날 그리운 시모사(下総)의 사쿠라 성으로 돌아가노라.

　이 노래는 기생집에서 정든 기생과 눈물을 흘리면서 헤어진다는 군대 서정가의 하나인데, 그것을 기원절 노래의 멜로디를 빌려와 궁성과 천황을 나열해서 부르고 있다는 점에 의미가 있을 것이다. 병사들은 이렇게 아슬아슬한 '불경'의 쾌감을 즐기고 있는 것이다. 이 시대에는 아직 천황은 신이 인간의 모습으로 나타났다고 하는 '현인신'이 아니다. 민중이 자신들의 애욕 이미지를 두드러지게 표현하기 위해 이용하고 있는 것이다. "저 멀리 궁성을 바라보며 머리 숙여 참배하고"라고 부르는 대귀법은 실감도 있고 상당이 능숙하다. 겉으로는 《군인칙유》나 상관 앞에서 직립 부동 자세를 취하고 근직한 태도를 보이는 군인들이 그 뒤에서는 이러한 병영 안의 모습을 자신들의 심성과 휴식의 세계로 바꾸어 버리는 기지를 가지고 있었다는 사실을 우리는 잊어서는 안 된다.

　다음 노래에서는 한층 선명하고 단적으로 표현된다. 노래의 주인공도

남자에서 여자로 바뀌고, 병사들은 자신의 심정을 상대 여자의 심리를 빌려 노래한다. 자유가 없는 '얽매인 몸'이라는 점에서는 병사들은 기녀들과 같기 때문이다. 그리고 거기에 무의식적인 공감대와 인정의 투영 관계가 성립한다. 지금의 '고된 근로'도 곧 '계절'이 바뀌어 쾌락을 즐길 수 있는 날이 온다는 것에 대한 갈망도, 저변의 민중이 아니면 알 수 없는 절실함이 있다.

이 가사는 '전시용'이라고 적힌 군용 종이에 붓으로 적혀 있는 것을 보면 메이지 37년(1905) 6월 오사와 상등병이 소집 영장을 받고 곧바로 배에 실려 뤼순 공방전에 투입되었을 때에 메모한 것으로 보인다. 그가 죽음을 각오하고 작성한 수첩 '러일전쟁 일지' 4권과 다수의 군사우편이 노트와 함께 발견되었던 것이다.

이번에 부모님을 위해 사랑하는 남자와 헤어져
동쪽도 서쪽도 남쪽도 북쪽도 모르는 타국으로 몸이 팔려
힘든 일을 한다 해도 부모님을 위해라면 좋고 싫음도 없어
일하는 몸은 싫증 내지 않지만 만약 내 몸에 상처가 있을 때면
인정 없는 의사님 선생님께 보이기 싫을 곳을 검사당하고
부모에게도 보이지 않는 소중한 상자 검사 받는 것은 정말 싫어
이것도 주인의 규칙이라면 어찌 좋고 싫음이 있으리
처지가 딱하다고 생각되면 손님 얼른 몸을 받아 주세요
손님을 받는 것은 가족을 위해, 손님을 물리치는 것은 정부(情婦)를 위해
나도 얼른 해가 바뀌어 임과 함께 살게 된다면
함께 손을 잡고 사이좋게 베개 둘에 이불 세 벌
잠꼬대를 할 때는 부모에게 받은 군함에
임을 배에 태우고 덧없는 세상의 바람에 닻을 올려서
성급하게 노를 잡고 배 젓는 마음에 넘치는 기쁨은

그 무엇에도 비할 바 없어 이것도 이즈모의 신께서

맺어 주신 인연인 걸 고마워라, 고마워라

사랑 길의 항구에 도착한다면 닻을 내려 주세요

감사 참배는 단 둘이서 좋은 일이야, 좋은 일이야

얼핏 보면 유곽 여성의 연가처럼 보이는 이 노래는 그 무렵 민중의식의 농밀한 리얼리티를 담고 있다. 러일전쟁 당시 군대 노래 가운데 수작으로 평가할 수 있을 것이다. 이 노래의 암유성(暗喩性)과 풍유성(諷諭性)은 전쟁 중이었던 만큼 효과적이었을 것이다. "이번에 부모님(국가)을 위해 사랑하는 남자와(여자) 헤어져, 동쪽도 서쪽도 남쪽도 북쪽도 모르는 타국으로 몸이 팔려(출정하여), 힘든 일을 한다 해도 부모님(국가)을 위해라면 좋고 싫음도 없어. 일하는 몸은 싫증 내지 않지만 만약 내 몸에 상처가 있을 때면 인정 없는 의사 선생님(고참병)께 보이기 싫을 곳을 검사당하고······." 이렇게 내용을 수정하면 곧 미지의 대륙으로 출정하여 내무반 생활에 불안해하는 신참병의 탄식을 노래하는 것이 된다.

그렇다면 왜 이렇게 텍스트를 수정할까. 오사와 상등병 수첩의 같은 부분에 다음과 같은 가사가 적혀 있다. 그것은 명백하게 러일전쟁에 출정한 남편을 그리워하는 아내의 서정가였다.

'이번에 국가를 위해' 멀리 헤어져 서쪽으로 가네

남편과 한동안 생이별하여 남편은 한동안 멀리 떠나고

다시 만날 그날을 기다릴 뿐 '서쪽도 동쪽도 남쪽도 북쪽도'

사방을 알 수 없는 바다로 사방을 둘러봐도 끝없는 바다

멀리 헤어져 서쪽으로 가네, 다음 편지도 답장은 없고

하룻밤 베개를 바꾸어 봐도 애정 있는 것은 사랑의 길

(······)

따옴표로 강조 표시를 한 부분은 앞의 노래와 같은 내용이다. 더구나 "멀리 헤어져 서쪽으로 가네"를 반복하는 부분과 "사방을 둘러봐도 끝없는 바다"로 되풀이하는 부분에는 무한한 상념이 포함되어 있다. 이 두 곡의 노래가 거의 동일한 발상으로 만들어졌다는 것은 틀림없을 것이다. 그렇다면 이 노래가 신참병의 탄식가가 될 수 있는 것은 왜일까.

일본 군대 안에서 나타나는 고참병의 가학증은 그대로 일본 계층 사회의 암울한 측면을 응축하고 있으며 성적인 도착(倒着)의 표현이었다. 오늘날 육군 내무반의 생활 경험이 없는 독자들에게 도착 심리에 관해 설명하기는 어려운 일이지만, 예를 들자면 창녀 출신의 홍등가 포주가 갓 들어온 여자아이를 볼 때의 기분 나쁜 눈매와 비슷하다. 고참병의 그런 시선을 만나면 신병들은 자지러지게 위축되어 고양이 앞의 쥐처럼 전율한다. 그것은 검진 의사나 포주에 대한 창녀들의 혐오감과도 공통된 것이었으리라. 따라서 병영 안에서 이 노래가 불릴 때 신참병들은 거의 무언중에 공감대를 느끼고 있었을 것이다. 그 노래를 부르는 것이 위로가 되고 고참병이 되는 날까지 인내와 순종을 지탱하는 힘이 되었을 것이다.

또한 고참병은 고참병대로 이 노래가 가지고 있는 마조히즘적인 쾌감과 애욕을 즐길 수 있었을 것이며, 그다음은 "나도 빨리 해가 바뀌어 남편과 함께 살게 된다면"이라는 제대를 기다리는 심정과도 통하고 있었음에 틀림없다.

또한 이 노래에는 지식인들과는 이질적인 민중의 심리가 담겨 있다. 예를 들면 "몸 파는 여자"들에 대한 인텔리적인 감상 따위는 추호도 없다. 인텔리는 '인도적'이라는 높은 곳에서 "전락한 여자"들을 보고 동정심을 느끼기도 하겠지만, 여기에 그런 발상은 전혀 없다. 이 노래를 지은 무명의 작자도 또 노래를 부르는 사람들도 그 여자들과 같은 지평과 같은 처지에서, 같은 신분의 편한 기분으로 부르고 있다. 오히려 여기서 현실감이 생기고 있는 것이다.

예를 들면 탄광 갱도 바닥에서 일하는 갱부와 소작인의 중노동은 신성하며 '이에'를 위한 부득이한 매춘은 천한 일이라는 차별은 여기서 찾아볼 수 없다. 특히 이 노래처럼 '부모'나 '사랑하는 남자'를 위해 하는 '일'이라는 경우에는 더더욱 그렇다. "힘들 일을 해도 부모를 위해서라면 싫고 좋음도 없다"고는 하지만 매춘 행위 그 자체를 그러한 관계에서 분리하여 죄악시하는 통속도덕과는 무관하다. 그들은 여기까지 내몰려도 인간성을 전혀 박탈당한 노예라는 식으로 자신을 비하하거나 하지 않는다. "손님을 받는 것도 부모를 위해, 손님을 물리치는 것은 정부를 위해"인 것이다. 그녀들에게도 손님을 거부하는 약간의 자유의사는 있다. 더구나 그 손님이라는 것이 대개 그렇고 그런 같은 처지의 남자들이었던 것이다. 2절의 행복을 구상하는 상상력의 세계는 이렇게 가장 밑바닥에 있는 여성들에게도 확보되고 있었다.

2절은 분위기가 바뀌어 밝다. 인텔리들은 이렇게 '나락'에 빠져 버린 인생은 끝장이며 희망도 꿈도 생길 리가 없다고 생각할 지도 모르지만, 그런 예상과는 정반대로 여성들이 그리는 행복의 이미지는 생생하다. 표현은 감상적이지만 그 뒤에 숨어 있는 다부진 욕정은 감추기 어렵다.

"나도 얼른 해가 바뀌어 임과 함께 살게 된다면" 하는 공상은 멈출 줄 모르고 확산되어 그들과 그녀들을 도취시킨다. 거기에는 마음만 진실하다면 지금 아무리 힘들어도 반드시 행복을 손에 잡을 수 있다는 확신과 같은 넉살스러움이 있다. 그것은 환상세계의 도취, 행복, 희망이 있기 때문에 지금 하는 '일'의 굴욕을 견딜 수 있다고 생각하는 적극적인 의식구조를 말해 주고 있다. 물론 그들 나름의 철학인 '마음'의 진실이 깨졌을 때, 그리고 단순한 삶에 대한 자기 욕심만이 남았을 때 생기는 구제받을 길 없는 메마른 정신과 음성적인 의식구조에 관해서는 새삼 다시 생각하지 않으면 안 될 것이다.

어쨌든 이러한 정신세계는 상류사회나 지식인의 의표를 찌르는 반도덕·부도덕한 세계로 보일지도 모른다. 그러나 바로 이러한 점에 관념으로서가 아닌 불손한 민중사상과 생명력이 보이는 것이며 민중의 감상성과 표리일체를 이루는 강렬한 아집과 생생한 욕망이 인정되는 것이다. 히구치 이치요(樋口一葉)의 소설《니고리에》(にごりえ)의 주인공 오리키, 나가쓰카 다카시의《흙》의 간지, 도쿠다 슈세이(德田秋声)의《아라쿠레》(あらくれ)의 오시마에서 이마무라 쇼헤이(今村昌平)의 영화〈일본곤충기〉의 여주인공에 이르기까지 일련의 예술 형상[5]을 떠올려 보기 바란다. 이러한 민중의 의식구조를 파악하지 않고 민중의 전근대성만을 지적하는 지식인의 논리는 단지 무력한 것에 지나지 않는다.

그러나 이러한 군대 노래는 한편으로는 천황제 사상을 아래에서 지탱하는 축소판과도 같은 구실을 한다. 즉 이 노래가 '나락'에 빠진 여자들의 구원이 되거나 병사들의 위로가 되기도 하면서 결합되어 있는 부분이다. 1절에서는 '힘든 일,' '위의 규칙'과 인민의 '애욕'이 모순하면서, 2절에서는 상상력의 세계에 매끈하게 조화되어 '좋은 일이야 좋은 일이야'로 맺고 있다. 여기서 모처럼 자란 비판의 싹이 뽑혀 버리는 것이다. 가령 '부모를 위해,' '집안을 위해'를 '국가를 위해,' '천황을 위해'로 바꾸고 '힘든 일'을 '군복무'로, '의사 선생님'을 '상관'이나 '고참병'으로, '해가 바뀌면'을 '만기 제대'로 바꾸어 본다면 이 노래는 힘든 전쟁 근무를 원망하면서도 '집'과 '국가,' '부모'와 '천황'의 유사성으로 결국은 현 체제를 긍정하고 병사들을 위안하는 이데올로기적인 구실을 하는 것이다.

민중에게 '지배적 사상'이라고 하는 것은 구체적·감각적으로는 이러한 것으로서 받아들여지고 또한 이러한 것의 증폭을 통해서 정념화되고 고정화되며 또한 끊임없이 재생산되어 가는 것이리라.

---

5) 樋口一葉,《にごりえ》, 1895년; 德田秋声,《あらくれ》, 1915년; 今村昌平,〈日本昆蟲記〉, 1963년).

미야기 현의 자오 산(藏王山) 기슭에 있는 후나오카(船岡)라는 농촌이 있었다. 메이지 43년(1910) 수해로 222명이 기아에 빠졌는데, 이듬해 2월 엄동설한이 닥치자 '긴급하게 구조해야 할 극궁민' 45호에 대하여 군청의 시찰이 있었다. 그 기록이 시바다(柴田) 군청으로 보낸 〈궁민 조사 보고서〉로 제출되었다. 지금 그것을 읽어 보면 45호 가운데 거의 대부분이 토지를 상실하고 날품팔이 등의 프롤레타리아로 전락한 것을 알 수 있다. 그 대부분이 '옷 한 벌 걸친 채로' 가족 가운데 몇 명은 '병상에서 신음'하고, 일할 수 있는 사람은 '임금 하락으로 입에 풀칠도 못'하거나 실업자가 되어 '이대로 방치하면 굶어죽을 지경'이라는 참상이었다.

이 45호의 잔혹한 이야기는 그들이 거의 불치병 환자, 노인, 어린아이들이거나, 일하는 남자들이 내버려 두고 떠난 자들, 즉 돈벌이하러 나간 채로 소식이 두절된 이의 가족들이다. 여기에는 농민의 토지 상실과 실업뿐 아니라 사회보장의 대상이 되어야 할 불치병 환자, 노인과 어린아이의 고뇌, 그리고 그것을 지금까지 지탱해 온 '이에'의 붕괴와 뿔뿔이 흩어진 가족이라는 현실이 있었다.

이것은 분명히 통속도덕으로 해결할 수 있는 한계를 넘어서고 있다. 이는 메이지 30년대에 들어와 잇따른 증세, 전쟁 부담(후나오카 촌에서는 러일전쟁 때 이 빈민층에서 대부분의 출병 병사가 나왔다. 소집된 병사 87명 가운데 30명이 전사하거나 중상을 입었다). 그리고 2년 동안 발생한 수해, 냉해, 흉작에 따른 만성 기근에 엎친 데 덮친 격으로 지주와 고리대의 수탈, 결막염, 류마티스, 천식, 결핵 등이 가중되어 나타난 당연한 결과였다.

그렇기에 '극궁민층'만이 아니라 소농층 가운데에도 "수해 후 장남이 집을 나가 이도저도 못한 채 채권자에게 가구까지 뺏기고 밤에는 덮고 잘 이불도 없는 차마 보지 못할 참상"이라는 보고가 있을 정도였다.

후나오카 촌에서는 마을을 떠나는 자가 속출하고 1910년 한 해에 제사 공장 여공으로 마을을 떠난 여자가 41명, 그 밖에 인신매매의 덫에 걸린 소녀가 여럿이다. 일가족 모두 눈보라 치는 홋카이도로 달아난 경우까지 포함하여 1910년에는 후나오카 촌에서 마을을 떠난 자가 100명을 넘고 있다(미야기 현에서는 메이지 36년 1천 명을 넘던 홋카이도 이주자가 40년에는 1만 6천 명으로 16배나 증가하고 있다).

이런 사실에 입각해서 사이토 히로시는 이렇게 말한다.[6)]

탈출과 이탈은 비참한 청춘에만 한정되지 않는다. 호주나 집안을 이을 장자가 단신으로 돈벌이를 나간 후 집안 전체가 흩어져 마을을 떠난다. 일가족이 뿔뿔이 흩어지고 가정생활의 '따스함'은 샅샅이 사라진다. 일본 근대를 지탱하는 이에(家) 제도가 공교롭게도 도호쿠 민중에게는 살아가기 위해서는 파괴되어야 할 대상이었다. 일가족이 흩어지지 않으면 일본 근대의 저변은 성립할 수 없다. 농촌의 대지주, 호농층이나 도시의 상류계층에게 질서 바르고 밝은 가족제도는 도호쿠 농민의 방대한 중농층 이하의 빈민, 궁민 출신, 이주민들의 가정 파괴의 산더미 위에 구축된 것과 같은 것이다.

일본의 프롤레타리아는 이러한 비참한 역사를 짊어지고 형성되었다. 그리고 이 '비참함'을 해결하는 역사적 역할을 맡고 대도시나 공장, 광산으로 들어갔다. 지금까지 이런 실상의 형성 과정은 연구되어 왔지만 그 의식이 형성되는 과정은 거의 해명되지 않았다. 이것은 연구사로 볼 때 중대한 결함이었다고 말하지 않을 수 없다.

후나오카 촌에서는 다이쇼 2년(1913) 지주층이 뒤늦게나마 "교육칙어, 보신(戊申)조서의 취지를 실행하고 지방개량, 민풍작흥의 목적"을 위해

---

6) 斎藤博, 〈絶望の明治農村〉, 《独協大学教養諸学研究》 第3号, 1968년.

후나오카 보덕사(報德社)를 조직한다. 보덕사는 러일전쟁 당시 촌락에 만들어진 애국부인회, 청년단, 지주회 등과 연대하여 해체에 직면한 촌락의 부흥을 꾀하고자 했다. 농업 위기가 예상 밖으로 심각하게 진행하자 충격을 받은 정부와 지주, 부르주아 정당이 이런저런 대책을 내세워 이러한 아래로부터의 움직임과 호응하려 했을 때, 비로소 지식층도 이 중대한 문제에 관심을 가지기 시작한 것이다.

3. 이상을 상실한 시대

다야마 가타이(田山花袋)의 《시골 교사》는 간토 평야에서 태어나 뜻과 꿈을 품고도 스물네 살의 나이에 아무도 모르게 병사한 "어디에나 있을 법한 평범한 청년, 소학교 교사"를 그린 소설이다. 다야마가 그 실재 인물 고바야시 슈조(小林秀三)의 일기를 읽고 가장 먼저 생각한 것은 "랴오양(遼陽)이 함락한 날에 …… 일본이 세계적으로 발전하는 가장 영광스러운 날, 만인이 환희에 들떠 있는 바로 그날에 그렇게 외롭게 죽어가는 청년도 있는 것이다. 사업도 하지 못하고 전쟁터로 가는 병사도 되지 못한 채"라는 감개였다. 그는 이러한 지방 무명 청년의 죽음에 마음이 이끌려 사이타마 현 하부초(羽生町)에서 교다(行田) 부근 도네가와 강변의 촌락들을 누비고 다녔다. 그렇게 해서 이 작품은 메이지 말기의 정체된 간토 지방 농촌의 분위기를 잘 묘사하고 있다.

어느 야학교 앞의 종이 크게 울러 퍼졌다. 대나무 숲 저편으로 나가 보니 하늘이 붉게 물들고 있었다(어느 농가에 불이 났다—지은이). 금전이 귀중한 시골에서는 집 한 채를 새로 세우는 데도 개인이 평생을 일해야 했다. (그런데 이러한 농민에게는 등을 돌리고 오로지 중앙을 향하는 친구들은 어찌된 일인가). 그는 오직 공명심에 불타 학문에 열중하던 구마가야(熊谷)와 교다(行田)의 친구들을 이렇게 고난의 생활을 보내는 사람들과 비교해서 생각해 보았다. 훌륭한 사람이 되고 싶다. 멋진 생활을 하고 싶다. 그러나 평범한 생활을 보내는 사람들도 얼마든지 있다. 일가족의 행복, 노모의 행복을 희생으로 하면서까지 공명을 세워야 할 까닭도 없다. 오히려 자신은 평범한 생활을 감수한다. 이렇게 생각하면서 그는 걸었다. (그렇게 생각하고 새삼 주위를 살펴보면 지금까지 보이지 않던 이 마을의 의미가 그의 시야에 들어온다).

엄동설한 흙에 파묻혀 얼어 죽은 노인의 시신을 파내는 데도 가 본 적이 있다. 거기에는 잡초가 자라고 개구리가 소리를 내면서 물속으로 뛰어 들었다. 숲 속에는 폐허가 된 신사가 있고 저편으로 후지 산이 훤히 보인다. …… 이렇게 살다 보면 들은 적도 없는 마을 소문이 귀에 들어온다. 집안일을 힘들게 하다 지쳐 저수지에 몸을 던진 여자 이야기, 여행객에게 속아 강간당한 마을의 보모 이야기, 3인조 강도가 칼을 들고 호농 집으로 쳐들어가 주인과 자식을 밧줄로 묶고 돈을 강탈했다는 이야기, 난초 중매상과 작부가 정사(情死)한 이야기에 이르기까지. 들으면 들을수록 평화롭게 보이는 마을에도 괴롭고 슬픈 인생이 있다는 것을 발견했다. 지주와 소작인 관계, 부자와 가난뱅이의 극심한 격차, 맑고 이상적인 생활을 하면서 자연의 온화한 품에 안겨 있다고 생각한 시골도 역시 투쟁의 거리이자 이해와 욕망의 세상이라는 것을 점차 깨닫게 되었다.

그것은 시골 선생이 깨달았다기보다도 작가 자신이 깨달았다는 편이 자연스러울 것이다. 이 시골 선생은 시골에 사는 것에 '긍지'와 '삶의 보람'을 발견할 수가 없었다. 그렇다고 해서 가난하고 선량한 부모를 버리고 떠날 수도 없다. 그는 어느 날 도네가와 강변에 학생들을 데리고 가지만 그날 밤 다음과 같은 신체시를 일기에 남기고 있다.

마쓰하라(松原) 저 멀리 해는 지고

도네가와 강물은 유유히 흐르네

바라보니 쓸쓸한 마을

이곳에 일 년간 오막살이

덧없는 사랑도 세상도 버리고

바라는 것도 없는 외톨이

외롭게 부르는 내 노래를

가련하다고 들어도 도리가 없네

러일전쟁 후 유행가의 태반을 차지하는 '눈물'과 '고독,' '방랑'과 '무상함'이라는 탄식조 가락에 이 시는 너무도 닮아 있다. 이 청년의 눈에는 전원 풍경도 쓸쓸하게 비치고 사랑도 출세도 물거품 같은 것이며 자신이 사는 집은 오두막집이라는 방랑의 감상이 짙게 스며 있다. 왜 자신은 이렇게 비참하고 불행한 것일까. 왜 자신은 희망을 가지고 힘차게 살아가지 못하는 걸까. 그 진정한 원인은 어디에 있을까. 이 소학교 선생도 작자 자신도 이해하지 못하고 있다. 그렇기 때문에 소설은 깊은 '애수'의 공감 속에 끝나고 있다. 이 작품은 발표와 동시에 전국 각지의 청년과 교사들에게 커다란 반향을 불러일으켰다고 한다. 그만큼 이 '애수'가 리얼리티를 가지고 있었다는 것을 말해 주고 있다.

여기까지 다야마의 작품을 살펴보면서 나는 또 다른 감개가 떠오른다. 그것은 1880년대 메이지 농촌과 비교해서 얼마나 그 명암의 차이가 큰 것일까. 이 마을은 같은 간토의 농촌인데 자유민권의 외침이 울려 퍼진 20년 전의 촌락들과 비교하면 너무도 침체되어 버렸다. 그 너무도 격렬한 변화에 놀랄 뿐이다.

독자들은 4장까지 읽은 내용을 기억해 주기 바란다. 거기서 상세하게 논한 사례는 부슈 다마 군의 것이기는 하지만 같은 활력은 간토 전 지역, 나아가 일본 각지에서 보이는 것이었다. 거기에는 수백 개에 이르는 반권력적인 정치(학습) 결사가 만들어지고, 작게는 촌락 자치에서 크게는 헌법초안에 이르기까지 토론이 활발하게 펼쳐지고 있었다.

메이지 14년(1881) 3월 기타타마 군 후다(布田, 지금의 조후 시)의 학술연설회에서 국우회(国友会)의 홋타 노보루(堀田昇)는 이렇게 보고하고 있다. 이날 청중은 200명 정도로 성황을 이루었다. 마지막은 토론회 같은 형태가 되어 어떤 자가 "우리 나라 헌법을 정할 때 원안의 기초는 인민이 해야 한다"고 주장하면, 또 다른 사람은 이에 반론하여 "논란 공격 수차례에 미치지만 언제 이룰 수 있을지 전망이 서지 않는다"고 할 정도였다.

또한 그 1년 후 홋다(堀田)가 부소(武相) 지방으로 순회 연설을 갔을 때 "두 지역의 장사가 앞을 다투어 연단으로 올라와 각자의 사상을 논하고," 산회를 선언해도 돌아가지 않고 자리를 옮겨 자정이 되도록 언성을 높이는 성황을 이루었다고 한다.[7]

이러한 상황은 1880년대 동일본 각지의 농촌, 산촌, 어촌으로 수백 차례나 되는 순회 연설을 하고 다닌 스에히로 시게야스(末広重恭)와 홋다, 고이즈카 류(肥塚竜), 노무라 혼노스케(野村本之助) 등이 각 신문에 보고한 기사를 통해서도 알 수 있다. 더구나 이러한 도시 저널리스트들은 스스로 자진해서 갔다기보다는 촌락의 강한 요청으로 출장을 나간 것이며 가는 곳마다 논쟁의 와중에 휩싸였다. 1882년 《도쿄요코하마마이니치신문》에 실린 구사마 도키요시(草間時福)의 〈도치기 기행〉이나 아오키 히로시(青木匡)의 〈이와키 기행〉도 "사람의 힘으로 제압할 수 없는 기세"를 언급하면서 거의 비슷한 감상을 남기고 있다.

현재 우리 사회에서 폭포수가 바닥으로 떨어지는 것처럼 거의 사람 힘으

---

7) 堀口昇, 〈武相紀行〉, 《朝野新聞》, 1881년 3월 2일, 1882년 5월 7일.

로 막을 수 없는 기세가 있는 것은 지방 정치 결합의 정신이다. 그 결합이 가장 외진 산간벽지의 작은 부락에 까지 미치고 있는 곳은 도치기 현의 아소(安蘇)와 쓰가(都賀) 두 군이다.[8]

정치사상이 나날이 발달하는 것은 마치 물이 위에서 아래로 떨어지는 것과 같은 이치인가. 최근 각 지방의 인민은 하나같이 지식을 계발하지 않으면 안 되며 정치사상을 양성하지 않으면 안 된다는 것을 알고, 또는 정치연설회를 열거나 정치 법률에 관한 학습회를 개최하며, 때로는 도쿄에서 지사를 초대하여 정치상의 의견을 듣고 이로써 크게 계획하는 자들이 있다. 나 또한 종종 유지자의 초대에 응하여 근린 각지의 연설회에 나가 이제는 간토 지방에서 거의 발을 들이지 않은 곳이 없을 정도이다. 이런 까닭에 뒷날 때를 얻어 멀리 떨어진 지방에 순회하여 널리 동지를 구하려고 바란 지오래다. 여기에 메이지 15년 3월 상순 후쿠시마 현 이와키국(岩城国) 히가시시라가와(東白川) 군 우에다(植田) 촌의 유지 요시나리 겐시로(吉成謙四郎)와 요시나리 에이시치로(吉成英七郎) 등이 우리 오메이샤에 서한을 보내 같은 달 16일 그곳에서 개회하는 정치 연설회에 사원의 참석을 부탁해 왔다.[9]

이러한 '자유민권가의 연설 기행'에 관한 전모를 최근 에이 히데오가 소개한 덕분에 우리는 그것을 더욱 가까이서 느낄 수 있게 되었다.[10]

이에 비하면 나가쓰카의 《흙》이 상세하게 묘사한 메이지 말기의 간토 농촌은 너무도 정체되어 있다. 다야마가 묘사한 도네가와 연안의 마을들은 너무도 어두웠다. 그 직전에도 마야마 세이카의 《미나미고이즈미무라》나 시마자키 도손의 《파계》(破戒, 1906)가 문자 그대로 '절망의 메

---

8) 草間時福, 〈栃木紀行〉, 《東京橫浜毎日新聞》, 1882년 2월 4일.
9) 青木匡, 〈盤城紀行〉, 《東京橫浜毎日新聞》, 1882년 4월 11일.
10) 江井秀雄, 〈自由民權家の演説紀行 2〉, 《東京経大人文科学論叢》 第22号, 1969년.

이지 농촌'을 묘사했지만, 그것은 나쓰메 소세키의 《갱부》(坑夫, 1908)나 구니기다 돗포의 《궁사》(窮死, 1907)의 내용과 일치하고 있는 것이다. 메이지의 작가들은 뜻하지 않게 밑바닥 민중의식의 정체와 변화에 감응한 작품을 발표했다. 그것은 저변이 파괴에 직면하여 격렬하게 움직이려는 징조가 사회 곳곳에서 보이기 시작했기 때문일 것이다. 이렇게 크게 울리어 흔들리는 지반 위에 서 있던 지식인의 '막연한 불안'은 나쓰메 소세키가 가장 예리하게 추구했지만, 시인 이시카와 다쿠보쿠도 이 시대의 지식 청년에 대하여 본질에 가까운 이해를 나타내고 있다.

보라, 우리는 지금 어디로 우리가 나아갈 길을 발견할 수 있는가(……)
우리 청년을 둘러싼 공기는 더 이상 미동도 하지 않게 되었다. 강권 세력은 나라 곳곳에 미치지 않는 곳이 없다. 현대의 사회조직은 그 구석구석까지 발달하고 있다. 그리고 그 발달이 이미 완성에 가까울 정도까지 진행하고 있다.

과거 1880년대에 격렬하게 움직이고 있던 "청년을 둘러싼 공기"는 이미 미동도 하지 않게 되었다. 그리고 그것은 강권 세력이 사회 곳곳까지 미치기 시작했기 때문이라는 것이다. 그리하여 지식 청년들은 이 강권의 문제를 회피하여 "이상을 상실하고 방향을 잃고 출구를 찾지 못하는 상태에서 오랫동안 쌓아 온 울적한 자신의 힘을 혼자서 억제하지 못하고 더욱 더 '자멸적인 경향'으로 치달아 '이상을 상실한 서글픈 상태'에 빠져 버렸다고 한다. 그리고 그 '자멸 상태에서 탈출'하기 위해서는 '모든 정신을 내일과 우리 자신의 시대에 대한 조직적인 고찰에 경주하지 않으면 안 된다'고 주장한 것이다.[11]

---

11) 石川啄木, 〈時代閉塞の現状〉, 1910년.

당대의 작가들이 사회체제를 이해하는 수준을 넘어선 탁월한 견해였다. 그러나 그 다쿠보쿠조차 강권의 문제는 파악했어도 민중의식에 대한 거미줄 같은 이데올로기 지배와 그 사상 차원의 폐색 상황까지는 파악할 수 없었다. 다쿠보쿠는 한 평생을 빈곤 속에서 마쳤다. 그의 인생 경험은 고향 이와테 현 시부타미(渋民) 촌의 시골 선생에서 홋카이도에서 지방 기자를 하는 방랑 시대, 그리고 도쿄로 와서 지낸 빈궁 생활에 이르기까지 거의 하류 인민에 근접하고 있었다. 그러한 민중 시인이었던 다쿠보쿠조차도 지식 청년의 이상 상실은 비판할 수 있어도 엔도 히사지처럼 최하층 인민의 절망적인 의식 상태는 파악할 수 없었던 것이다.

왜 그럴까. 이것은 어려운 문제이다. 그러나 한 가지는 다쿠보쿠의 정신이 일찍부터 통속도덕적인 민중의식을 벗어나 있었던 점(《구름은 천재다》에서 보이는 소년기의 낭만주의는 통속도덕에 대한 반항이었다), 그것에 대한 반역으로 향락파 시인들의 무리로 들어갔기 때문일 것이다. 즉 서양 근대를 지향하는 지식인의 정신적 분위기 속에서 그의 시작(詩作)도 사상 형성도 이루어지고 있었다. 그것은 마찬가지로 단명에 생애를 마감한 선구자 기타무라 도코쿠의 궤적과 비슷하게 보이지만 실은 다르다.

도코쿠의 경우에는 스스로 민권운동 지사로서 자유당 격화 사건과 곤민당 소요를 지적에서 경험하면서, 더구나 그것이 좌절되고 민중이 유랑하는 과정 속에서 스스로의 사상을 형성했다. 그리고 다쿠보쿠와 마찬가지로 하류 인민과 근접하여 청빈한 생활을 보내고 낭만주의자 무리에 가담하지만, 도코쿠의 경우는 메이지 말기의 향락파와는 달리 민권운동의 비판을 바탕으로 한 '내부생명론'의 선언이며 모든 억압에 반항하는 근대적인 인간관의 수립을 위한 투쟁이었다. 도코쿠에게는 다쿠보쿠의 단가와 같은 생활 실감에서 민중을 파악하는 무기는 없었다. 그러나 메이지 문명이 얼마나 기만적인 것인지, 그것은 어떤 '외면의 기쁜 함성'에 대한 '이면의 피와 눈물,' 번영의 뒷면에서 벌어지는 인민의 부패, 질병과 쇠약, 곤궁을 가져다주고 있는지를 가장 먼저 경고하고 있었다. 그는 자기 자식을 죽이고 미쳐 버린 빈민 여성에게서 충격을 받거나, 도스토옙스키의 《죄와 벌》에서 '현대의 병'을 발견하는 내부생명적인 깊은 공명을 나타낼 수가 있었던 것이다. 그것은 자신의 사상 추를 '최하층 인민'의 바닥까지 내리고 있었기 때문일 것이다. 도코쿠가 공적으로 문학 활동을 시작한 것은 《여학잡지》에 논문을 투고하면서부터이지만 그 도화선은 다음과 같은 탄핵에서 시작하고 있다는 점을 기억해 두고 싶다.

> 메이지의 문명, 실은 그 표면에는 헤아릴 수 없는 진보를 나타낸다. 그러나 과연 다수의 인민이 이를 즐기고 있는가. ……
> 각 가정의 현실을 보라. 엄동설한에 따뜻한 화로를 둘러싸고 안색이 좋은 이가 몇이나 될까. 한창인 소녀 볼에 바를 분이 없고 어린 아동 손에 읽을 책이 없이 길거리를 방황하는 자의 집을 헤아려야 할 것이다. 어머니는 병들었는데 아이는 집에서 간호하지 못하고 길거리에서 날품팔이를 하지만 약 살 돈이 없어 함께 죽음을 기다리면서 또는 스스로를 죽이고 죽음을 불러온다. 사회는 그 표면이 날로 포장되어 화려하게 보이지만 이면에서는 날로 부패하고 병쇠하며 곤궁한 상황을 보고 어찌 우연이라고 할 수 있을까. 인생은 원래 뜻대로 되지 않는다지만, 가난한 자가 더욱더 천시되고 멸시당하며 부자가 더욱 더 오만해지고 사치에 흐르는 만큼 국가의 재해가 심한 것은 없다.[12]

도코쿠가 이 글을 쓴 1890년대에는 이미 1880년대 농촌의 활황은 사

---

12) 北村透谷, 〈慈善事業の進歩を望む〉, 1891년.

라져 버렸다. 1880년대 말, 130만 명에 지나지 않았던 도쿄의 인구는 그 후 급속한 팽창을 거듭하여 수백만이라는 농촌 인구를 흡수한 거대 도시가 되어 갔다. 기생지주제의 지배와 국가의 수탈 정책이 이러한 흐름에 박차를 가하고 농촌에서 유출한 방대한 빈민들을 값싼 노동력으로 삼아 일본 자본주의의 톱니바퀴를 돌리고 있었다. 잇따른 전쟁이 그 순환 속도를 더욱 가속화하고 도시에도 시골에도 한편의 번영과 그 반대편의 절망적인 빈곤이라는 양극화 현상이 용서 없이 퇴적되었다. 도코쿠의 비판은 이러한 근대화의 구조 그 자체에 대한 '인민'의 처지에서, 그리고 내부 생명을 존중하는 '인간'의 이름으로 표출한 근원적인 항의였다.

1900년에는 일본이 제국주의 전쟁에 착수함으로써 한층 농업 위기를 심화시켰다. 이 단계가 되면 농촌은 활황을 상실했을 뿐 아니라 한때는 절망적인 양상을 드러냈다. 물론 인민의 처지에서 하는 이야기이다.

이 절망적인 상황에서 흉작, 기아, 도산은 물론이고 불결, 걸식, 무관심, 포기, 무지, 결막염, 류미티스, 천식, 결핵, 발광, 폭음, 음란, 수종(水腫), 낙태, 아사, 야반도주, 자살 같은 현상이 민중 생활의 모든 면에서 나타나게 되었다. 이 비문화적인 상황은 동양의 고대 정치사상인 '성현의 가르침'에 따르면 모든 것이 군주의 죄, 군덕의 부족, 곧 천황제의 죄라는 말이 된다. 그러나 가공할 만한 것은 비극의 외적인 현상만이 아니라 그것이 어떤 내적인 속박의 논리에 의해 인민을 내면에서 죄고 있었는가 하는 점이다. 천황제가 만약 그 '내적 속박의 논리'로까지 파고 들어왔다면 그 두려움은 '군주의 죄'라고 해서 그칠 이야기가 아니다. 천황제가 도호쿠 농민의 둔중하고 비천한 얼굴 뒤에 숨어서 교활하게 엷은 웃음을 지으면서 이쪽을 바라보고 있다고 생각해 본다면, 그것은 인간의 마음을 얼어붙게 만드는 백주대낮의 공포가 될 것이다.

다케우치 요시미는 다카무라 고타로의 〈네즈케의 나라〉(根付け, 에도

시대 남자들이 허리에 장식으로 차고 다니던 세공품—옮긴이)에서 천황제 그 자체를 보았다고 했다.

광대뼈가 나오고 입술이 두터우며 눈이 삼각형으로,
명인 산고로(三五郎)가 만든 네즈케와 같은 얼굴을 하고
혼이 빠진 듯이 멍하니 있으면서
자신을 모르고 곰상스럽게 구는 값싼 생명
허풍쟁이 같은
작게 굳어진
원숭이나 여우, 날다람쥐 흉내 내는 것과 같은,
검정 망둑 같은, 송사리 같은, 용마루 끝의 귀와(鬼瓦) 같은,
부서진 밥공기 조각 같은 일본인

이 무어라 말할 수 없는 토할 것 같은 장단이 천황제의 본질을 직관적으로 꿰뚫고 있다고 다케우치는 말하는 것이다.[13] 나는 마야마의《미나미고이즈미무라》의 한 구절을 같은 전율을 느끼면서 읽었다.

피부는 두텁지만 노인도 어린이도 모두 가난한 황색으로 얼룩져 윤기 없이 메말라 있다. 얼굴은 대개가 이와 턱이 큰 평평한 모습으로 벌레라도 있을 것 같은 눈썹이 처져 있다. 손과 발만 보기 사납게 큰 주제에(열에 여덟은 평발이다) 가슴과 어깨에 근육이 없고 아랫배 살이 무겁게 처져 있다. ……
그 입언저리의 꼬락서니, 코 모양의 비천함. 특히 볼썽사나운 것은 그들의 시선이다. 마치 사람을 피하는 듯한 짐승의 눈이다. 입언저리에 우둔한 엷

---

13) 竹内好, 앞의 책,《権力と芸術》서장 (1) 참조.

은 웃음을 지우고 무서워하면서 갈색 눈알을 굴리고 있는 꼴을 보노라면 나는 언제나 터키에 있는 천민 집시의 눈을 떠올리지 않을 수 없다. ……

나는 아무리 사치에 겸손해도 그들 소농민과 같은 피가 내 몸에 흐르고 있다고는 믿고 싶지 않다. 나는 추한 것을 일종의 죄악이라고 저주한 때도 있다. 추하다, 추하다, 농민의 생애는 그 추한 생애다.[14]

그럼에도 마야마 세이카여, 너의 몸에도 같은 피가 흐르고 있다.

천황제가 전체 정신 구조로서 모든 일본인을 덮어 버리고 있다고 한다면 이국인의 눈에는 아무도 구분되지 않을 것이다. 뉴욕의 거리에서, 캘커타 어딘가의 로비에서, 옷차림이나 영양이야 향상되었지만 여전히 '사람을 두려워하는 짐승의 눈'을 하고 '입언저리에 비열한 엷은 웃음을 지우면서 두렵게 갈색의 작은 눈을 이리저리 굴리고 있는' 평균적인 일본인의 모습을 타민족 사람들은 따가운 시선으로 응시하고 있었던 것이다.

---

14) 真山靑果, 앞의 책.

8장

정신 구조로서의 천황제

1. 역사적 전통, '국체'

근대 천황제는 무엇보다도 정치기구로 이해된다. 그 시스템은 1889년 '대일본제국헌법'으로 완성되었다. 천황제는 이 시스템을 이용해서 '정치, 경제, 교육' 등을 통하여 일본 인민을 지배해 왔다. 그리고 그것은 서구의 압박에서 일본을 근대국가로 독립시킨 부강한 힘과 내셔널리즘의 원천이기도 했다.

천황제를 규탄하기 위해서 이러한 사실을 경시하는 것은 단순한 감상에 지나지 않는다. 자본주의 법칙은 일본에서 천황제와 결합함으로써 비로소 가차 없이 일본 사회를 관철한 것이다.

물론 이러한 경제, 정치, 교육을 통한 천황제 지배는 모두가 민족적인 공동 환상을 매개로 하여 비로소 민중의 마음속에 파고들 수 있는 것이었다. 내가 여기서 다루고자 하는 것은 그런 시각에서 본 환상 속의 천황제이다. 그것은 좁은 의미의 '천황제 이데올로기' 범위를 넘어서 국민의 정신 구조에까지 영향을 미치고 있다. 연구 대상으로서는 한정하기 지극히 어려운 관념적인 영역이다. 그러나 누군가가 한 번쯤은 이 어려운 질문을 정면으로 돌파하지 않으면 안 될 숙명이다.

천황제에 대해서는 지식인의 원성이 높다. 그러나 천황제가 본질적으로 정말 무서운 것은 고토쿠 슈스이를 교수형에 처한 눈에 보이는 이단 배제의 행태보다도, 같은 시대에 도호쿠 지방 농촌의 한 농민이 "배고파 죽겠다"고 신음하면서 죽어 간 그 압살의 논리인 것이다.

앞 장에서도 살펴보았듯이 천황제는 정신 구조로서는 눈에 보이지 않는 어둡고 거대한 어둠상자와 같다. 일본인은 지식인도 대중도 어느새 그 네 모서리가 보이지 않는 어두운 상자에 갇혀, 왜 자신이 이렇게까지 고통 받아야 하는지도 모른 채 탄식하면서 죽어 갔다. 그러한 환상의 상황, 더구나 그러한 모든 상황의 대상화를 용납하지 않는 속박의 논리가 대중 측에 있다는 사실이 바로 가공할 만한 일인 것이다. 대중을 몰아세워 조선인과 중국인을 학살한 천황제도 무섭지만, 같은 일본인끼리 서로 말살시킨 뿌리 깊은 허무주의를 스나가 렌조나 이노우에 덴조가 매장되는 모습에서 무거운 심정으로 보는 것이다.

천황제는 일본의 '풍토'에 융합되었다. 그렇기에 민중에게는 거의 대부분이 천황제를 공동체적인 것으로 생각했지 결코 지배 시스템으로는 보지는 않았다. 다케우치 요시미가 말했듯이, 그것은 "상대하는 것이 아니라 감싸이는 것"이 되었다. 그렇기에 근대 천황제는 일본인 개개인에게 지우기 어려운 각인을 남기고, 다카무라 고타로의 시 〈네즈케의 나라〉에 나오는 일본인을 수없이 양산했다. 센고쿠 시대(戰国時代) 이래 일본인의 아름다운 기질은 어디론가 사라지고 정신의 노예적인 구조가 확산되었다. 천황제가 민족의 방패가 되고 국가적인 통합의 흑점이 되었다. 그러나 천황제는 단순히 부정되어야 할 것으로만 취급되어도 좋을까.

그렇지 않다면 천황제의 전통 속에서 '불 속의 군밤'을 주우려는 사람이 나타나도 이상한 일은 아니다. 천황제를 내부로부터 극복하기 위해 그 형성기와 변혁기로 거슬러 올라가 그 내재적인 논리를 재검토하고 변혁의 계기를 발견하려는 노력은 벌써 시작되었다. 이치이 사부로가 그한 사람인데, 내 예상으로는 이러한 방법은 반드시 성공하고 만다. 그 점에 관해서는 나중에 다시 이야기하기로 한다.

　국체란 무엇일까. 지금 새삼 그 말의 의미를 운운할 필요도 없이 일본인이
라면 모두 빠짐없이 알고 있는 일이다.[1]

　이토 다사부로(伊東多三郎)가 자신의 첫 저서 《국체 관념의 사적 연
구》의 권두에 이렇게 적은 것은 1936년이다. 그 후 불과 20~30년이 지
나 일본인의 태반은 '국체'라 하면 '전국체전'(国体) 같은 스포츠 축제 정
도로 밖에 답하지 않게 되었다. 이만큼 급속하게 조락한 관념도 그리
흔하지는 않을 것이다. 그러나 1945년 일본이 패전하기 전까지는 이 '국
체'야말로 천황제의 요체이며 핵심이었다. 그것은 이른바 바뀌기 쉬운
정치체제와는 달리 '만세불이(萬世不易)의 국체'였던 것이다. '국민의 종
교적 심리와 민족적 자각으로 구성된 국민 도덕적 개념'이며 이것이야말
로 '국가 활동의 정신적 힘'이자 '국민적 통일의 원리'로 지목되고 있었던
것이다.
　그에 따르면 '국체'는 단순한 국가의 형태가 아니다. 오히려 국가의 체
질을 이루는 정신적인 것이자 도덕적 관념이며, 구체적으로는 '만세일계
천황의 통치 아래 전 국민이 한 가족처럼 서로 화목한 군민일체의 관계'
를 이루는 것을 말한다. 물론 이토 다사부로도 이것이 고대부터 일관되
어 왔다고 주장하는 것은 아니다. 메이지유신 이후의 사상통제 정책에
의해 '국체 관념을 자각하는 미증유의 시기'가 도래하고 '바야흐로 국체
관념은 일부 권력 계급'의 독점에서 해방되어 '국민 개개인의 존엄한 소
유물'이 된 것이라고 한다. 그것은 그저 단순하게 이토 히로부미에 의해
창작된 것이 아니다. 고대는 물론이고 막부 말기의 존황론 속에도 분명

---

1)　伊東多三郎, 《国体概念の史的研究》, 1936년.

히 있으며 메이지 신정부 초기의 정책에도 표명되고 있었다(메이지 원년 9월 황학소皇學所 규칙에는 '국체를 분별하고 명분을 바로 잡을 것'이라고 정하고 있다).

일본의 '국체' 관념이 메이지 이래의 산물이며 기생지주제와 일본 자본주의의 상부구조일 뿐이었다면 문제는 훨씬 간단했다. 그것뿐이라면 강좌파 마르크스주의의 이데올로기 폭로(천황제 곧 국체 사상을 지주, 부르주아, 특권 관료 지배 블록의 계급 억압의 '방패막이'라고 폭로하고 규탄하는 수법)만으로도 충분히 싸울 수 있었을 터이다. 그러나 이러한 천황제 비판은 대중의 생활 사상이라는 두꺼운 벽에 부닥쳐 비판자는 오히려 고립당하고 '대규모 전향'이라는 참담한 굴복까지 당했던 것이다.

'국체' 관념은 일본 역사에서 1천 년에 걸쳐 간헐적으로 이어져 온 "연면한 전통"이라 해도 좋다. 쇼와 시대의 마르크스주의자들은 적으로 삼은 상대가 1천 년이나 되는 사상적인 힘을 배경으로 한 복합 권력이었다는 사실을 지나치게 무시했다. 이토 다사부로의 말을 빌려올 필요도 없이, '국체 관념의 연원'은 먼 옛날 8세기의 《고사기》(古事記)와 《일본서기》(日本書紀)로 거슬러 올라간다. 그 이래로 다수의 사서가 이 관념의 정통성을 계승해 왔다. 《육국사》(六國史)부터 《신황정통기》(神皇正統記), 《중조실록》(中朝事實), 《대일본사》, 《황조사략》, 《일본외사》 등을 떠올려 본다면, 이 관념이 제각기의 시점에서 갖가지 정통성론과 결합하여 역사 변혁에 하나의 원천을 이루어 왔다는 점을 알 수 있을 것이다.

특히 에도 시대는 야마자키 안사이(山崎闇斎)와 야마카 소고(山鹿素行) 등의 신유일치관(神儒一致觀)을 비롯한 유교적 국체론과, 모토오리 노리나가(本居宣長), 히라다 아쓰다네(平田篤胤) 등의 국학적 국체론이 융성했다. 이 중에서도 미토학(水戶学)과 국학에서는 에도막부 말기에 수많은 존황양이 운동 지사들을 배출했다. 메이지의 국가 의식을 생각할 경우 이러한 고대부터 존황양이 운동기까지의 수많은 저작, 시가, 예능, 법령 제도, 전승 등에 구체화되어 온 반성적인 의식의 퇴적에 주의하지 않으면 안 된다. 왜냐하면 이러한 의식(방대한 역사 정보)은 일본 대중의 감각을 지탱하면서 국학, 심학, 유교 도덕, 신도, 민속신앙 등과 뒤섞여 오랜 역사에 걸쳐 대중심리 형성에 깊은 영향을 끼쳐 왔기 때문이다.

일본이 아시아 대륙의 동쪽에 고립된 섬나라라는 사실이 이러한 관념의 일계성에 절호의 조건이 되었다. 이민족에게 단 한 번도 지배당하거나 살육 당하는 일이 없었던 세계사적인 우연이 지배자에게도 민중에게도 '만세일계의 황통'에 대한 환상을 가지게 하고, 그것이 가장 오랜 가문을 자랑하는 섬나라 사대주의를 오랫동안 이어 오게 했다. 이윽고 이 관념은 거의 무의식중에 '관습'화 되어 표면에서 사라지지만, 민족적 위기가 찾아오거나 '정치체제' 변혁의 위기에 직면할 때마다 홀연히 잠재의식 속에서 되풀이해서 부상해 왔다.

우리가 '국체' 관념에 1천여 년의 사상적 전통과 연원을 인정하는 것은 바로 이러한 점이다. 특히 중요하게 보는 것은 이러한 관념의 체질이 일본 대중의 사상 방법, 즉 독특한 '풍토' 조건에서 오는 '자연' 사상과 공동체의 고유 신앙적인 사유를 분리하기 어려울 정도로 융합하면서 습속화되어 왔다는 사실이다. 메이지의 '국체' 관념은 이러한 부정형한 정통 의식 위에 유신 후 새로운 가치를 부가하여 만들어진 복합체인 것이다. 물론 이 복합체에는 본질적인 모순의 균열이 있으며 여기에 쐐기를 박을 가능성이 있다는 것은 당연한 일이다. 이러한 작업이야말로 일본에서 근대 사상이 대결해야 할 최대의 상대였던 것이다.

그렇다면 메이지 시대에 들어와 새롭게 부가된 가치란 무엇인가. 첫째로 "구래의 누습을 타파하고 천지의 공도에 의거하여," "널리 지식을 세계에 구하는" 열린 정신일 것이다. 그리고 이러한 정신의 천명은 '사민평등' '일군만민'의 원리로서 새로운 '국체' 관념 속에 되살아난다. 이것은 고대 천황제나 근세 국체론에도 없었던 것이다.

메이지 시대부터 천황제는 '국체'의 본의를 통한 정치적·군사적 권력의 중앙 집중과, 한편으로는 '공의여론'(公議輿論)을 존중하고 '입헌제'를 지향한다는 이데올로기를 이용하기 시작한다. 천황제 환상의 확장 운동이 시작된 것이다. 폐번치현, 학제 제정, 징병령, 지조개정 같은 메이지 초년의 대개혁이 진행함에 따라 절대주의와 근대적 기능주의를 포섭해 간 천황제는 그 내부에서 자유민권운동의 저항을 배척하면서도 외길 이념적인 완성을 지향하여 환상 영역을 확대해 나갔다. 그리고 그 허용 범위는 이윽고 후쿠자와 유키치의 합리주의, 가토 히로유키, 이노우에 데쓰지로를 비롯한 사회진화론에서 도야마 미쓰루(頭山滿), 다루이 도키치(樽井藤吉), 우치다 료헤이(內田良平) 등과 같은 아시아주의에 까지 미친 것이다.

2. 천황과 민중

'교육칙어'를 음미해 보면 모토다 에이후의 유교주의와 이노우에 고와시(井上毅)의 메이지적인 입헌주의가 국체론을 중심으로 절충되어 있다는 점을 발견할 수 있다. 또한 '대일본제국헌법'의 해석을 보면 미노베 다쓰키치(美濃部達吉)의 '천황기관설'과 우에스기 신키치(上杉愼吉)의 '천황신권설'이 모두 허용되고 포섭되어 있다는 것을 알 수 있다. 그런 점에 천황제의 유연한 폭은 넓다.

천황제의 강력한 포섭력은 자유민권운동을 압도하여 그 지도자들을 자신의 입헌적·지방적 지지자로 바꾸어 버린 점에서도 보이며(자유당의 후신인 입헌정우회의 운명을 보라), 또한 당초에는 완강하게 저항하던 덴리교나 마루야마교, 오모토교 같은 혁신적인 민중 종교도 교파 신도의 일환으로 편입되어 '어금니'를 뽑히고 전통 신앙의 거푸집으로 흘러들어가 버렸다는 점에서도 나타나고 있다.

게다가 일신교적인 종교의 본질에서 볼 때 천황제 사상과는 가장 화해하기 어려웠던 프로테스탄티즘조차도 우치무라 간조의 비극이 말해주고 있듯이 천황의 사진과 교육칙어에 대한 예배를 강요 당하고 끝내는 천황제의 질서 속에 흡수되어 갔다. 그리고 마지막까지 이 포섭에 저항하고 "천황제 타도"를 외친 공산주의자는 본보기가 되어 '이단'으로 철저하게 탄압당했던 것이다.

그러나 그러한 마법과 같은 '변화의 힘'을 가진 천황제가 《아라비안나이트》의 이야기처럼 하룻밤 사이에 홀연히 나타난 것은 아니다. 근대 천황제 또한 시행착오를 되풀이하면서 창출된 역사적 산물인 것이다. 여기서 '국체' 관념, 더구나 그 핵심을 이루는 천황관이 메이지 초년에는 어떤 것이었는지가 문제가 된다.

메이지유신 전야에 '천황은 아마테라스 오미카미(天祖大神)의 직계로 신성한 절대적인 존재'라고 믿고 있었던 것은 아오야마 한조(青山半蔵) 같은 국학자나 소수의 무사와 재야 지사들뿐이었다. 대부분의 무사는 현실의 천황을 절대시하는 관념과는 거리가 있었다. 측근의 경우에도 예외가 아니다. 존황도막파의 수령 가운데 한 사람인 이와쿠라 도모미는 고메이(孝明) 천황에 대해 비판적이었으며(천황을 독살한 게 이와쿠라라는 소문이 나돌고 있었다), 오쿠보 도시미치 등은 공공연히 "의(義)가 아닌 칙명은 칙명이 아니다."[2] 그러므로 지킬 필요는 없다고 반론하고 있었다.

"천하는 천하의 천하이다," 천황 한 사람의 것이 아니며 천황의 권위조차 천황의 고유한 것은 아니라 천하 만인의 동의에 있다, 왕도야말로

---

2) 大久保利通 文書, 1865년 서한.

권위의 원천이 있다는 사상은 《신황정통기》 이래 일본인의 전통적인 정론이었다. 그렇기 때문에 이와쿠라가 게이오 원년(1865)에 "국시는 결코 천자 혼자서 결정할 것이 아니다. 왜냐하면 천하는 조종(祖宗)의 천하이며 군신이 함께 시비득실을 심의하여 이로써 결단을 내려야 한다"[3]고 말한 것이다.

여기서는 명백하게 "천하는 한 사람의 천하"라고 하는 천황 지향의 정통성 관념과 "천하는 천하의 천하"라고 하는 천하 지향의 정통성 관념이 맞부딪히고 있었다. 이 두 가지 관념은 그 후에도 쉬이 통일될 수 없었지만 이와쿠라는 이 균열을 명분상의 천황 친정과 실질적인 조종(祖宗)의 신려(神慮), 즉 천황을 구속하는 공의(公議) 정치(왕도정치)로 메우려 했다. 메이지의 '국체' 관념은 애초에 그 출발점부터 이러한 모순을 내포하고 있었던 것이다.[4]

뒷날 열성적인 가족국가관을 주창하게 되는 메이로쿠샤의 가토 히로유키가 "천황도 사람이다. 인민도 사람이므로," "천하의 국토와 인민을 오직 천황의 사유로 생각하는 것과 같은 비루한 풍속을 가지고 우리 국체로 생각하는 이치"[5]를 공격한 것은 천황 지향의 정통성 이념에 관한 비판이며 당시로서는 특별히 드문 예는 아니었다.

후쿠시마 현의 일개 소학교 교원 야나기누마 가메키치는 "인간은 동등 동권으로서 결코 군신에게 상하의 차이 없다. 그런데 황제나 왕이 무한한 권위를 장악하고 백성을 소나 말과 같이 제압해도 오히려 그것을 도리라고 생각하고 기이하게 여기지 않는 것은 실로 관습이 그렇게 만들었기 때문이다. …… 우리 나라도 관습으로 성립한 것이 곧 국체

3) 岩倉具視文書.
4) 松本三之介, 《天皇制国家と政治思想》 참조. 1969년.
5) 加藤弘之, 《国体新論》, 1875년.

이다"[6](1882)라고 연설하다가 체포당했다. 두 사람 모두 국체가 봉건적 관습으로 성립되었다고 파악하는 점이 흥미롭다. 그러나 이 인용문을 반대로 읽으면, 당시는 군신 상하의 차이를 도리로 하여 이상하게 생각하지 않는 습관이 있으며 대다수 인민이 거기에 사로잡혀 있었다는 말이 된다. 그렇다면 그 대다수의 인민을 사로잡고 있던 습관이란 무엇인가. 그것을 먼저 검토해야 할 것이다.

쓰루미 슌스케(鶴見俊輔) 씨가 소개하고 있는 아마쿠사(天草) 태생의 한 어민 이야기가 생각난다.[7] 스자키 분조(須崎文造, 1861년생)라는 이 어민은 세이난전쟁 당시 마을 할머니들이 이렇게 이야기했다고 한다.

천하님이 천황님으로 바뀐다고 해도 어차피 천황님은 인간이지. 연극에서 보는 금관에 금장식을 한 도포를 입은 사람이라고 생각하는데 …… 천황님의 세상이 되면 지금 세상과 달라서 집집마다 베 짜는 틀까지 남김없이 갖다 바친다고 해, 옛날 사쿠라 소고로의 연극처럼 된다는 말이야.

즉 대중에게는 천황의 이미지가 연극에서 보는 귀족의 인상 정도에 지나지 않았던 것이다. 마치 막연하게 세금을 거두는 사람인 모양인데 왠지 모르게 고귀한 분처럼 느껴진다는 것이다. 이것이 나중에 메이지 천황의 지방순행 경로에 해당되는 촌락의 인민들에게는 한층 감사한 일로 받아들여져 토속적인 신앙에서 나타나는 천자님과 혼동되고 있었다.

그러나 같은 인민이라도 호농층의 천황 이미지는 전혀 다르다. 그들은 유학과 국학 등에 상당한 교양이 있으며 자신의 사상을 한시문 등으로

---

6) 家永三郎·庄司吉之助 編, 《自由民権思想》 中卷, 1957년.
7) 鶴見俊輔, 《日本の百年》 第1卷, 1963년.

표현해 온 촌락 지도자였다. 그들 가운데 메이지유신 당시 활약한 다수의 재야 지사들이 나오게 되는데, 뒤를 이어 자유민권기에도 더욱 폭넓게 호농 민권운동을 일으켜 그 주도권을 장악했을 정도이다. 호농층의 국체 의식은 아마쿠사 어민 같은 대중과는 각별하게 다르다. 예를 들면 그들 가운데도 가장 반정부적인 그룹이었던 호농 민권가에게서 오히려 순수한 존황 의식을 적지 않게 발견할 수 있다. 여기서는 앞 장까지 종종 등장한 후카자와 곤파치나 호소노 기요시로의 예를 보기로 하자.

메이지 16년(1883) 9월 미나미타마 군에서 가장 활동적인 민권가였던 오가와 촌의 호소노 기요시로는 이렇게 노래하고 있다.

2천여 년 동안 힘든 일 없이 황통 연면함은 천하에서 으뜸이라
오늘 군신에게 청연(淸宴)을 내리시니 그 황위의 안녕을 축하하노라

그리고 천황의 생일인 천장절(天長節)에는 "축하 행사에 주연(酒宴)을 하사받고 황통 연면 무궁함을 축하하노라"라든가, "황조신의 덕으로 이 나라를 수호한다"고 읊고 있다. 여기서는 '국체'에 대한 진솔한 축복이 표현되고 있다. 그리고 이러한 황통 연면의 '국체'와 메이지 전제 정부의 '정체'(政體)는 완전히 구별되고 있었다. 전제 정부 타도와 전복을 외치던 그들 민권가가 '국체' 관념의 핵심인 만세일계의 황통에 대하여 감히 비판을 가하려 하지 않았다는 점은 중요하다. 내가 이렇게 말하는 것은 다음과 같은 뜻밖의 사실이 있기 때문이다.

우리는 민권파가 구상한 흠정헌법과는 다른 민간 헌법초안을 30종 정도 가지고 있다. 그 초안을 하나하나 검토해 보고 우선 놀라는 것은 제1조에 만세일계의 황통이 제위를 계승해야 한다고 명기하고 있는 것이 상당히 많다는 점이다. 민권파 초안 가운데 가장 오랜 것으로 알려진 오메이샤 초안부터 그 제1조는 다음과 같다.

일본국의 제위는 진무(神武) 천황의 정통인 현 황제 폐하의 후손이 계승한다.[8]

이 조문은 우에키 에모리 초안에도 영향을 주고 지바 다쿠사부로 초안은 이것을 그대로 계승했다. 후쿠자와 유키치의 고준샤(交詢社) 초안은 "황통일계 만세무궁 천지와 유구한 것은 우리 일본 건국의 대본으로서 감히 신하에게 양도할 바가 아니다"(제1조)라고 명기하고 있으며, 구마모토 지방의 급진적인 정치결사였던 소아이샤(相愛社)의 헌법초안은 그 '제1편 국체'를 이렇게 설명하고 있다.

일본제국은 황제 폐하와 일본 국민으로 자연스럽게 성립된 것으로 사회의 필요에 의해 정부의 설립과 같이 편법상의 조직이 아닌 것은 국체가 해외 각국의 그것과 다른 까닭이다. 그러므로 정체상의 개혁은 시세의 변화에 응하여 빠트릴 수 없는 일이라 하더라도 상하의 질서를 지키고 군신의 명분을 분명히 하며 황위를 무궁하게 받들어 공중의 행복을 영원히 보전하는 국체는 만세불후의 바꿀 수 없는 중대한 법전이다.

일본의 국체는 사회계약적 발상에서 성립된 것이 아니라 황실과 국민에 의해 자연스럽게 성립된 것이므로 변혁되어야 할 '정체'와는 준별되어야 한다. 더구나 그 '국체'는 황실을 무궁하게 받든 만세불이의 존재라고 하는 것이다.

이러한 발상은 지쿠젠교아이카이(筑前共愛会) 초안을 비롯하여 후쿠치 겐이치로(福地源一郎), 오노 아즈사(小野梓), 이바라기(茨城)의 도카이교쇼신문사(東海曉鐘新聞社), 효고(兵庫) 헌법강습회 등의 초안에도

---

8) 江井秀雄, 〈嚶鳴社憲法草案についての考証〉, 《東京経済大学会誌》 第61号, 1968년 11월.

분명하게 조문화되어 있다. 잘 알려진 도사(土佐)의 릿시샤(立志社) 초안과 우에키 에모리가 기초한 '일본국 국헌안'에는 명문화되어 있지는 않지만 천황 대권을 대폭 인정하고 있는 점이 마음에 걸린다. 이러한 경향을 과연 어떻게 이해하면 좋을까.

한 가지는 민권가가 예부터 1천 년 이상의 사상적 힘을 가지는 '관습'을 적으로 하는 것이 불리하다고 직감하고, '국체'에 정면으로 도전하는 것을 의식적으로 피한 것은 아닐까 하는 점이다. 즉 이러한 강력한 전통과 투쟁하는 것은 전략적인 낭비라고 생각하고 오히려 온건하게 일반 국민 심리의 내면으로 파고 들어가는 방법을 채택한 것은 아닐까 하는 가설이다. 특히 우에키 에모리나 나카에 조민의 언동을 보면 그들이 그러한 생각을 품고 있었다고 생각하지 않을 수 없다. 그들은 표면적으로는 입헌군주제적인 민주혁명을 목표로 하고 있었지만 사상의 본심은 틀림없이 천황제를 폐기하고 공화제의 방향으로 지향했다고 생각한다. 우에키의 천황에 대한 냉담한 태도는 다른 민권가에게는 보이지 않는 이상한 느낌을 준다. 그들은 이러한 전략(정치적 리얼리즘)에서 '국체'와 '정체'를 먼저 준별하고 천황과 황실을 정치상의 투쟁에서 제외시켜(정부와 황실을 분리하여) 가차 없이 현 정권을 공격하고 전복하려 했다. 그 전통적인 정치 이념으로서는 천하 지향적인 관념에 의거한 방벌론(放伐論)과 왕도론을 원용하여 '국체' 관념의 균열에 비판의 매스를 댄다. 즉 인민의 복지를 꾀하는 것이 황조신의 뜻이며 왕도라는 것을 기치로 내세워 천황을 국민 쪽으로 끌어들이고 대의명분을 탈취하여 압제 정부를 일거에 전복시키려 한 것이다.

물론 민권가들이 이러한 정치적 리얼리즘에 바탕을 두고 있었다는 것은 그들의 힘이 '만세일계의 황통'과 그 '국체'를 타도하기에는 미력했다는 것을 반증해 주는 것이기도 하다. 아니면 역사의 성숙도가 아직 그 정도에 도달하지 않았다고 말하는 편이 타당할지도 모른다. 왜냐하면 당시는 도쿠가와 막부를 해체한 지 불과 10여 년 밖에 지나지 않았던 만큼 국가를 통일하고 국민을 결집시키는 근거로서는 정형화되지는 않았지만 '황실,' '국체' 말고는 달리 의지할 권위가 없었기 때문일 것이다. 아마도 그들은 이 국민 통합을 보장하는 '국체'를 대전제로 승인하고 이러한 기본 틀 속에서 일군만민(왕도정치)를 축으로 한 민주화를 수행하려 했을 것이다. 민권가의 민간 헌법초안의 대부분이 입헌군주제를 모델로 하여 단계적으로 군주 대권을 제한하고 해소하려 했다는 사실이 그 증거가 된다.

메이지 15년(1882), 지바 다쿠사부로가 〈왕도론〉[9] 부기(附記)에서 "메이지 황제 폐하는 왕이다. 또한 왕도를 좋아하신다. 그 성칙(聖勅)은 무엇 하나 왕도에 의거하지 않음이 없다. 오늘날 개명이 귀중한 우리 인민도 또한 이 왕도를 좋아하지 않는 자는 백에 두셋에 지나지 않는다. 실로 천재일우라고 해야 할 것"이라고 말하고 있다. 그가 말하는 '왕도'란 입헌제에 다름 아니며 '실로 천재일우'란 이 천황을 받들어 입헌을 실현할 수 있는 절호의 기회라는 의미일 것이다. 지바의 말이나 앞서 인용한 호소노 기요시로의 시에서 메이지 천황에 대한 소박한 경애심을 발견할 수 있는 것이다.

이처럼 메이지의 자유민권가는 우리가 생각하는 이상으로 '국체론'에 깊은 관심을 가지고 있었다. 이것은 정부로서도 무시할 수 없는 조건이었을 것이다. 민권가들이 '국체'의 내측에서 정부와 황실 사이에 쐐기를 박으려 하면 정부는 이 균열을 메우려고 한층 황실과의 일체관을 강조했다. 메이지 국가의 실력자 오쿠보나 이와쿠라, 이토 등이 실제로는 천황기관설의 태도를 취하면서, 외면적으로는 항상 천황 친정을 내세운 것도 그 때문이었을 것이다. 그리고 민권가들이 호농층을 중심으로 지방

---

9) 千葉卓三郎, 〈王道論〉, 《三多摩自由民權史料集》, 1969년.

민권을 장악하는 데 성공하기 시작하자 정부도 민중을 국가에 포섭하기 위해 필사적으로 이데올로기적인 노력을 꾀했다.[10] 이때 국가가 취한 정책은 '황실'과 '국체'의 가치를 독점하고 나아가 '군민일가,' '가족국가'의 허위의식을 통해 인민을 흡수하고 포섭하려는 방향이었다.

그러나 '군민일가'도 '가족국가'도 그 개념 내용에 천하지향 관념이나 방벌론 같은 다양한 해석의 침투를 허용하지 않을 수 없는 한 양날의 칼이다. 특히 '가족국가'설은 '가족'과 '국가'라는 전혀 이질적인 것을 절충할 필요가 있기 때문에 많은 곤란이 뒤따른다. 여기서 약간 방향을 바꾸어 마루야마 마사오의 '국체론'을 검토함으로써 문제의 핵심에 다가가 보기로 하자.

3. 무구조의 전통

마루야마 마사오(丸山真男)가 이시다 다케시(石田雄), 후지타 쇼조(藤田省三), 마쓰모토 산노스케(松本三之介), 가미시마 지로(神島二郎) 등에게 방법론적 지침을 주고 일본의 천황제 이데올로기 연구에 불후의 업적을 남긴 사실은 새삼 말할 필요도 없다. 흔히 '마루야마 정치학'으로 불리는 이 학파는 일본의 천황제를 '일본 사상'의 전체 구조로서, 그것도 철저한 근대주의에 입각해 파악하고 있다는 점에서 상당한 강점이 있으며 지금도 여전히 유효하다. 그러나 마루야마의 방법은 근대주의라는 것이 간파되면서 이에 대한 비판도 그치지 않았다. 특히 근본적인 비판은 요시모토 다카아키(吉本隆明), 이치이 사부로, 쓰루미 슌스케, 야스마루 요시오 등에 의해 저마다 다른 입장에서 나온 것이지만, 이 작

---

10) 色川大吉,《天皇制イデオロギー―と民衆意識》,《歴史学研究》, 1968년 11월호.

업은 아직도 완결되었다고 말하기 어렵다. 그러나 이론상의 전망이 서 있기 때문에 마루야마 정치학의 극복(마루야마가 제기한 전체적인 전망에 대한 비판과 그것에 대신할 새로운 전체상의 구조적 제시라는 과제)은 시간문제일 뿐이다.

마루야마의 방법론은 《일본의 사상》[11]에 집약되어 있다. 마루야마는 근대 천황제의 사상적 특징을 신민의 무한책임과 체제로서의 무책임성, 정신의 잡거 상황과 '국체'를 중심축으로 한 무한 포용적인 성격으로 지적한다. 그리고 그 근원을 일본 사회의 구조로 거슬러 올라가 국학의 사유 양식과 그 원형으로서 고유 신앙의 발상에서 구하고 있는 것이다. 마루야마가 이렇게 일본의 사상을 전체상으로 파악하고자 하는 시각은 막스 베버가 서구 시민사회의 정신 질서와 에토스를 축으로 아시아의 사상 성격을 파악하려 했을 때의 생각과 비슷하다. 예리하지만 탈아적이다. 그는 일본에는 진정한 의미에서 사상이 전통으로서 축적된 적은 없었다고 한다.

"한마디로 말하자면 실로 앞뒤도 없는 일이 되어 버리지만, 곧 이것은 모든 시대의 이념과 사상에 싫든 좋든 상호 관련성을 부여하여 모든 사상적 입장이 그것과의 관계에 (부정을 통해서라도) 자기를 '역사적'으로 자리매김하는 중핵, 또는 좌표축에 해당하는 사상적 전통이 우리 나라에는 형성되지 않았다고 하는 점이다." 그렇기에 우리의 사고나 발상 양식을 갖가지 요소로 분해해 보면 불교적인 것, 유교적인 것, 샤머니즘적인 것, 서구적인 것이라는 사상의 조각들에 봉착할 뿐, "그것이 모두 잡다하게 동거하고 상호 논리적인 관계를 차지해야 할 위치가 전혀 확실하게 나타나지 않는다." 즉 이른바 '전통' 사상도 진정한 유산으로서 전통화되어 있지 않다. 그렇기에 분별없이 '서구'의 거센 파도에 말려 버린

---

11) 丸山真男, 《日本の思想》, 1956년.

것이라고 보는 것이다.

　마루야마는 이것을 무구조의 '전통'이라 일컫고 기독교의 절대신으로 상징되는 사상의 질서 원리(정신적 중심축)를 가지지 못한 까닭에 일본인의 정신생활에 보이는 체질이라고 단정해 버린다. 과연 이것은 일본인 일반의 체질인 것일까. 이 의문을 보류한 채 마루야마의 주장을 좀 더 들어 보자.

　적어도 일본의, 그리고 일본인의 정신생활에서 사상의 '계기'(繼起) 패턴에 관한 한 저 명제("역사는 궁극적으로 추억이다"라는 고바야시 히데오小林秀雄의 명제)는 어떤 핵심을 찌르고 있다. 새로운 것, 본래 이질적인 것까지가 과거와 충분한 대결 없이 잇따라 섭취되기 때문에 새로운 것의 승리는 놀랄 만큼 빠르다. 과거는 과거로서 자각적으로 현재와 대응하지 못하고 한편으로 밀려나거나 아래로 침강(沈降)하여 의식에서 사라지고 '망각'되기 때문에 그것은 시간이 지나 문득 '추억'으로 분출하게 된다. (……)

　과거에 '섭취'한 것 가운데 무엇을 '추억'하는가는 그 인간의 개성과 교양, 세대에 따라 달라진다. 만요(万葉), 사이교(西行), 신황정통기, 요시다 쇼인, 오카쿠라 덴신, 피히테, 하가쿠레(葉隱), 도겐(道元), 문천상(文天祥), 파스칼에 이르기까지 사상적 축적은 풍부하기 때문에 소재에 부족함은 없다. 그렇게 해서 무대가 바뀌면 이번에는 톨스토이, 다쿠보쿠, 자본론, 루쉰 같은 인물을 새삼 떠올리게 된다. 어떤 시대의 사상이나 생애에 어떤 시기의 관념이나 자기를 합일화하는 방식은 옆에서 볼 때 극히 자의적으로 보이지만, 당사자나 당대에서 보면 본래 무시간적으로 언제나 어디에도 있었던 것을 배치 전환하여 햇살이 비치는 곳에 끄집어낼 뿐이기 때문에 그것은 그때그때 일본 '본연의 모습'이나 자기의 '본래 면목'으로 돌아오는 것으로 의식되어 성심성의껏 행해지고 있는 것이다.

　(마루야마는 여기서 나도 서장에서 인용한 다카무라 고타로의 《암우소전》을 인

용하고 있다).

마루야마 마사오가 지적한 이러한 사상 계기의 방식은 실로 메이지 이후 일본 지식인에게 잘 들어맞는 말이다. 아마도 서구 지향적인 인텔리는 이러한 희극대로였을 것이다. 쇼와 시대 모더니스트의 대부분이 그러했으며 메이지에서는 다카야마 조규 등이 그런 우스꽝스러운 모습의 전형이었다. 정도 차이는 있지만 이러한 경향은 근대 일본의 인텔리에게 공통적인 사상 수용, 사상 계기, 사상 형성에 하나의 법칙적 특징이었다고 생각한다(왜 그렇게 되었는지에 대해서는 내가 쓴《증보 메이지 정신사》제2부 3장, 4장 참조).

그런데 그것은 일본의 대중에게도 해당되는 것일까. 일본의 대중 사상에서도 새로운 것의 승리가 놀랄 만큼 빠르고 잇따라 '추억'의 단편으로 바뀌어 버리는 것일까. 그렇게 보이는 것은 사상 표층에 보이는 풍속 현상일 뿐이며 대중의 생활 세계는 무겁게 침전되어 변하지 않는 곳에 본질이 있는 것은 아닐까. 마루야마는 지난날 대중의 견고하고 강인한 일상의 사상성에 질린 것일까. 쇼와 시대 전향한 자들 대부분은 이것에 대한 절망이 하나의 내면적 계기가 되어 자신을 상실한 것이라고 나는 듣고 있다.

마루야마는 사상이 전통으로 축적되는 방식을 순수하게 서구식 이상(理想) 개념으로 생각한다. 그것까지는 좋다. 그렇다고 그것을 지상의 보편적 이념처럼 다루고 서구의 현실은 물론이고 아시아나 일본에서 다양하게 존재하는 전통화의 패턴을 모두 부정적으로 보는 것은 잘못된 것이 아닐까. 첫째로 과거가 자각적으로 대상화되어 현재 속에서 지양하지 않으면 사상이 전통으로 축적되지 않는다고 보는 것(그것을 보편이라는 보는 것)은 독단이다. 전 세계의 얼마나 많은 민족 얼마나 많은 대중의 그러한 정신 작용을 인정할 수 있을까. 일본의 대중 사상에 관하여 예를 들자면, 사쿠라이 도쿠타로(桜井德太郎)는 '부락 공동체'의 결합 방식을 나타내고 있는 '고'(講, 결합 기능으로 보아 300종류 정도의 이름을 들 수 있다)가 외래 사상을 수용해 가는 과정을 분석하고 있는데, 우리가 예상하는 바와는 달리 그 민속신앙적인 것의 핵심이 극히 완고하며 그 수용 패턴이 무척 다양하다는 사실을 보여 주고 있다.[12] 일본의 대중 사상은 마루야마가 말하는 기독교와 같은 정신적 중심축은 없지만 그 나름대로 강인한 정신적 중심축을 가지고 있다. 그것은 내가 이 책에서 소개한 통속도덕적인 사유나 이에(家) 의식을 돌이켜 보는 것만으로도 상상할 수 있을 것이다.

물론 마루야마 마사오는 이렇게 반론할 것이다. "무구조의 '전통'으로서 사고의 특징은 지식인만의 것이 아니다. 일반 대중에게도 공통적으로 나타난다. 그것은 원형인 고유 신앙을 보면 명백하다"고. 거기에는 궁극적인 절대자라는 것은 존재하지 않는다. 제사의 궁극적인 대상은 멀고도 아득한 시공의 피안으로 사라진다. 이 '신앙'에는 모든 보편 종교에 공통된 교조도 경전도 존재하지 않는다.

"신도'는 이른바 세로로 평평하게 펼쳐진 포목처럼 그 시대 시대에 유력한 종교와 '습합'하여 그 교양 내용을 채워 왔다. 이 신도의 '무한 포용'성과 사상적 잡거성이 앞서 설명한 일본의 사상적 '전통'을 집약적으로 표현하고 있는" 것이다. 즉 "절대자가 없이 독자적인 방식으로 세계를 논리적으로 규범적으로 질서를 갖추는 '도'(道)가 형성되지 않았기 때문에 야말로 그것은 외래 이데올로기의 감염에 무방비 상태였던 것이다"라고.

일반 대중의 고유 신앙을 이야기하는 데 '신도'의 습합성을 가져오는 것은 적합하지 않다. 야나기타 구니오 등이 해명했듯이 오히려 민중 신앙의 고유성 그 자체를 문제 삼아야 할 것이다. 그러나 그것은 별도의

---

12) 桜井德太郎, 《講集団成立過程の研究》, 1962년.

문제라 하더라도 이러한 '무한 포용'적인 성격이 일본인 일반에 있었다는 점은 부정할 수 없다. 이러한 성격이 전제로 있었기 때문에 후진국 근대화의 조건에서 나온 모방성이 근대 일본의 인텔리에게 한층 심하게 나타났을 것이다. 그러나 이러한 전제의 공통성에도 불구하고 전통적인 고유 신앙에 고집하는 민중과, 거기서 단절되어 사상 방랑의 길을 거친 인텔리 사이에 있는 본질적인 차이를 그냥 보아 넘겨서는 안 될 것이다.

또한 마루야마가 일본에는 절대자가 없고 독자적인 방식으로 세계를 논리적 규범적으로 질서는 갖추는 '도'가 형성되지 않았다고 하지만, 에도 시대 대중의 통속도덕적인 사상이나 메이지 초기에 창시된 민간 종교는 각각 '심학'(心學)에서 말하는 '심'(心)의 철학이나 덴리교, 오모토교 '신'의 규범에 의해 ("논리적 규범적으로"는 아니지만 계시적 규범적으로) 세계 질서를 새롭게 독자적인 방식으로 재구성하고 있는 것이다. 그런 점에서 '도'(道)가 없었다는 식으로 말하는 것은 일본 대중의 정신사에 대한 경시라고 해야 할 것이다.

마루야마가 집요하게 전통의 구조화라거나 세계의 논리적이고 규범적인 질서를 되풀이해서 강조하는 이유는 물론 다음과 같은 과학적 원리에 대한 신념 때문일 것이다. 즉 "직접적으로 주어진 현실에서 인식 주체를 한 차례 격리하고 이것과 첨예한 긴장 관계에서 세계를 논리적으로 재구성해야만 비로소 이론이 현실을 움직이는 지렛대가 되는 …… 근대적 지성에 당연히 내재하고 있을 터의 논리"에 대한 확신이다. 이 자체는 실로 말한 그대로이며 그것이 엄밀한 방법적 자각에 입각하여 부단한 검증을 통해서 관철되는 것을 나도 기대하지 않는 바는 아니다. 다만 근대적 규범을 과거의 역사적 전통을 평가하는 지표로 보고 이를 암묵적인 전제로 삼는 것과는 엄격하게 구별해야 할 것이다.

첫째로 근대과학이 승리하기 이전의 근세, 중세에는 세계 질서의 새로운 재구성이 대부분 논리적으로가 아니라 종교적·계시적으로 이루어지는 것이 일반적이다. 예를 들면 여우에게 홀린 것을 떨쳐 내고 직감적으로 세상의 새로운 모습에 눈을 뜬 대중이 홀연히 사상적 비약을 거쳐 현상 변혁으로 나아가는 것이 일반적이다. 중세의 민중반란이나 농민투쟁 같은 것은 대부분 종교적인 세계 인식을 매개로 하고 있으며, 선(禪)과 무사의 처세에 대한 관계나 통속도덕과 민중의 새로운 주체성의 발견 등에 생각이 미칠 때 역사 창조의 정신적인 표현 양식이 다양하다는 사실에 눈을 뜨게 되는 것이다.

마루야마가 전통 속에 있는 정신적 중심축을 매개로 하여 외래 사상을 논리적으로 정리하거나 '세계를 논리적(추상적)으로 재구성'하거나 표방할 때 문제는 세계를 '재구성하는' 데에 있는 것이며, 그것이 어떤 정신적 중심축에 의한 것인지 어떤 방식으로 하는 것인지는 저마다 민중이 처한 역사적 단계나 민속적 관습에 따라 다양한 것이어야 할 것이다. 예를 들면 신란(親鸞)이나 도겐(道元), 가모노 조메이(鴨長明)나 기타바다케 치카후사(北畠親房), 니노미야 손도쿠(二宮尊德)나 나카야마 미키 등의 세계를 질서 있게 정리하는 방식도 전근대 일본 사상의 전통화 패턴으로 용인되어야 하는 것이다.

또한 마루야마가 국학의 유교 비판 방식 속에서 인정한 일본인의 "강인한 사상 비판의 '전통'"으로 삼는 몇 가지 부분도 다른 의미로 해석할 수가 있다. 마루야마는 일본에 유교가 들어오기 이전 '고유 신앙'의 사고와 감각을 학문적으로 복원하려 한 것이 모토오리 노리나가(本居宣長)의 국학이라고 하며 그 국학의 유교 비판으로 다음과 같은 특징을 들고 있다.

① 이데올로기 일반에 대한 혐오, 또는 모멸
② 추론적 해석을 거부하고 '직접' 대상에 몰입하는 태도(자신의 직관적 해석을 절대화하는 경향)

③ 반응이 확실한 감각적 일상 경험에만 명석한 세계를 인정하는 사고

④ 논적의 자세나 언행 불일치를 적발하여 상대의 이론이 가지는 신빙성을
떨어뜨리는 비판 양식

⑤ 역사의 이성(규범이나 법칙)적인 것을 일괄해서 '공식'(건강부회)이라고 반
발하는 사고

마루야마가 이러한 특징 가운데 가장 중시한 것은 ①~④가 주로 ⑤
의 결함으로 귀착한다는 부정적인 점이었다. 물론 그러한 약점이 국학
에 없었다는 것은 아니다. 그러나 나는 이러한 사상 비판의 '전통'은 메
이지 이후 민중의 이데올로기 폭로 방식이나, 사상 형성의 민중적인 방
식으로서 대단히 유효하며 적극적으로 활용되는 것이라고 평가하고
싶다. 즉 마루야마와는 화살표 방향을 반대로 해석할 수 있는 것이다.

예를 들면 ①은 천황제 지배 이데올로기나 인텔리 등의 논의에 대한
통렬한 불신, 비판으로 활용되었으며(그러한 정치적 무관심의 표명으로 그
들의 존재에 불안을 주었으며), ③에서는 반응이 확실한 민중의 생활 경험
을 바탕으로 한 사상에만 신뢰를 가지고 그것을 내부에서 단계적으로
규범화하는 사유 양식을 추진했으며, ④에서는 지도자 행세를 하는 지
배자의 환상적 공동성(共同性)의 이론을 그들의 행동과의 모순이나 언
행 불일치를 적발함으로써 단적으로 폭로하는 방법을 구사하여 인민의
자립 사상의 창출과 방위에 도움이 되었던 것이다(이러한 몇 가지 사례는
이 책 4장에서도 소개했다). 또한 ②는 일본인의 뛰어난 예술적 능력을 표
현하는 것이기도 하며 새삼 추론적 방법을 물리치는 것은 아니다. 그런
의미에서는 아무리 노력해도 칸트나 헤겔, 베버 같은 인물을 낳은 독일
민족의 소질에는 미치지 못할지도 모르지만 그것을 가지고 일본 대중의
과학 정신까지도 의심하는 것은 적절하지 않은 것이다.

4. 마루야마 마사오의 '국체론' 검토

마루야마 마사오가, 메이지 21년(1888) 6월 18일의 추밀원 제1회 헌법 제정의회에서 의장 이토 히로부미가 연설 한 구절을 들어 "근대 일본의 중심축으로서 '국체'의 창출"이라고 평가한 것을 보고, 나는 역사학자로서 깜짝 놀랐던 기억이 있다.

지금 다시 그 연설(⟨기안의 대강⟩의 취지 설명)의 전문을 읽어 보면 과연 마루야마의 문맥에 딱 들어맞는 말은 나온다. 그러나 같은 '중심축'이라고 하더라도 그것이 의미하는 바나 사상의 차원이 전혀 다르다는 점을 느끼지 않을 수 없다. 이토 히로부미가 사용하는 '중심축'이라는 용어에는 지금까지 마루야마의 전통관에서 보았던 방법론적인 의미에서 한정이 전혀 없다. 다만 이 연설의 목적이었던 "이 초안에서는 군권을 중심축으로 하고 이를 함부로 훼손하지 않을 것을 기하며, 감히 저 유럽의 주권 분할 정신에 의거하지 않고" 천황 대권을 절대화한 '기안의 대강'을 합리화하려는 점에 있었던 것으로 보인다. 마루야마는 이토의 어디에서 공통점을 발견했을까. 문제의 부분은 다음 문장이다.

지금 헌법을 제정함에 있어 먼저 우리 나라의 중심축을 찾아 '우리 나라의 중심축'은 무엇인가를 확정해야 한다. 중심축도 없이 정치를 인민의 허망한 논의에 맡길 때 정치는 기강을 상실하고 국가 또한 폐망한다. 적어도 국가가 국가로서 생존하고 인민을 통치하고자 한다면 깊이 사려하여 이로써 '통치의 효용'을 잃지 않도록 해야 한다. 대체로 유럽에서는 헌법 정치가 싹 트기 천여 년, 단지 인민이 이 제도에 익숙할 뿐 아니라 '종교라는 것이 있어 이것이 중심축을 이루고' 인심에 깊이 파고들어 인심이 여기에 귀일하고 있다. 그런데 '우리 나라에서는 종교라는 것이 그 힘이 미약하여' 국가의 중심축이 될 만한 것이라고는 하나도 없다. 불교는 한 차례 융성한 기세를 떨치고 상하의 인심을 묶었지만 오늘에 이르러서는 이미 쇠퇴하는 경향을 보이고 있다. 신도는 조종(祖宗)의 유훈을 받들어 이를 계승한다고 하지만 종교로서 인심을 귀향시키는 힘이 부족하다. '우리 나라에서 중심축으로 삼아야 할 것은 오로지 황실이 있을 뿐이다.' 이로써 이 헌법초안에서는 '뜻을 오로지 이 점에 이용하여 군권을 존중하고' 가능한 한 이를 속박하지 않고자 노력했다.

문맥 그대로 읽으면 헌법 제정에 임하여 지배자 이토 히로부미가 인민을 통치하기 위한 '통치의 효용'을 생각할 때, 당시 일본에는 고대 천황제와 같이 불교를 통치의 유효한 수단(인민 통치의 기축)으로 이용할 수도 없으며 서유럽 기독교 같은 공통적인 사회적·정신적 안정축도 없다. 그런 상황에서는 전 국민이 숭경하고 있는 황실을 오로지 민심 통합의 중심축으로 이용하는 수밖에 없다. 따라서 이 초안에서도 오로지 뜻을 이 점에 두고 군권을 속박하지 않도록 힘썼다고 설명한 것에 지나지 않는다.[13] 새로운 것이 있다면 서유럽에서는 "종교라는 것이 있어 이것이 중심축을 이루고"라고 지적한 부분뿐이 아닌가. 그마저도 막스 베버가 말하는 식의 의미가 아니라는 것은 앞뒤 문맥으로 알 수 있을 것이다. 즉 이토가 말하는 '중심축'이란 '통치의 효용'의 한 개념(더구나 형이하적인 것)에 지나지 않는 것으로 보인다. 그러나 마루야마는 거기에 자신의 방법론을 가지고 들어가 버린다.

마루야마는 말한다. "이토는 근대국가의 건축을 개시하면서, 먼저 지금까지 우리 나라의 '전통적' 종교가 그 내면적 '중심축'으로서 작용하는 그런 의미의 전통을 형성하지 못하고 있다는 현실을 분명하게 승인하고 싶었던 것이다"라고.

---

13) 稲田正次,《明治憲法成立史》下卷 참조. 1950년.

그렇다면 이토 히로부미가 마루야마의 독자적인 방법론의 개념인 '제반 가치의 구조적인 질서 원리인 내면적 중심축'이라거나, 그것에 의해 형성되는 '전통'이라고 하는 것의 의미를 이미 80년 전부터 알고 있었다는 뜻이 된다. 만약 이토가 그것을 알고 있었다고 한다면 그는 "유럽 문화 천년에 걸쳐 '중심축'을 이루어 온 기독교의 정신적 대용품까지도 겸하는 거대한 사명"을 우리 황실에 의탁하고 '동시에 국가 질서의 중핵 자체를 정신적 중심축'으로 하는 만방무비의 통일국가를 '창출'한 천재적 정치가라는 말이 된다. 이런 국제적인 천재 정치가들에게 지배권을 장악당하고서야 자유민권이나 메이지의 사회주의자가 지도하는 인민의 저항 따위로는 애초부터 승부가 될 수 없었을 것이다.

이러한 이토 히로부미의 이미지는 우리 같은 역사가들이 보면 신기루와 같은 것이다. 나는 이토 히로부미, 야마가타 아리토모, 이노우에 가오루 같은 자들은 뒷날 스스로 고백하고 있듯이 상당히 실수가 많고 시행착오를 되풀이한 정치가이며, 오로지 국민 각층의 창조력과 운 좋은 역사적 우연의 도움으로 우여곡절 끝에 '대성공'을 달성한 것에 지나지 않는다고 생각한다.(이로카와 다이키치,《근대국가의 출발》)

첫째로 황실이나 국체를 근대 일본의 통일에 요체로 삼아야 한다는 논의는 이토 히로부미의 발언을 기다릴 필요도 없이 이미 에도 시대 말기부터 존재하고 있었으며, 메이지 초년에는 정부 내부에서 그것을 둘러싸고 논쟁도 벌어진 바 있다. 게다가 앞서 설명했듯이 자유민권가들조차도 그들의 민간 헌법초안에 명문화했을 정도였다. 그러므로 이토가 '황실'을 '중심축'으로 삼아 '인민 통치의 효용'을 강구하고 그것을 오로지 '군권' 불가침의 방향으로 독점적으로 이용하려 한 것은 지극히 일방적인 처사였다고 할 수 있다. 민권가는 오히려 황실을 숭경함으로써 절대군주제의 길을 피하고 군민공치(입헌군주제)의 방향을 지향했다. 이 또한 당시로서는 황실을 국가 통일의 정신적 '중심축'으로 삼는 별도의 유효한 방법 가운데 하나였던 것이다.

어쨌든 마루야마 마사오의 창조성은 일본의 '국체'에 다음과 같은 본질적·구조적 의미를 부여한 탁견에 있다. 문제는 실로 여기에 있다.

먼저 '국체'라는 이름으로 불린 '비종교적 종교'가 얼마나 무서운 마력을 떨쳤는가 하는 '통절한 감각'에서 분석을 시작한다. 그리고 '도라노몬(虎ノ門) 사건'(난바 다이스케難波大介의 황태자 저격 사건)을 예로 들어 '국체'에 대한 신민의 책임이 얼마나 무한하게 추구되는 것인지, 무한책임의 계열을 이루고 있는 것인지를 첫 번째 특징으로 본다. 마루야마는 그 가혹성을 정통 교회와 결합한 제정 러시아보다도 심한 것이라며 무겁게 받아들인다. (반면 '국체' 자체가 책임을 추궁당할 때는 패전 때 보았듯이 책임 소재가 전적으로 애매한 무책임의 체계였던 것이 폭로된다.)

둘째로 그렇게도 신민의 무한책임을 요구하는 '국체'이지만 평소에는 아득한 미소를 머금고서 '고유 신앙' 이래의 무한정적인 포용성을 계승하고 있다. 즉 어떤 학설도 국체를 이데올로기적으로 한정하고 상대화하는 것은 신중하게 회피했기 때문에 국체는 두터운 구름 속에 겹겹이 둘러싸여 쉽사리 그 핵심을 드러내지 않는다. 즉 다케우치 요시미 씨가 말하듯이 천황제는 "고체가 아니라 기체이며 자타를 감싸는 장(場)과 같은 것"이 된다. "국체라는 신비로운, 거기에 대응하는 정신의 힘을 불가사의하게 단절시키는 거대한 압력을 가지는 초월적인 존재"가 된다. 이렇게 해서 "천황제는 하나의 가치 체계가 아니라 복합적인 체계이며, 체계라기보다는 오히려 제반 가치를 상쇄하는 일종의 장치"(다케우치 요시미 앞의 논문, 〈権力と芸術〉)로서 존재한다는 말이 된다.

셋째로 '국체'는 위와 같은 성격을 가지는 까닭에 단순한 외적 제도로서가 아니라 무한하게 국민의 내면세계까지 파고들어 '정신적 중심축'을 이루고 있었던 것이라고 한다. 이것은 히틀러가 일본의 천황제를 선망했을 정도로 '이데올로기적 동질화' 능력을 가지고 있었다는 사실의 조건도 된다.

넷째로 이러한 '국체'를 지탱하는 최종 세포는 부락 공동체이며, 이 '공동체'는 모든 대립적 계기를 녹여 넣고 개인의 분리를 거부하며 '고유 신앙'적인 사상을 재생시켜 천황제를 보호하고 지키는 원천이 된다는 것을 특징으로 들고 있다. 그리고 이러한 저변과 원점(근대화의 원동력으로서 정부, 곧 관료제)의 무한한 왕복운동(상호 침투) 속에서 일본 근대국가의 역동적인 구조를 발견하고자 하는 것이다.

이상의 요약으로 마루야마 마사오가 '국체'를 천황제의 핵심으로 간주하고 있는 점은 명백할 것이다. 또한 그 천황제는 메이지 전기에 창출되던 당시의 천황제가 아니라 오히려 파시즘 시기 천황제의 이미지에 가깝다는 것도 추측할 수 있을 것이다. 이것은 근대 천황제를 분석할 때 그것이 창출되던 시기를 거론하는 것만으로는 부족하다. 또한 정체기와 파시즘 시기를 거론하는 것만으로도 안 되며, 그 전체 과정을 시야에 둔 전체 근대 천황제의 분석이어야 한다는 방법론적 비판을 받게 될 것이다.[14] 이에 앞서 먼저 이상에서 요약한 마루야마의 '국체론'에 대한 의문을 제시해 두고자 한다.

마루야마 마사오와 다케우치 요시미가 규정한 '국체' 또는 '천황제'의 첫째와 두 번째 특징 그 자체에 관해서는 기본적으로는 반대하지 않는다. 지금까지 이 책에서도 종종 언급해 왔다. 오히려 나는 그 독창적인 견해에 도움을 받아 왔다. 그러나 그 구조를 성립시키는 제3, 제4의 지적에 관해서는 도무지 찬성할 수가 없다. 다음과 같은 이유 때문에 반대하면서 그 극복을 시도하고자 한다.

'국체'가 단순히 외적인 제도가 아니라 무한하게 민중의 내면세계로 파고 들어가 정신적 중심축이 되었다는 것은 사실일까. 나는 그렇게 생

---

14) 下山三郎, 〈近代天皇制研究の意義と方法〉, 《歷史学研究》 314호, 1968년.

각하지 않는다. 그것은 이토 히로부미 같은 지배자들이 영구적인 노력 목표로서 민중의 마음을 사로잡으려 했다는 것을 의미하며, 그것은 최후까지 허위의식에 그쳤고 마지막까지 불안감을 감출 수 없었다. (만약 목표를 달성했더라면 일본이 경찰국가가 될 필요성은 없었을 것이다.)

민중 편에서 본다면 상당히 깊은 곳까지 '국체' 이데올로기를 수용하면서도 마지막까지 천황제에 혼을 팔지 않았다. 천황제는 일본인의 마음을 완전히 사로잡지 못했다. '국체'는 진정한 의미에서 민중의 정신적 중심축이 되지 못한 것이다. 그것을 상세하게 논증한다는 것은 상당히 어려운 일이지만 여기서는 '공동체론'과 '가족국가론'을 통해서 재검토해 보고자 한다.

5. 공동체론

마루야마 마사오가 '국체'의 최종 세포를 '공동체'에서 구하여 마치 그 '공동체'를 정체성의 근원인 것처럼 간주하는 사고방식은 다케우치 요시미도 마찬가지인데, 이는 다분히 비역사적인 파악이라고 생각된다. 마루야마의 다음 글에도 단적으로 나타나고 있듯이, 그 공동체 개념은 메이지유신 이후라도 특히 기생지주제가 확립되어 농촌의 활기가 완전히 상실된 메이지 말기부터 다이쇼, 쇼와 초기에 걸친 '정체기 부락 공동체'의 이미지에서 추상된 것이 아닐까.

동족적인(물론 본질적으로 다른 것을 포함한) 유대와 공동 제사, '상호부조의 구습'에 의해 성립되는 부락 공동체는 그 내부에서 개인의 분리를 허용하지 않으며, 결단 주체의 명확화나 이해관계의 노골적인 대결을 회피하는 정서적·직접적 결합 형태라는 점, 또한 '고유 신앙'의 전통적인 발원지라는 점, 권력(특히 지역 주민의 공동 이권이나 수리(水利)의 통제를 통해서 나타나는)과 온정(정서적인 친자 관계)의 즉자적인 통일이라는 점에서 전통적인 인간관계의 '규범'이며 '국체'의 최종 '세포'를 이루어 왔다. 그것은 정점의 '국체'와 대응하여 초현대적인 '전체주의'나 담합을 통한 '민주주의,' 그리고 화기애애한 '평화주의' 따위도 일체의 이데올로기가 거기에 포섭되고 그런 까닭에 일체의 '추상적 이론'의 주술에서 해방되어 '일여'(一如)의 세계에 포섭되는 장소이다(마루야마 앞의 책).

다케우치도 일본 사회에서 이러한 '공동체'가 없어지지 않는 한 '천황제'는 근절되지 않는다고 말했을 것이다.[15] 그러나 이것은 부락 공동체를 정체된 것으로 본 일면적인 견해에 지나지 않는 것은 야스마루 요시오가 비판한 바[16]와 같다. 또 지금까지 이 책에서 되풀이해서 '약동적인 부락 공동체'의 사례를 대조적으로 소개하고 주장해 온 점에서도 알 수 있을 것이다.

마루야마는 서구에 대해서는 시민사회의 우성적인 이념형을 추출하고 일본에 대해서는 부락 공동체의 열성적인 이념형을 추출하여 전자의 '고상함'에서 후자의 '병리'(病理)를 도려내는 방법이 두드러지는데, 왜 서구의 우성과 일본의 우성은 비교하지 않는가. 왜 서구의 열성과 일본의 열성(정체성)을 대조하지 않는가. 결국 막스 베버 같은 유럽 사람의 눈으로 아시아의 정체성에 대하여 일면적인 독단을 내린 그 왜곡된 안목과 같은 것이 아닌가.

시기를 메이지 이후에 한정해서 보더라도 일본의 부락 공동체에는 메이지유신부터 자유민권기에 걸쳐서 무언가 새로운 것을 창출하려 한

---

15) 竹内好·鶴見俊輔 対談, 〈十年の幅で考えて〉, 《展望》, 1969년 12월.
16) 安丸良夫, 〈丸山真男著《日本の思想》を読んで〉, 《新しい歴史学のために》 76호, 1962년.

공동체의 형성기(변혁기)와, 천황제와 기생지주제의 지배가 확립한 정체기, 그리고 패전을 사이에 두고 다시 한 번 격변을 겪게 되는 1940년대 이후의 해체기(변모기)와 같이, 적어도 세 시기로 크게 나눌 수 있다. 이러한 점을 보더라도 일본의 공동체가 천황제에 완전히 지배되었다고 보는 것은 타당하지 않다. '메이지유신'과 '자유민권'의 이념에는 물론이고 '쇼와유신'의 이념 속에도 천황제를 파괴할 수 있는 내적 요소가 포함되어 있었던 것이다. 즉 공동체는 전근대적인 지배를 지탱하는 조직이었음과 동시에 저항을 위한 조직이 될 수도 있는 양면성을 가지고 있는 것이다.

"'국체'의 최종 세포는 '공동체'"라고만 한다면 그렇게 말할 수도 있겠지만, '공동체'가 모든 대립적 계기를 녹여 넣고 변혁의 가능성을 없애버렸다는 것은 말이 안 된다. 이 책에 소개한 지치부 코뮌의 사례나 이쓰카이치의 헌법초안을 낳은 산촌 공동체의 사례를 보더라도 알 수 있는 것이다. 오노 묘키치 등이 "황송하오나 천조님에게 적대하니 가세하라"고 외쳤을 때 공동체는 반역의 기반으로 살아 있었다. 그리고 성질을 바꾸려 하고 있었다. 그러나 그 변혁성을 박탈당하고 공동체가 천황제의 정체된 최종 세포로 편입되면 오치아이 도라이치 같은 불굴의 게릴라 투사조차도 최후에는 고향 상실하게 되어 자신을 '근황존왕 입헌 지사 오치아이 도라이치'라고 정당화하지 않을 수 없게 된다.[17]

부락 공동체라는 것은 그 자체가 대중의 결합 양식일 뿐 객관적 실재가 아니다. 때로는 촌락 회합의 형태를 취하거나 갖가지 고(講)나 유이(結い), 샤(社)의 형태를 띠기도 한다. 본질은 일정한 사회적 규제력을 가진 환상을 공유한다는 점에 있다. 그러므로 공동체가 변혁적으로 살아 있을 때에는 주체적 인간이 석출되어 천황제는 무한하게 밀려나지만, 공

---

17) 中沢市朗, 〈落合寅市の遺稿をめぐって〉, 《歷史評論》, 1954년 11~12 합병호.

동체가 정체하게 되면 주체적 인간은 소외되고 천황제가 무한하게 공동체 속으로 침입해 들어온다. 즉 이러한 대중적 존재 양식의 변동이 궁극적으로는 천황제의 지배 양식까지도 결정하고 있는 것이다.

이러한 점에서 볼 때 공동체가 '주체적 인간'을 낳을 수 없다고 보는 주장은 허구라 할 수 있다. '주체적 인간'을 서구 시민사회형의 범주에서만 용인하는 것이라면 더 이상 이야기할 필요도 없다. 그러나 그것을 문자 그대로 개인의 주체성을 자각하고 자신을 둘러싼 사회에 능동적으로 임하는 인간으로 본다면 일본에도 얼마든지 있다. 일본의 촌락 공동체가 낳은 니노미야 손도쿠나 나카야마 미키, 데구치 나오와 데구치 오니사부로, 다나카 세이조와 오노 묘키치 등은 환경에 매몰되지 않고 오히려 이를 변혁하려 한 '강인한 자기 억제력을 갖춘 주체적' 인간이 아니었던가. 여러 면에서 현대의 지식인보다 훨씬 강인한 주체였다고 할 수 있을 것이다. 그리고 그러한 주체 형성 방식이 메이지 이후의 지식인과 대중 사이에서는 전혀 달라진다는 사정을 나는 이 책의 5장에서 설명하고자 했던 것이다.

'공동체'가 모든 대립적 계기를 녹여 버린다고 생각하는 것은 너무도 일면적이다. 이쓰카이치나 지치부 코뮌의 예를 들지 않더라도 주체적 인간이 된다는 것과 공동체의 존속을 바라는 것은 결코 모순되는 게 아니다. 주체적으로 인식한 사람이 공동체를 파괴하는 방향으로만 향하는 경우는 없다. 오히려 공동체의 위기를 자각하고 그것을 우려하기 때문에야말로 자각적으로 공동체를 지키는 방향, 발전시키는 방향으로 나아가는 것이다. 그러한 사례는 곤민당이나 호농 민권운동의 사례를 보더라도 알 수 있으며 일본의 독농가와 노농(老農)들의 활약이나 보덕사의 걸출한 지도자들의 삶을 떠올리는 것만으로도 충분하다. 곤코교(金光教), 오모토교, 덴리교, 마루야마교 같은 민중 종교를 창시한 현상(現狀) 변혁자들도 공동체의 위기의식에 대응하여 일어선 것이다. 그러한 민중적 주체 형성, 사상 창조의 '법칙성'(경향성)은 다이쇼·쇼와 시대의 농본주의자들에게도 자각적으로 계승되고 있었다. 그 '법칙성'이라는 것은 공동체적 원리를 철저하게 파고 들어가 금욕적이고 도덕적으로 추진해 가면 반드시 자신과 타인의 관계에 비판의 눈을 뜨게 되며 이를 통해서 변혁의 계기를 발견해 가는 무수한 선인들의 경험에 의해 다져진 통로인 것이다.

이렇게 민중의 시점에서 본다면 '공동체'의 정신적 중심축은 결코 '국체' 관념 따위와 같은 것은 아니었다. 그것이 마치 사실인 것처럼 파고 들어와 민중 쪽에서도 그렇게 믿게 되는 것은 커다란 전쟁에 직면한 비상사태 때였다. 그 시기를 요시모토 다카아키(吉本隆明)는 쇼와 시대의 전쟁에 즈음해서였다고 보지만 나는 러일전쟁기로 본다. 이 점에 관해서는 뒤에서 다시 살펴보기로 한다.

'공동체'의 정신적 중심축은 나중에 야나기타 구니오가 말하는 조상 숭배이며 그 마음의 고향 깊은 곳까지는 기만적인 천황제 지배도 쉽사리 도달하지 못했던 것이다. 다만 양쪽의 이데올로그들로부터는 끊임없이 '융화,' '일여'(一如)의 환상이 만들어지고 민중을 자기 암시에 빠지게 하는 교육적 기만이 반복되었다. 하지만 그것은 히틀러나 천황제 파시스트나 마루야마 등이 생각했을 정도로 일본 인민의 혼 밑바닥까지는 파고들지 못했던 것이다. 따라서 천황제 국가는 지배를 확립한 후에도 작은 민중봉기의 징후에 대해서조차 과도한 불안과 공포감을 품고 있었으며, 그것에 의해 지배 이데올로기는 독자적인 성질을 각인시켰다. 이때 각인된 것은 민중 쪽에서가 아니라 오히려 국가 쪽이었다는 점이다. 이 관점을 뒤바꾸어서는 안 된다.

물론 그렇다고 고대 그리스·로마의 폴리스 문화나 중세의 자치도시, 르네상스나 종교개혁, 부르주아혁명을 수행하여 창출한 서구 시민사회의 내적인 규율을 훌륭한 것이 아니라고 생각하는 것은 아니다. 나도 그

곳에 머물며 그 정신에 접하면서 감동했다.

메이지의 지식인이 처음으로 이러한 '서구'(이른바 '서구의 내면적 근대')
와 마주쳐 감동하고 일본인이라는 것을 혐오하여 전적으로 자기를 부
정하는 충동에 사로잡힌 심정을 모르는 바도 아니다. 서구의 역사를
관철하고 있는 자연법사상, "결단 주체(책임의 귀속)를 명확히 하는" 행
동 양식, "유일 절대신이 세계 질서를 계획적으로 창조했다는 사고방
식," "픽션으로서의 국가관인 사회계약설," "국가권력에 대한 사회적 바
리게이드"의 역사적 두께 등은 그 서구 시민사회와 주체적 인간이 가지
는 훌륭한 특성(우성)이며 인류 사상의 걸작 가운데 하나라고 나는 생
각한다.

다만 그것을 공평하게 평가하고 거기서 배워야 한다고 말하는 것과,
그것을 이상화하여 그 우성의 이념형을 가지고 이질적인 문화 전통을
지닌 타민족을 처음부터 단죄하는 것과는 엄격히 구별되어야 한다. 예
를 들면 마루야마 마사오는 위와 같은 서구 시민사회의 전통적 이미지
와 일본 근대사회에 대한 총제적인 이미지를 비교하여 이렇게 설명한다.

일본의 근대국가 발전의 역동성은 한편으로 중앙을 기동하는 근대화(합
리적 관료화가 본래의 관료제뿐 아니라 경영체를 비롯한 기능 집단의 조직 원리가
되어 가는 경향)가 지방과 하층으로 파급·하강해 가는 프로세스와, 또 다른
한편으로 위와 같은 '무라'(村) 혹은 '향당 사회'를 모델로 하는 인간관계와
제재 양식 ― 사탕과 채찍(비스마르크)이 아니라 '눈물의 징계, 사랑의 채찍'
(《노동시보》 1942년 8월) ― 이 저변에서 올라오는 모든 국가기구와 사회조직
의 내부로 전위(轉位)해 가는 과정의 무한한 왕복으로 성립되어 있다. 따라
서 일반적으로 말하면 조직과 집단을 어떤 종류로, 또한 상중하의 어떤 사
회적 평면에서 들어 보더라도 거기에는 근대사회에서 필수적으로 요청되는
기능적 합리화(그것에 의거한 권한 계층제의 성립)라는 계기와, 가부장적, 또

는 '벌'(閥), '정실'(情實)적인 인간관계의 계기의 복합을 발견하게 된다.《일본의 사상》)

　이런 지적은 현상적으로 정서적으로는 수긍되는 부분이 많다. 그러나 잘 생각해 보면 이것으로 '발전의 역동성'을 해명할 수 있을까. 오히려 근대화를 억제하는 모순을 지적하는 데 그치는 것이 아닐까. 나는 특히 메이지 일본 국가의 약진을 생각할 때, '위로부터'의 합리화, 근대화의 움직임에 호응하는 '아래로부터' 민중의 근대화 의욕을 중시하고, 나아가 이를 국가 발전의 동력에 연결한 중간층의 역사적 형성과 그 역할에 주목했다. 즉 '지도의 에너지'와 '밑바닥의 에너지,' 그것을 다이내믹하게 연결한 독농(篤農), 노농(老農), 유지자의 '매개 에너지'는 근대 일본의 발전 메커니즘을 말할 때 간과해서는 안 될 중요한 요소라고 생각한다. 그러나 마루야마는 이러한 관점에 전혀 눈을 돌리지 않고 있는 것이다.
　마루야마는 위로부터의 중앙을 작동시키는 합리화와 근대화가 지방으로 파급, 하강되어 가는 과정을 중시하면서 그것에 대응하는 아래로부터의 근대화 움직임(이 책에서 말하는 저변에서 나타난 '근대로의 은은한 변모')이나 '풀뿌리의 문화 창조' 과정을 간과해 버리고 있다. 그리고 아래로부터의 움직임이라고 하면 "'무라'(村) 또는 '향당 사회'를 모델로 하는 인간관계와 제재 양식('눈물의 징계, 사랑의 채찍')이 저변에서 올라와 모든 국가기구와 사회조직 내부로 전위해 가는 과정"을 중시하는 것이다.[18](이 점은 이윽고 가미시마 지로神島二郎가《근대 일본의 정신 구조》에서 상세하게 논하여 논지를 더욱 심화시켰다. 그러나 이러한 요약으로 일본 근대의 전 시기에 걸쳐 나타나는 저변의 움직임을 일반화할 수 있을까).
　이러한 해석은, 권력 측은 적극적으로 다루면서 공동체 측은 정체

---

18) 神島二郎,《近代日本の精神構造》, 1961년.

된 부분밖에 다루지 않는 편파적인 방식이기 때문에 국가 변혁의 내적인 계기는 애초부터 어디서도 발견할 수 없다. 이는 과학적 분석 방법으로 보더라도 잘못되어 있다. 그 과오는 이치이 사부로(市井三郎)가 비판한 막스 베버의 방법과 비슷하다. 즉 막스 베버가 아시아의 정체성에 진취적인 서구를 대비시켰을 때, 기독교와 유교라는 두 전통을 문제 삼고 있지만 그 "두 전통을 바라보는 시각은 전혀 균형을 상실하고 있다. 서구인의 편향을 가진 까닭에 그는 서구의 종교(기독교)에 대해서는 의심스러운 부분도 유리하게 해석하는 이념형을 만들어 내고, 유교에 관해서는 그 혁신적 부흥의 흔적을 모두 조직적으로 무시하는 이념형을 따로 만들어 냈다"는 것이다. "즉 베버는 중국에서 유교를 신봉하는 사람들이 전통주의라는 퇴화된 상태에 빠져들었을 때 나타나는 온갖 특징을 유교의 본질이라고 생각한 데 반하여 기독교에 관해서는" 완전히 반대의 태도를 취했다는 것이다.[19] 이러한 지적은 마루야마 마사오와 오쓰카 히사오(大塚久雄)의 방법론의 원천에 대한 비판이라는 점에서도 공감하는 부분이 적지 않을 것이다.[20]

6. '가족국가'관

나는 어린 마음에도 이 말에 거짓이 있다는 것을 느끼고 있었다. "이 일본이 가족국가라니!" 가족국가처럼 국민이 마음을 하나로 합치지 않으면 안 된다는 것이라면 이해가 간다. 그러나 눈앞의 사회는 결코 만방무비의 가족적인 화합 상태가 아니었다. 우리는 학교에서 반복해서 그

---

19) 市井三郎, 〈伝統と革新〉, 《思想》, 1969년 10월호.
20) 大塚久雄, 〈ヴェーバーの'儒教とピュウリタニズム'をめぐって〉, 《社会科学の方法》, 1966년.

논리를 주입받았다. 그러나 부모들 역시 그것만은 입을 다물고 있었다.

쇼와 초년 파시즘이 대두한 시기였다. '가족국가' 일본의 국체는 독일의 파시스트들도 선망한다고 한다. 그렇다면 누가 발명한 말인가.

패전 후가 되어서야 알았다. 호즈미 야쓰카(穗積八束)나 가토 히로유키, 이노우에 데쓰지로 같은 메이지 시대 어용학자들이 천황제를 확고한 것으로 의미 부여하기 위해 만든 모양이었다. 이시다 다케시(石田雄)는 "결론적으로 말하면 그것은 가족주의와 유기체론의 결합이다"라고 설명하지만, 개인적인 체험에서 보면 그렇게 단순한 것일 리가 없다. 어쨌든 패전 후에 이 개념이 유행하기 시작한 것은 마루야마 마사오 문하의 이시다 다케시 등이 '가족국가관'을 "천황제 전 지배 체제의 가장 중요한 정신 구조"로 평가하고 저작을 발표한 이후부터일 것이다.[21]

그 후로 15년이 지나 이 개념도 다시 검토해 볼 때가 되었다. 지금 솔직한 생각을 말하자면 '이에'나 '가족'의 논리 따위로 일본의 '국가'를 운운하는 행태는 참을 수 없다. 족보를 가진 명문가의 '가족'이 '2,600년'의 혈통을 가진 '황실'과 일체감을 느끼며 기뻐하는 것은 자기 마음이지만 일본의 무명, 무산대중까지도 이런 '가족국가'에 편입되어 있다고 한다면 견딜 수 없다. 그 범주에 들어갈 수 있는 것은 기껏해야 계통 있는 가문의 계보를 자랑할 만한 무리(화족, 사족, 명문가 지주, 부호, 명망가 등)에 지나지 않을 것이며 나머지는 다만 그 환상의 피해자일 뿐이었다.

일본 대중은 지금까지 특별하게 '국체'나 '가족국가' 덕분에 살아온 것이 아니다. 그들은 자신의 독자적인 생각으로 움직이고 살아왔다. 그들의 '이에'는 메이지 민법으로 보호받거나 강화되거나 할 필요가 전혀 없었다. (그들의 가장은 호주권을 내세워 뽐낼 만큼 실력도 필요 없었고, 그들 부부나 가족 모두가 평등하게 일하고 있었다. 그들의 이에는 재산권을 주장하여

---

21) 石田雄, 《明治政治思想史研究》, 1954년.

서로 싸울 여유도 없었다). 하물며 '국가'(천황제)로부터 의미를 부여받을 정도로 자랑할 만한 가계도 역사적 인연도 없었던 것이다.

만약 그들이 '국가'와 맺은 관계의 역사를 파헤친다면 '충신의사'와의 혈연은커녕 오히려 그 충신들에게 능욕당하여 피바다로 물들고 수탈당해 온 원한의 관계만 망령처럼 떠오를지도 모른다. 따라서 '가족국가관'에 접근하기 위해서는 이시다와 같은 의미에서 사이비적인 저변의 시점에서가 아니라 위에서 말한 바와 같은 전사(前史)부터 확인해 들어가지 않으면 안 된다.

요시모토 다카아키에 따르면, 그러한 대중의 정황에서 '이에'(가족)의 공동성은 원래 '대칭적인 환상'을 본질로 하는 것이며 결코 '국가' 따위와 같은 최고의 '환상적인 공동성'과 일치하는 것은 아니라고 한다.[22] 말하자면 부부나 부모자식의 '성'이나 생명의 재생산이라는 가장 자연스러운, 가장 육체적·직접적 인간관계를 기초로 하는 '대칭 환상'의 공동성인 '가족'과, '공동 환상'이라 해도 '최고의 추상적 공동성의 환상인 국가'가 무매개로 접합되는 식의 '가족국가관' 같은 것은 당초부터 원리적으로 난센스라는 말이다.

나도 그렇게 생각한다. 이렇게 완전히 이질적으로 대립하는 둘을 접합하는 것은 결코 '가족주의'나 '사회유기체론'의 아날로지로 만들어질 수 있을 리가 없다. 문제는 이름도 재산도 없는 대중에게 있다. 대중이 '이에'에 거는 것과 마찬가지 의미에서 국가나 황실은 개개의 인민들이 목숨을 걸기에 족한 공동체로서 납득할 수 있을까. 전혀 차원이 다른 추상적인 것이며 실제로 대중이 '국가'를 경험하고 있는 내실은 무수한 계층적 지배의 피라미드가 중첩되어 있을 뿐 아니라, 대개가 본 적도 없고 알지도 못하는 냉담한 인간들의 집합인 것이다. 그렇다면 이 틈을 어떻

---

22) 吉本隆明, 《共同幻想論》, 1968년.

게 메울 것인가.

당시 국가나 황실이 수천만 대중의 '이에'에 대하여 가장 중요한 가족 구성원의 생명까지도 희생을 요구하기에 족한 어떤 사상적 근거를 마련할 수 있었던가. 봉건시대에 다이묘가 대대로 은혜를 입고 있는 가신으로부터 변함없는 '충성심'을 이끌어 내는 것만 해도 쉽지 않은 노력이 필요했다. 하물며 그러한 친근감도 없고 은혜를 받은 적도 없는 대중으로부터 국가가 자발적인 충성심을 유도하고 그것을 지속시킨다는 것이 얼마나 어려운 일인지는 상상하고도 남을 것이다. 상대가 인텔리라면 서양의 '사회유기체론' 정도로 현혹시킬 수 있을지도 모른다. 그러나 상대는 지금까지 설명했듯이 독자적인 생활 사상을 가진 완고한 대중이며 '가족주의'의 규범으로도 도무지 포섭할 수 없는 존재였던 것이다.

즉 '가족'이 가지는 공동성이 촌락 공동체와 같은 '사회'의 공동 환상으로 이행하고 확대될 수 있다는 것은 있을 수 없는 일이다. 그것이 이행된다고 한다면 필시 본질적으로 다를 것이며, 요시모토가 지적했듯이 환상성의 대상을 제2의 자연(관행성)으로 전화하고 그리하여 더욱 동떨어진 것으로 전이되는 것에 지나지 않는다. 즉 '가족'의 공동성이 '촌락 공동체'로 이행하고 나아가 '국가'로 원격 이행되기 위해서는 몇 단계나 되는 복잡한 이데올로기의 매개와 비약이 필수불가결하다. 특히 대중에 대해서는 있는 그대로의 형태로는 안 되며 고도로 정서화(情緖化)된 것이어야 한다. 여기서 다음과 같은 난관에 부닥치는 것이다. 그렇다면 이처럼 접합하기 어려운 두 가지 이질적인 것이 무엇을 매개로 결합되는가. 그것을 해명하는 것이 '가족국가관'의 문제가 아닐까.

이 점에 대해서도 이시다보다 스승 마루야마 쪽이 훨씬 스케일이 컸던 것 같다. 이시다가 그 접착제로 사회유기체론이라는 수입품을 발견해 낸 것과는 달리 마루야마는 일본 원시시대 이래의 고유 신앙으로까지 거슬러 올라가 일본인의 사유 양식 자체까지 동원했다. 그러나 그것으로 능숙하게 설명했다고 생각되지는 않는다.

나는 '이에'와 '국가'를 접합하는 수단으로서 천황제가 체계적으로 취한 방법은 다음 네 가지로 귀착되는 것이 아닌가 생각한다. 그리고 그 전모는 메이지 43년(1910)에 일단 완성된 국정 소학교 교과서《심상소학 국어독본》등에서 체계적으로 형상화되어 있다고 생각한다.

첫째로 '희대의 명군'로 불린 메이지 천황의 상징조작을 통해 먼저 '황실'('국체'의 핵심)을 가능한 한 '이에'(대중) 측에 접근시키는 일이다. 황실에 대한 환상의 무한한 확대와 정서화를 꾀하여 그 목적을 성공시켰다는 사실이다. 그러기 위해서는 천황을 유년기부터 유신의 대업을 위해 사심 없이 "국민과 고난을 함께 하셨다"는 국가 통일의 상징적인 영웅으로 만들어 낼 필요가 있었다. 메이지 천황의 생애는 그런 점에서 가장 적절한 드라마이며 그 드라마는 훌륭하게 연출되었다.

그는 '일군만민 공의여론'을 내세우며 봉건 정부를 타도했으며 수차례의 대외 전쟁도 승리로 이끌어 대일본제국의 번영에 초석을 쌓은 '민족의 수장'으로서 근대 일본 국가의 기틀을 쌓은 신화의 주인공이었다. 또한 메이지 천황이 지은[御製] 수천 수의 시는 천황을 공인으로서가 아니라 가인(歌人), 사인(私人)으로서도 친숙하게 만들어 문학적·심정적으로 국민의 정념 세계로 침투할 수 있게 되었다. '국체'의 무한 포용성은 고유 신앙의 사유 양식을 빌려올 필요도 없이 이러한 '황실,' '천황'이 '이에,' '대중'으로 침투되어 가는 과정에서 확대되어 갔다. 패전 전의 대다수 일본인이 집안에 메이지 천황의 초상을 걸어 두고 있던 상징적인 광경을 떠올려 보기 바란다. 만약 그때 '무쓰히토'(睦仁)와 같은 인격을 가진 천황이 아니었다면 천황제의 이데올로기적 기초는 상당히 약화되었음에 틀림없다.

둘째로 일본인의 '이에'에 핵심이며 민중의 마음인 '조상숭배'를 이용하여 '이에'와 '국가'를 결부시키려 한 방식이다. 이것은 성공했다고 보기 어렵지만 상당한 성과를 거두고 있다. 서구 열강을 견문하고 온 메이지의 체제 이데올로그들 가운데에는 호즈미 야쓰카와 같이 일찍부터 "일본은 조상숭배의 나라"라는 특징을 파악하고 국가를 만들어야 한다는 인식이 있었다. 그가 노린 것은 황실의 조상인 아마테라스 오미카미를 이용하여 대중의 조상숭배에 세속적·국가적 통일을 부여하려 한 것이었다.

새삼 말할 나위도 없지만 야나기타 구니오가 거듭 강조했듯이, 일본인의 정신생활의 중심은 '이에'에서는 조상숭배이며 '무라'에서는 '촌락공동체'에서 우지가미(氏神)를 모시는 축제였다. 사쿠라이 도쿠타로도 지적하고 있듯이, 지방에 정주하는 사람들에게는 이것이 가장 오래고 가장 강한 신앙이었다. 때로는 신흥 종교의 강력한 습격에 직면하여 완전히 압도되어 버린 것처럼 보이는 경우도 있지만 그것도 일시적인 현상에 지나지 않는다. 끝내 살아남는 것은 우지가미이며 이에 대한 촌락 주민의 신앙적인 거점은 사라지지 않았다. 이세(伊勢) 신앙이나 후지코(富士講)가 성립해도 그것은 우지가미를 이용한 것이며 끝내 그 지위가 바뀌는 일은 없었다고 한다.[23] 지금 젊은 일본인에게는 이해하기 어렵겠지만, 죽으면 신이 된다는 믿음을 가지고 살아 있는 한 조상의 제사만은 멈추지 않았다는 사실을 무시하고 당시의 민중의식을 이야기할 수는 없다.

천황제는 여기에 가장 깊은 지배의 뿌리를 내리려 했다. 그것을 위해 국가신도를 이용하여 아마테라스 오미카미를 천황의 황조신으로 치켜세우고 모든 신들 가운데 가장 근본이 되는 신으로 만들려 했다. 그리고 아마테라스의 자손인 천황을 인민의 '오미오야'(大御親)라 하여 조상 대대로 조령을 모시는 민중의 심정 속에 '가부장제 방식으로' 파고 들어

---

23) 桜井德太郎, 앞의 책(8장 주 12 참조).

가려 한 것이다.(예를 들면 춘계 황령제와 추계 황령제를 민중의 연중행사 속으로 가지고 들어간 방식이다.)

즉 민중의 조상숭배(조령 신앙)를 천황제의 황령 신앙(천손 신화)의 체계 속에 편입시켜 계열화를 꾀한 것이다. 이것은 사후 가족과의 '공생 감각'과, 민중의 평화로운 '영생에 대한 소원'을 바탕으로 성립되어 있던 개별적·토속적·풍토적·비정치적인 민중의 '가미'(神) 관념을 보편적·자연신적·작위적·정치적인 '가미' 관념이라는 완전히 이질적인 것과 결부시키려고 한 무리수였다. 이로 인하여 국가는 민중의 이세 신앙(오카게마이리)을 이용하거나, 공권력으로 초혼사(招魂社, 야스쿠니 신사)를 만들어 민중이 모신는 신을 격상시키기도 하고, 또는 부락 공동체의 가족적·정서적 결합의 아날로지를 이용하거나, 서구의 사회유기체설을 원용하는 따위의 방식으로 호도하는 데 고심했다. 그러나 야나기타 구니오가 그 이질적인 것과 결합하는 것을 분명하게 거부했듯이, 끝내 천황제는 참된 의미에서 일본인의 마음을 사로잡을 수가 없었다.

그 실패의 한 예를 신사 합병(계열화) 정책에서 볼 수 있다. 본디 민중신앙의 '우지가미'는 공동체 조상을 모신는 신이며 국가신도의 신과는 아무런 관계가 없었다. 그런데 국가는 이것을 '관폐사(官弊社)—국폐사(國弊社)—부현사(府縣社)—정촌사(町村社)—무격사(無格社)'로 계열화하고 그 정점에 이세 신궁을 둠으로써 천황의 조상신으로 합리화했다(야스쿠니 신사는 별격 관폐사로 사격이 부여되었다). 말하자면 불교에서 말하는 본산과 말사 같은 관계를 만들려 했다. 이러한 이세 신궁의 '합리화'나 의미 부여가 근세 민중의 이세 신궁 참배(현세이익 신앙)와 얼마나 동떨어진 것인지는 후지타니 도시오(藤谷俊雄)의 연구(《오카게마이리토 에에자나이카》)를 보더라도 명백한 일이다.

그리고 러일전쟁 이후 국가가 농촌의 체계적인 위기를 감지하고 일련의 지방개량 운동에 착수할 때 민중의 마음속에 직접 파고드는 방식으로 정책을 강행했다. 예를 들면 전국의 신사에 대한 지배를 강화하기 위해 19만 개 정도였던 지방의 작은 신사들을 불과 4~5년(메이지 39~43년) 사이에 10만 개 정도로 대폭 감소시켜 버렸다. 관료들은 전국의 행정 말단 기구마다 신사가 하나씩만 있으면 된다고 생각했을 것이다. 이렇게 해서 미에 현의 경우 10,011개였던 민중의 신사가 고작 989개로 감소했고 와카야마 현에서도 3772개에서 879개로 80퍼센트 정도가 폐지 명령을 받았다. 에키 지유키(江木千之)는 당시 "와카야마 현의 신사가 합병되어 모시던 신이 떠나가는 것을 촌민들이 마을 어귀까지 배웅하면서 모두 울었다고 한다"고 비판했다. 또한 국회의원 도이 곤타(土井権太)는 정부가 이런 짓을 했기 때문에 와카야마 현에서 가장 많은 대역 사건의 죄인이 나온 것이라고 했다. 당시 미나가타 구마구스가 신사 합병의 강행에 저항하다가 체포되었을 때 야나기타 구니오가 달려갔다는 이야기도 있으며, 거듭되는 대역 사건의 충격은 천황제 국가와 그 관료들에 대한 일대 경고였던 것이다.

그러나 대부분의 경우 이러한 '조상숭배'나 '우지가미'를 매개로 한 '이에'와 '국가'의 결합은 더욱 신중하고 집요하게 전개됨에 따라 대중들에게도 점차 의제로서 친화감이 확산되기 시작했다. 특히 대외 전쟁이 거듭되고 야스쿠니 신사의 '영령'이 늘어남에 따라 민중의 조상신과 국가신의 거리가 차원을 초월하여 좁혀지게 되는 것이다.

7. 이에 죽이기

'가족국가관'을 성립시킨 세 번째의 기본적인 요인은 '가족제도'의 위기와 그 환상성일 것이다. 그 환상은 현실적으로 가족제도가 붕괴를 시작하지 않는 한 예리하게 자각되는 일은 없다. 일본에서는 자본주의가 본격적으로 시작되는 메이지 30년대 후반에 이르러 이 문제가 갑자기 '식자'들 사이에 관심의 표적이 되었다. 호즈미 야쓰카, 이노우에 데쓰지로, 우키다 와다미(浮田和民), 요코이 도키요시(横井時敬) 등이 잇따라 발언하는데, 야나기타 구니오도 대일본농회의 집회에서 메이지 39년(1906)에 이렇게 경고하고 있다.

이에 살해, 즉 이에를 죽이는 것은 설령 현재의 가족에게 한 사람의 반대가 없어도 태어나지 않은 자손을 생각하면 자살이 아니라 타살입니다. 자기 자식을 죽여도 마찬가지로 살인죄인데 하물며 자손으로 하여금 살아가면서 영구히 가계에 대한 자각을 상실하게 만드는 것은 죄악이 아니고 무엇입니까. 국가 다음으로 오랜 생명을 이어 온 이에를 하루아침에 없앤다는 것은 과연 호주가 자기 마음대로 할 수 있는 일일까요. 더구나 오늘날처럼 거주지를 대도시로 옮기는 것은 십중팔구가 가정 살해, 즉 이에를 죽이는 결과에 빠지는 일입니다. (……)

저마다 그들 조상과의 연결, 즉 이에의 존재를 자각한다는 것은 일본과 같은 나라에서는 개인과 국가의 연쇄이기도 합니다. 조금만 깊이 생각해도 역사상 충신의사가 우리들의 조상이라는 것을 아는, 막연한 느낌이 아니라 구체적으로 조상의 뜻을 아는 것입니다. 조상이 수백 대에 걸쳐 항상 일본의 황실을 받들고 봉공하면서 살아왔다는 자각은 가장 명백하게 충군애국심의 바탕을 만듭니다. 이에가 사라지면 심지어는 무슨 이유로 자신이 일본인이어야 하는지를 자신에게 설명하기도 곤란해집니다. 개인주의가 성행하게 되면 외국의 역사도 자국의 역사도 같은 눈으로 보게 됩니다.[24]

여기서 말하고 있는 것은 오늘날의 시점에서 보면 분명히 시대에 역

---

24) 柳田国男, 〈田舎対都会の問題〉,《時代と農政》, 1910년(《全集》第16巻 収録).

행하는 것이다. 농업국이 공업국으로 변하고 농촌 인구가 감소하면서 도시화의 물결이 전 국토를 뒤덮어 버리는 것이 자본주의의 철칙인 이상, 그것을 거슬러 도시로 이주하는 것을 한탄하는 것은 결국은 감당하지 못할 감상에 지나지 않을 것이다. 그럼에도 야나기타 정도의 지식인이 왜 이러한 추세를 거슬러 농촌에 계속 머물러 살며 '이에'의 영속을 바랐던 것일까. 그는 이에의 가계도에 대한 자각을 상실하는 것은 '이에를 죽이는' 죄악이라 하고, 그것을 상실하면 우리 조상들이 "수백 대에 걸쳐 황실을 받들어 봉공해 왔다는 자각"을 상실하게 되며, 도시로 이주하여 "이에가 사라지면 무슨 이유로 자신이 일본인이어야 하는지를 설명하기 어렵게 된다"고까지 말하고 있다.

즉 야나기타는 '이에'를 일본의 독자적인 '충군애국심의 바탕'으로 보기 때문에 자신들의 조상은 모두가 '충신의사'라고 하는 '가계의 자각'을 주장하고 있다. 이것은 야나기타다운 '이에 국가'의 논리일지도 모르지만, 이 장의 첫머리에서 설명했듯이 '저변의 시각'에서 볼 때 야나기타는 지나치게 지주적인 명문가나 명망가 계층의 눈으로 일본인 전체를 단정 짓고 있는 것이다.

생각해 보라, 일본 국민의 대부분을 차지하는 대중이 무슨 까닭에 '이에'를 버리거나 사랑하는 가족과 뿔뿔이 흩어져 살기를 바랄 것인가. 명망가도 지주도 아닌 일본 국민 대부분은 '가계'와도 '충신의사'와도 아무 관련 없이 살아왔다. 그래도 그들은 '이에'를 사랑하고 '조상'을 사랑하며 고향에 남기를 원했다. 그런데 '이에'를 파괴당하고 일가족이 뿔뿔이 흩어져 도회지로라도 달아나지 않으면 살아갈 수 없을 지경까지 자본주의에 떠밀린 것이다. 7장의 '비문화적 상황과 지식인'에서 소개한 도호쿠 지방의 농민 엔도 히사지나 우지이에 도모스케 같은 인간을 떠올려 보기 바란다. 그런 일본 인민의 엄청난 수난이 없었다면 대일본제국의 영광도 부국강병도 애시당초 불가능하지 않았을까. 그렇다면 이 대중의

'이에 살해'를 누가 '자손에 대한 죄악'이라고 책망할 수 있을까.

야나기타 등이 '이에 살해'를 입에 올리기 시작한 것은 특별히 대중의 일가족이 이산하는 참상을 애석하게 생각해서가 아니다. 그들이 놀란 것은 그들이 의지해 온 지방 명망가층, 가계를 자랑할 수 있는 그런 명문가가 자본주의에 떠밀려 결국은 도시로 흘러들기 시작했기 때문이다. 요코이 도키요시는 솔직하게 말하고 있다.

"의지할 것이라고는 오로지 농민뿐이다……. 도회는 항상 혁명의 제조소인데 비하여 시골은 항상 혁명의 반대자이며 사회 질서의 보호자이다." "일본 무사도의 계승자, 풍기의 양성자, 원기의 유지자로서 나는 농업계의 지주에 특히 주목하는 것이다"[25]. 우키다 와다미도 농민이 주소를 변경하는 것은 조상숭배 심정을 약화시키고 가족제도를 위협하는 근원이 된다고 우려하고 있었다.

지방 명망가(지주층)가 가족제도의 기둥으로서, 그리고 '이에'와 '국가'를 연결하는 요체로서 체제 측으로부터 얼마나 큰 기대를 받고 있었는지 알 수 있다. '가족국가관'은 이러한 사회적 매개가 없이는 환상으로도 성립되지 않는다. 그것은 야나기타의 말도 뒷받침하고 있지만, 그 중요한 명망가층이 바야흐로 피할 수 없는 위기에 직면한 것이다. 여기에 지배의 기초를 보유한 '국가'로서도 잠자코 있을 수 없게 된다. 그 위기의식이 이러한 공동 환상을 한층 증폭시켜 새로운 체계화를 이데올로그에게 촉구한 것이다. 그렇게 이해하지 않고서는 역사의 역동성에서 멀어질 수밖에 없을 것이다.

그 이데올로그의 대표로서, 메이지 초기에 《칙어연의》를 집필한 이노우에 데쓰지로가 또 다시 등장한다.[26] 이노우에는 독일식 훈련을 받은

---

25) 横井時敬, 〈都会と田舎〉, 1906년; 〈農政教育の趣旨に就いて〉, 1901년; 《横井時敬全集》第4, 9卷, 1925년. 石田雄의 앞의 책에서 인용.
26) 井上哲次郎, 《勅語衍義》 1892년; 《国民道徳概論》 1912년.

306 메이지의 문화

헤겔학파라고 하지만 학통으로 보면 가토 히로유키의 제자이다. 도쿄대학에서는 철학을 담당하고 다카야마 조규도 가르쳤다. 그런 그가 사회유기체설 등을 바탕으로 '종합가족제 국가' 같은 단순한 것을 제시했다. "하나의 가족 안에 …… 중심점으로 보아야 할 가장이 있고, 일가족을 통솔하게 되어 있다." 이것이 개별 가족제도이며 이들 "개개의 가족이 모여 일본 전국을 총체로 하나의 거대한 가족제도가 성립되어" 있다. 이것이 '종합 가족제도, 즉 우리 국체의 구조'라고 한다.[27] 이것이 중국 등과 같이 '개별 가족제도'만 가지는 사회와 다른 점은 그 윤리인 '효'와 종합 가족제도의 윤리인 '충'이 완전히 통일되어 '충군애국'이 국민의 표어가 되어 있는 점이라고 한다.

그렇다면 만약 그 저변에 해당하는 개별 가족제도가 붕괴하면(실제로 그 후 다이쇼·쇼와의 역사는 그 붕괴의 끝없는 진행과 체제 측의 앞이 보이지 않는 저지 정책의 반복이었다), 그 만방무비, 천양무궁의 국체도 이윽고 위기에 빠지게 된다는 이치가 된다. 이 얼마나 취약한 '국체'인가!

이 정도로도 이노우에 학설이 얼마나 엉터리인지 잘 알 수 있지만 문제는 그러한 이론 구성의 성립에 있는 것이 아니다. 그런 터무니없는 이치라도 지배 이데올로기의 핵심으로 이용되고 메이지 43년(1910)의 국정교과서에 채용되어, 이미 존재하던 메이지 민법의 '이에'와는 무관했던 이름도 없고 재산도 없는 대중 가족의 마음속까지 침투해 들어갔다는 점이다. 이렇게 될 수 있었던 데에는 세 가지 요인이 있다고 생각한다. 하나는 '통속도덕' 속에 천황제가 침투했다는 점이다. 또 하나는 러일전쟁, 그리고 마지막으로 소학교 교육의 성공이다.

통속도덕을 흡수하여 천황제가 그 위에 안주하려는 사상적인 시도는 정부가 보덕사를 후원한 메이지 10년대부터 시작되고 있다. 원래 '통속

---

27) 같은 책.

도덕'은 에도 시대 후기의 대기근 이후 황폐해진 촌락을 부흥하고 몰락에 처한 일가를 부흥하기 위해 엄격한 자기 규율을 거쳐 성립한 것이지만, 메이지 중반이 되면 통속도덕의 실천 자체가 목적이 되고 그 인생관적인 의의(목표)가 애매하게 되었다. 도대체 무엇을 위한 근검이고 겸손인가. 무엇을 위한 자기 규율이란 말인가. 거기에 천황제 이데올로기가 침투할 여지가 생긴 것이다. 즉 '국가'가 통속도덕을 재해석하고 거기에 '가족' 도덕으로서 새로운 의미를 부여하고 충군애국이라는 초월적인 목표를 부여한다. 그것은 먼저 '교육칙어'라는 형태로 결정(結晶)되고 이어서 메이지적인 입신출세의 보장으로 의미가 부여되었다. 그것을 통해 한편으로는 통속도덕적인 사고방식을 천황제 속으로 흡수하고 다른 한편으로는 통속도덕에 결여되어 있던 세계관적인 의미를 부여하려는 것이다. 이러한 움직임이 사회교육과 학교교육의 양쪽에서 집요하게 계속되었다. 이런 움직임의 의미가 대중에게 얼마나 무거운 것이었는지에 대해서는 7장 '절망의 메이지 농촌'에서 설명했던, 국가에 저항하지 못하고 굶어 죽어 간 민중들의 모습을 떠올려 보기 바란다.

개개의 적막한 '이에'에 사는 대중이 "최고의 추상적 공동성의 환상인 '국가'"에 실감적으로도 몸을 맡기고 그 속에 몰입해 마지않는 상황이 된다는 것은 지극히 어려운 문제라 하지 않을 수 없다. 그것은 나 자신도 지난날 전쟁에서 생과 사를 되물었던 청년으로서 피부로 느낄 정도로 체험하고 있다.

그럼에도 불구하고 그것이 '일체'라고 하는 환상이 성립되기 위해서는 먼저 대중이 몸을 '국가' 쪽으로 맡기려는 도약의 의지가 발생하지 않으면 안 된다. 그러기 위해서는 일상적으로 부단하게 이데올로기가 담긴 사전 공작이 필요하지만, 그보다 더 결정적인 것은 '무리한 도약'을 가능케 하는 '민족적 이상 사태'(격렬한 내셔널 쇼크)가 연출되어야 하는 것이다. 즉 이 경우에 동화작용이 대중 쪽에서 발생한다는 것이 결정적인 조건인 것이다.

대중들 사이에 '가족국가관'이 성립하는 것은 이러한 순간일 것이다. 그리고 그것이 일단 성립되면 이 의제를 지속하기 위해 국가는 끊임없이 버팀목을 세워 적당한 간격을 두고 전쟁 쇼크를 반복하면서 대중심리의 테두리가 느슨해지는 것을 다시 조여야 한다. 그것은 대중을 지배하는 보편적인 방법 가운데 하나이다. 메이지 이후의 천황제는 '국체' 관념이라는 강력한 정신적 마약을 이용하여 그 방법을 효과적으로 실행한 것이라 할 수 있을 것이다. 민족 공동성이라는 환상은 메이지의 '가족국가관'에서 쇼와의 '총력전 국가관'으로 한층 공허한 상태로 격화되어 갔던 것이다.

8. 어느 병졸의 마음

일본 근대사에서 민족 공동성이라는 '세기적 의제'는 언제 확립되었으며 언제 꼭짓점에 이르렀다가 사라져 갔을까. 나는 러일전쟁을 계기로 성립되고 태평양전쟁을 마지막으로 종언했다고 생각한다.

'국가'가 전 민족적인 운명 공동체라는 환상을 가질 수 있었던 것은 러일전쟁 때였다. 그 공동 환상의 운명적·민족적인 실감이야말로 메이지의 대중을 처음으로 국가에 '동화'시킨 것이다. 그것에 관한 민중 쪽의 증거 자료를 대량으로 제시하는 것은 어렵지 않다. 러일전쟁에 종군한 병사들의 '일기'나 '수첩'이 그대로 남아 있으며, 전쟁터에서 보낸 방대한 양의 편지가 우리 수중에 있다. 그 단적인 사례가 앞서 인용한 오사와(大沢) 상등병의 전중일지 같은 것이다. 같은 마을(미나미타마 군 가스미 촌)에서는 과거 무사시 곤민당의 지도자 스나가 렌조가 남긴 메이지 38년 일지도 발견되고 있다. 그러나 여기서 그러한 사료 일일이 소개를 할 여유는 없다. 다만 그것을 분석한 결과, 결론으로 말할 수 있는 것은 종래의 러일전쟁을 보는 관점에 커다란 결함이 있고 대폭 수정되어야 한다는 점이다.

이제까지 러일전쟁에 관해서는 제국주의 전쟁 여부를 둘러싸고 논의가 집중되어 왔다. 제국주의 전쟁이 어떤 성격을 띠는 것인지 논할 때 대부분의 경우 쌍방의 국가권력·지배계급의 성격, 자본가·군부·외교 담당자의 의도나 전황 등이 논의의 중심이었다. 아니면 국제관계론 식의 외교 사관이거나 순전히 전략전술사의 서술에 지나지 않았다. 그렇게 좌우파를 불문하고 실제로 러일전쟁을 치른 병사들의 처지에 관한 역사는 완전히 무시되고 있었다.

러일전쟁은 엄청난 전쟁이었다. 상대는 세계 최강의 육군, 에도 시대 말기 러시아의 푸탸틴 함대가 일본해(동해)를 제압한 이래 서구 열강의 일원으로서 끊임없이 일본을 북쪽에서 위협하고 있던 대러시아제국이었다. 이것이 두 번째의 대외 전쟁이라 해도 청일전쟁과 같은 수준으로 논할 수는 없다. 청일전쟁은 매우 작은 국지전이었으며 전투에서 전사자는 5천 명 정도에 지나지 않았다. 그러나 러일전쟁에서는 결코 승리한다는 확신도 없이 개전하여 일본의 국력을 모두 소진하고 전사자와 병사자 11만8천 명이라는 커다란 희생을 치르고 간신히 승리한 전쟁이었다. 일본 전국의 모든 마을에서 출정 병사를 보내고 그 병사 가운데 태반이 전사하거나 부상을 입고 돌아온 국민적 통한의 경험이었다. 러일전쟁을 논하는 자는 이 뼈아픈 기억을 한시도 잊어서는 안 된다.

나도 러일전쟁은 국제적인 의미에서 제국주의 전쟁이었다고 생각한다. 그러나 제국주의 전쟁 일반으로는 설명할 수 없는 복잡한 전쟁이었다. 요약해 보면 이렇다.

러일전쟁은 다음의 세 가지 의미가 합쳐졌을 때 비로소 성공리에 치러진 것이었다. 첫째로 일본 지배층의 의지, 특히 조선반도에 대륙 진출의 발판을 마련하려고 다년간 염원하고 준비해 온 일본 군부의 의지, 둘째로 러시아의 남하는 무슨 일이 있어도 막아 내야 한다는(극동에서는 자신의 역할을 대신해서 일본에게 맡기려는) 것을 부동의 전략으로 삼은 영국 제국주의의 의지, 그리고 셋째로 일본과 러시아의 충돌을 숙명적인 '국난'으로 받아들이고 민족 존망의 위기에 직면하여 자기 한 몸을 던져 타도해야 한다고 생각한 일본 인민의 의지였다. 내가 여기서 강조하고 싶은 것은 이 세 번째 의지이다. 이것이 없이 저 곤란한 대규모 전쟁에 승리할 수는 없었을 것이며 또한 인민대중의 고양된 자발성이 러일전쟁에 '국민 전쟁의 요소'를 불어넣었던 것이다. 이 점을 간과하면 우리는 언제까지나 민중사상사에서 전환의 의미를 인식할 수 없으며, 의제로서 천황제 사상이 승리한 수수께끼를 풀 수도 없을 것이다.

산타마의 한 농민인 육군 상등병 오사와는 뤼순, 펑톈의 총공격에 참전했는데, 그 땀에 젖은 연필로 쓴 일기(수첩)는 뤼순 공격의 전황과 203고지 돌격의 모습이나 일본해 해전의 승전 소식을 접했을 때 흥분하고 있는 육군 부대의 모습 등을 상세하게 기록해 남기고 있다.[28] 이것을 읽어 보면 우리가 체험한 태평양전쟁과 비교해서 말단의 일개 병졸에 이르기까지 중요한 군사정보가 개방되어 있다는 사실에 놀란다. 극단적인 예를 들면 태평양전쟁에서 육군대신과 참모총장을 겸하고 있던 도조 히데키(東條英機) 수상이 일본 연합함대가 미드웨이해전에 대패한 사실을 상세하게 보고받은 것은 한 달 후의 일이었다고 하며, 외무대신 시게미쓰 마모루(重光葵) 등은 패전 후까지도 연합함대의 전멸을 모르고 있었다고 한다. 이에 견주어 오사와 상등병의 일기를 보자.

---

28) 大沢敬之助, 〈戰中日記〉(원자료) 4권 등. 1904~1905년. 오사와는 미나미타마 가스미 촌(현재 하치오지 시)의 농민. 학력은 소학교 및 데라코야(寺子屋). 러일전쟁 개전 당시는 29세. 이 일기에 관해서는 〈近代百年のなかの十五年戦争〉, 《国民文化》 116호, 1969년에 간략하게 소개했다.

6만 명의 사상자를 내고 간신히 뤼순을 함락한 후, 오사와 상등병이 소속된 부대는 눈보라 속을 하루에 7~8시간 강행군으로 야영하면서 펑톈의 전쟁터로 향했다. 그 메이지 38년 2월 10일의 기록을 보면 이렇다.

오전 9시 정렬하여 행군. 중식 시간에 중대의 통보에 따르면 1월 26일부터 29일에 걸쳐 사하(沙河) 방면 전투에서 우리 장교와 하사관 및 병사 사상 7천여 명, 그 가운데 소장 1명 연대장 3명. 적의 피해는 우리의 약 두 배라고 한다.

사하 전투에서 사상 약 7천이라는 수는 상당히 큰 손실이다. 이는 당연히 군의 사기에 영향을 미칠 정도로 중요한 정보인데도 공공연히 뒤따르는 병졸에게까지 흘린 것은 어찌된 일인가. 얼마나 병사를 신뢰하고 있었는지 그 자발성에 기대하는 바가 컸을 것이다. 계속해서 그날의 일기를 보자.

러시아제국의 수도는 전등, 석탄도 연료도 없고 제왕은 행방불명. 혁명당이 수도로 발포했다고 한다. 크로파트킨(러시아 극동군 사령관—옮긴이)은 뤼순 함락 후 전투의 목적을 상실했고 러시아 수도는 일시 암흑 속에 있다고 한다. 오후 3시 반경 숙사에 도착.

이것은 말할 나위도 없이 러시아의 1905년 혁명을 말한다. 2월 10일의 일기니까 '피의 일요일' 1월 22일부터 반 달 정도 밖에 지나지 않았다. 그날의 참극을 계기로 상트페테르부르크에서 발생한 총파업과 반란의 정세가 곧바로 머나먼 만주의 일본 병사들 사이에까지 전달된 것이다. 더구나 크로파트킨 장군은 전투의 목적을 상실하고 후방은 혁명당의 발포로 암흑이므로 이윽고 러시아 군은 철퇴하는 것이 아닌가 하는 예측을 담은 내용이다. 이것은 놀랄 만한 일이다. 같은 제국주의 전쟁이라도 일본에게는 흥망의 명운을 건 결전, 러시아에게는 여유로운 영토 확장 전쟁. 이 러일전쟁을 태평양전쟁과 비교한다면 상당한 차이가 있다. 우리는 이제까지 이러한 사실을 과소평가해 왔다. 그렇기 때문에 병사 대중의 자발성이 일본 국가(운명 공동체)의 환상 속에 그들을 자진해서 참가시켰다는 내적인 경과를 파악하지 못한 것이다.

〈여기는 고향에서 수백 리 떨어진 머나먼 만주〉라는 군가가 있다. 지금은 그 시대를 상징하는 '추억의 멜로디'로 기억되지만 이 가사와 곡은 과거 메이지 시대 대중의 넋을 사로잡을 정도로 감동을 주었던 것이다. 그 감동이란 무엇인가. 아마도 일본의 대중은 태어나서 처음으로 직접 국제적인 체험을 얻었다. 머나먼 이국땅에서 '조국'을 바라보면서 일본의 '자연'을 발견하고 또한 태어나 처음으로 '전우'라는 새로운 '연대' 관계, 그 인간 감정을 경험했다. 이 심오한 심리는 종군작가 다야마 가타이(田山花袋)의《일개 병졸》에도 잘 묘사되어 있다. 서로 알지도 못하고 출신도 연대도 다른 병사들이 만주의 광야에서 우연히 만나 서로를 위로하고 격려하면서 살아남으려 한 것이다.

그러나《일개 병졸》의 주인공은 상등병 두 사람에게 도움을 받은 그날 밤 랴오양(遼陽)을 눈앞에 두고 홀로 괴롭게 죽어 간다. 그 생사의 경계에서 눈앞에 떠오른 것은 "어머니의 얼굴, 아내의 얼굴, 느티나무 아래의 커다란 가옥, 뒤뜰로 이어진 해변, 푸른 바다, 눈에 익은 어부의 얼굴……"이라는 '자연'이었다.

즉 병사들은 일본이라는 '국가'의 동포로서 운명적인 일체감과, 그러나 최후에는 고독한 '고향'과 '집'에 대한 그리움에 이끌려 그 정점과 저변의 두 가지 환상의 자장 사이를 헤매면서 죽어 갔던 것이다. 이러한 경험이 의미하는 것은 중대하고도 의미심장하다. 그리고 천황제 '국가'

는 수백만의 대중이 이러한 공동 환상성의 경계를 헤매는 기회를 결코 간과하지 않았다. 만주의 드넓은 벌판에서 누구에게도 인정받지 못한 채 '벌레'처럼 죽어 간 일개 병졸이라도 '마을'과 '집'의 이름을 짊어지고 있는 한 야스쿠니 신사에 모셔지고 '국가'의 호국신으로 등록되어 메이지 천황으로부터 정중하게 예배를 받는 것이다. 여기까지 이르는 전 과정의 상호 승인이 '가족국가관'을 성립시키는 상징적인 서사시가 되었던 것이다.

러일전쟁은 또 하나의 중대한 변화를 대중심리 속에 남겼다. 그것은 조선과 만주의 전쟁터로 갔던 수백만의 일본인이 거기서 직접 중국 민중을 접하고 그들에 대한 확실한 멸시 의식을 남겼다는 점이다. 병사들이 고향 가족에게 보낸 편지 속에는 눈앞에 펼쳐진 중국인의 극심한 생활상(야만, 빈곤, 불결, 비위생, 노예근성)에 대한 노골적인 혐오와 모멸로 가득 차 있다. 처음으로 백인과 싸운 이 국제 체험으로 대중의 마음에 각인된 국제적인 시야(일본군이 러시안 군에 보인 우애나 오사와 상등병의 러시아혁명에 대한 기대와 관심을 보라)도 급속하게 이 한 가지로 응축되어 버린 것이다.

이것이 일본인 대중의 내셔널리즘을 왜곡하고 그 후 초국가주의로 향하는 집중적인 표현이 되었다. 병사들의 실감 나는 중국 체험은 입소문을 통해서 광범위하게 전파되어 편견으로 고정화되고 정신적인 고질병이 되어 갔던 것이다. 이윽고 다이쇼·쇼와 시기에 들어와 일본 제국주의가 본격적으로 중국 침략을 확대함에 따라 민족의 위기를 각성한 중국 인민의 기질과 저항은 급속하게 변해 갔지만, 일본 인민은 그런 변화를 마지막까지도 인식하지 못하고 메이지 후기에 형성된 모멸적인 중국 허상을 계속 품고 있었다. 그것은 결국 15년 전쟁의 비도덕적인 잔학 행위와 일본 지배자들의 대중 조작까지도 허용해 버렸던 것이다.

이러한 정신사적인 병폐는, 생각건대 수백 년 동안 쇄국 상태에 있던 일본인의 사유 체질에 뿌리를 두고 있는 까닭에 더욱 무거운 것이며 후발 세계 제국주의로 들어간 '국가'의 무리를 짊어지고 있는 한 불가피한 것이었다고 할 수 있다. 그러나 그 어떤 나라의 대중이라도 어떤 형태로든 역사의 왜곡을 체질적으로 각인하지 않는 사람은 없을 것이다. 일본의 대중이 반세기 남짓에 걸쳐 사상 지배를 허용해 온 천황제의 화근을 전후 25년이 지난 지금도 충분히 극복하지 못하고 있다고 해서 절망할 필요는 없다.

9. 국가교육의 힘

마지막으로 메이지 43년(1910) 무렵 모든 체계를 정비했다고 생각되는 국정교과서를 통한 교육의 힘이 '정신 구조로서의 천황제' 지배를 마무리해 가는 사정을 논하고자 한다.[29]

먼저 청일전쟁 전의 소학교 교육이 어느 정도 수준에 그치고 있었는지, 도쿠토미 소호의 유명한 수업 참관 메모를 통해 확인해 보자.

선생: "무엇 때문에 천황에게 충성을 다하지 않으면 안 됩니까"

학생: "천황 폐하……(더 이상 말을 못하고 히죽히죽 웃을 뿐이다)"

선생: "천황 폐하의 은혜를 입고 있기 때문입니다. …… 여러분은 어떤 은혜를 입고 있습니까."

학생: (입을 씰룩거리며 눈을 떼굴떼굴)

선생: "여러분이 이렇게 학교에 다닐 수 있는 것도, 집에서 무사히 지낼 수 있는 것도 모두 천황 폐하 덕분입니다."

---

29) 色川大吉, 〈明治末年の教科書問題〉, 《歷史地理教育》第20号, 1956년.

소호: "여러분은 좋은 일과 나쁜 일이라는 말을 자주 들을 텐데, 그 좋은 일이란 어떤 것일까요"

학생 한 명: "충효를 다하는 것"

소호: "……(어처구니없을 뿐)"

— 〈아타미 소식〉,《고쿠민신문》(国民新聞) 1893년 4월 7일. 줄여서 인용

그 후 6년이 지나(1889년) 오카야마 현의 어느 소학교에서 '저마다 모범이 되어야 할 인물'을 조사했더니 첫째가 구스노키 마사시게(楠正成)로 전체의 26퍼센트, 둘째가 천황 폐하 22퍼센트, 셋째가 선생님 20퍼센트였다고 한다.[30] 이 무렵까지만 해도 아직 천황은 학생들의 내면적 권위가 되지 못하고 있는 것이다. 이것이 '국체'의 중핵으로 명확해지고 모든 학교교육의 핵심으로 체계화되는 것은 역시 러일전쟁 후의 일이다. 위의 설문 조사에서도 나타나듯이, 이 당시부터는 구스노키 마사시게와 그 아들 마사쓰라(正行)가 일본인의 이상적인 인간상(충효 교육의 귀감)으로 부각되고 그것은 이윽고 〈사쿠라이의 이별〉이라는 명곡으로 결정(結晶)되었다.

나는 과거 메이지 시대의 소학교 수신, 역사, 국어 교과서 1백여 종을 검토하여 천황제의 사상 지배가 어떻게 국민에게 침투되어 갔는지를 조사한 적이 있다. 그 결과는 다음과 같이 요약할 수 있다.[31]

메이지 초기의 소학교 책은 계몽서 방임 시대였다. 후쿠자와 유키치의《학문을 권함》등이 해를 거듭하면서 교과서로 자유롭게 사용되고 있었다. 그러다가 메이지 10년대가 되면 교과서를 둘러싸고 국가 측과 민권파가 충돌하게 된다. 딱딱한 유교주의 책이나 노골적인 국가주의의

---

30) 玉城肇,《日本教育発達史》, 1954년.
31) 주 29와 같음.

교과서가 민권파 쪽에서 번역한 책이나 난해한 정치주의 교과서와 서로 경쟁하고 있다. 이 시기에 흥미로운 점은 정부가 교과서 검정을 시작하면서 후쿠자와 등의 책을 하나둘 학교에서 제거하는 한편, 취학률은 정체되어 버리고 반대로 민권파의 학습 결사(정치학교)가 전국적으로 맹렬한 기세로 늘어난다. 가장 성행할 때는 1천 개 이상의 결사를 족히 넘고 있었던 것으로 추정되는데, 이러한 자립적인 학교에서 정치교육이 자유롭게 전개되고 있었던 것은 천황제 권력에서 볼 때 경이로운 일이었음에 틀림없다.

민권운동을 탄압한 후 정부는 학교령을 개정하여 '교육칙어'를 반포하고 반체제 교육을 단속하는 동시에 교과서를 비롯한 교과과정 전반에 대한 본격적인 체계화에 착수한다. 물론 기축은 충효 교육, '국체' 교육이었지만, 여전히 교과서 검정 시대는 계속되고 다수의 영합적인 책에 뒤섞여 근대 시민교육을 지향하는 주목할 만한 책도 포함되어 있었다. 나는 그 백미를 쓰보우치 쇼요(坪內逍遙)의 독본에서 발견했다. 메이지 34년(1901)에 열정을 기울여 창조한 《국어독본》(전16권)에는 당시 논단에 군림하고 있던 일본주의자 다카야마 조규와 수차례 논전을 펼치고 비국민으로 내몰리면서도 민족의 미래에 위기의식을 느끼고 있던 쓰보우치의 분노와 시민주의, 예술성이 훌륭하게 그려져 있다. 나는 이 작업을 쓰보우치의 일생에 최고 걸작이라고 평가한다. 이 책은 수십만 부가 사용되었다고 하는데, 그만큼 국가는 이러한 비판적 흐름을 그냥 두지 않고 메이지 36년(1903) 일거에 소학교 교과서의 국정화·획일화를 강행해 버린다.

우리가 제1차 국정교과서로 부르는 이 시기의 교과서는 졸속으로 만들어졌기 때문에 여전히 딱딱한 주입식 내용이며 천황제 교육의 조직적인 표현도 미숙한 것이다. 그 때문에 협의와 검토 1천 회를 거쳐 수정이 이루어진 것이 메이지 43년(1910)의 본격적인 국정교과서였던 것이다.

나는 이것을 전 천황제 정신 구조의 화려한 전시장으로 본다. 그 이유는 아래와 같다.

> 내가 죽은 후에도 가문에 단 한 사람이라도 살아남은 자가 있는 동안은 충의의 병사를 일으켜 천황을 위해 목숨을 바쳐야 한다. 너의 효행, 이보다 더한 것은 없다.
>
> 너는 어리지만 애비의 자식이니 이번처럼 사리분별을 못하는 일은 없을 것이다. …… 너를 돌려보내는 것은 네가 어린 나이에 죽는 것이 슬퍼서가 아니다. 어른이 되어 천황을 위해 충의의 병사를 일으켜 적을 평정하게 하기 위해서다. …… 너는 벌써 잊었는가.
>
> 마사쓰라 같은 자는 실로 충효 두 가지의 길을 모두 지킨 무사로서 국민의 모범이라 해야 할 것이다.
>
> ─ 메이지 43년《심상소학독본》권7

그리고 구스노키 마사쓰라도 대군을 상대로 장렬하게 싸우다 죽었다. 천황제는 역사상 이러한 순수한 충신을 다수 가진 것이 다행이었다. 국민은 마사쓰라와 같이 자기 혼자 남아서도 여전히 절의를 굽히지 않고 시류에 맞서 싸우는 인물을 사랑했다. 여기에 상징처럼 조형된 역사상이야말로 전전의 일본이 만들어 낸 국가교육의 에스프리였다. 그러나 나는 그 전체상을 조망해 보려고 한다면《국사교과서》나《수신서》보다도《국어독본》쪽이 적당하다고 생각한다.

근대 일본의 국어 독본은 교과서 가운데에서도 특별한 지위를 차지하고 있었다. 단순하게 국어 학습에만 그치지 않고 모든 주제에 걸친 '종합 독본'이었다. 감정을 불러일으키는 내용으로 보더라도 딱딱한 '수신서' 따위보다 훨씬 잘 만들어졌다. 메이지 30년대부터 수백 차례에 걸쳐 숙려 검토가 거듭된 체제 측 예지의 결정체이며 그 폭은 천황제로서 허용할 수 있는 최대한의 스케일을 보여 주고 있었다. 거기에는 물론 '국체' 사상이 관철되고 있었지만 결코 반동적이지 않고, 오히려 전향적이며 전 국민의 정신 지향을 송두리째 감싸 버리는 그런 전체성과 발상 양식의 민족성을 함께 지니고 있었다. 물론 쓰보우치 독본의 예술성은 교묘하게 환골탈태되고 흡수되어 갔다. 또한 전체의 구성이 사상적으로 훌륭하게 정리되어 있을 뿐 아니라 표현도 일본인의 발상 양식에 맞도록 현저하게 정서화·체질화가 이루어지고 있었다. 이러한 예술적 사상 교육이 아직도 백지상태 같은 어린이의 뇌리에 조직적으로 펼쳐질 때 나타날 효과를 생각하면 아연하지 않을 수 없다. 〈고지마 다카노리〉(児島高德, 가마쿠라 시대의 무장—옮긴이), 〈사쿠라이의 이별〉, 〈수사영(水師營)의 회견〉(수사영은 러일전쟁 정전조약을 맺은 곳—옮긴이) 같은 애수에 가득 찬 역사 창가의 명곡들이 여기에 힘을 보탰다. 이것은 일본인의 대중 사상사에서도 가장 큰 사건이었다고 나는 생각한다.

지금 내가 이 내용을 가지고 당시 일본 국민의 모든 정신 영역에 미친 것이며 또한 천황제 정신 구조의 모든 요소를 포함하고 있는 것이라고 평가하는 이유는 국정 독본이 다음과 같이 구성되어 있기 때문이다.

예를 들면 독본에서는 "지식을 세계에 구하여 크게 황기(皇基)를 일으킬 것"이라는 원칙에 입각하여 대담하게 "서양사의 교훈"과 "세계로의 개안"을 들어 근대적인 인류의 미담과 진화론 등 새로운 학설을 소개하고 있다. 뿐만 아니라 과학기술에 대한 지식의 도입, 입헌제도에서 공민의 권리의무 교육에 이르기까지 민족 발전의 가능성을 믿고 "밖으로 향하여 열린" 자세를 나타내고 있다. 그리고 이것이 "크게 황기를 일으킬 것"으로 정리되어 있는 점이다.

즉 이 독본 각권의 1, 2장에는 거의 '천황, 황실, 국체'에 관한 것이 실려 있으며 그것에 대응이라도 하듯이 '가족도덕,' '조상숭배,' '충신효자,' '향토애,' '모범촌'의 이야기들이 배치되어 있다. 한편 일본 국민으로서 운명 공동체의 일체감을 주입하는 재료로서 '대외 전쟁'(몽고 침략, 청일전쟁, 러일전쟁 등)이 크게 다루어지고 그 국난을 구한 메이지 천황과 영웅들, 히로세(広瀬) 중좌와 다치바나(橘) 중좌, 도고 헤이하치로(東郷平八郎) 대장과 노기 마레스케(乃木希典) 장군 등의 미담이 칭송되고 있다. 물론 '노동자·농민의 생활'도 다루고 있지만 그 의도는 '통속도덕'을 장려하는 데 있다는 점을 알 수 있다. 한편 '자본주의 사회에 대한 적응력'을 키우는 것에 대해서도 배려하고 있다.

이렇게 전체적인 구성을 분석해 보면 소학교 독본의 사상성은 명백하다. 거기에는 '봉건적 충성심'과 '근대적 기능주의,' '황실'과 '국민,' '전통적인 것'과 '근대적인 것'을 통합하려는 의도가 일관되고 있다. 그리고 그 통합의 노력은 앞의 '진보적' 원칙을 내세울 동안은 성공한 것으로 보인다. 만약 그 정도의 '진보성'조차 없었다면 그 후 반세기나 일본 국민을 이끌어 나가기도 어려웠을 것이다.

메이지 43년(1910) 《심상소학국어독본》 상급부(4~6학년, 7~12권)를 보면 질적으로 보더라도 '일기당천'(一騎當千)에 관한 것이 다음과 같이 나열되어 있다.[32]

7권 마사쓰라(正行), 8권 황대신궁, 9권 수병의 어머니, 야스쿠니 신사, 10권 수사영의 회견, 11권 고지마 다카노리(児島高徳), 출정 병사, 12권 천황 폐하의 노래, 일본해 해전.

이 가운데 구스노키 마사쓰라, 고지마 다카노리, 노기 장군, 도고 헤이하치로 등은 충신이나 무장으로 '충효 일치관'의 상징인데 비하여 '수병의 어머니,' '출정 병사' 등은 서민과 병졸 측에서 '효충 근접'의 심정을 수렴하는 모델로 만들어진 것을 알 수 있다. 이 중에서도 '수병의 어

---

32) 海後宗臣 編, 《日本教科書大系》近代編 第7卷(1904년 사용한 제1기 국정독본, 1910년 사용 개시한 제2기 국어독본에 수록), 1963년.

머니'는 〈사쿠라이의 이별〉의 '마사쓰라'와 나란히 모든 국정교과서 가운데 압권이었다. 패전 전의 소학생들은 이 내용을 거의 암송하고 있었으며 봄과 가을 학예회에서는 빠트릴 수 없는 레퍼토리로서 지역 기관장과 학부모 앞에서 공연되었다. (아마도 전국에서 이만큼 빈번하게 상연된 레퍼토리는 달리 없을 것이다.) 젊은 독자들에게는 익숙하지 않을 것 같아 소개해 둔다. 여러분의 부모들이 어떤 정서의 핵을 마음에 새기면서 성장했는지를 한 번 생각해 보기 바란다.

메이지 27~28년 청일전쟁이 한창일 때였다. 어느 날 군함 다카치호(高千穗)의 한 수병이 어머니한테서 온 편지를 읽으며 울고 있었다. 문득 지나치던 대위가 이를 보고 너무도 연약한 행동이라고 생각해서 "이봐 무슨 일이야. 목숨이 아까운 거냐? 처자식이 보고 싶어진 거냐? 군인이 되어 전쟁터에 나와서 사나이 체면은 생각지도 않고 그게 무슨 꼴인가. ……"

"그건 너무 심하신 말씀입니다. ……"

"듣자 하니 자네는 풍도(豊島) 전투에도 나가지 않고 또 8월 10일의 웨이하이웨이(威海衛) 공격에서도 각별한 행동도 없었던 바, 어머니가 얼마나 섭섭하게 생각하시겠나. 전쟁에는 왜 나왔는가. 한 목숨 바쳐서 천황께 보답하기 위해서가 아닌가. 마을 사람들은 아침으로 저녁으로 보살펴 주시면서 '이 집 아이가 국가를 위해 전쟁에 나간다면 틀림없이 불편한 일도 있을 터, 무엇이든 사양하지 말고 말하라'고 친절하게 말씀해 주셨을 것이다. 어머니는 그분들의 얼굴을 볼 때마다 자네의 칠칠치 못한 모습을 떠올리고 가슴이 찢어질 듯한 기분일 것이다. 야하다(八幡) 신께 참배하는 것도 자네가 눈부신 활약을 펼치기를 바라기 때문일 것이다. 어머니도 인간이기에 내 자식이 밉다고는 추호도 생각하지 않을 것이다. 그 점을 잘 살피도록 하라. ……"

"제가 나빴습니다. 어머니의 정신에 감심했습니다. ……"

수병은 머리를 숙이고 듣고 있다가 이윽고 거수경례를 하고 살짝 웃으면서 자리를 떴다.

이것은 문체로서도 완성되어 있다. 처음에 이것이 출현한 메이지 36년 (1903)의 제1차 국정독본에는 아직 문장이나 사상도 미숙하여 중요한 마무리 부분에서 '마각'을 드러내기도 했다. 예를 들면 그 당시는 이렇게 되어 있다.

"어머니는 그 사람들을 볼 때마다 당신이 칠칠치 못한 것을 떠올리고 가 슴이 찢어질 듯할 것입니다. 당신도 조금은 어머니의 마음을 헤아려야 할 것이다." 대위는 이 말을 듣고 자기도 모르게 눈물을 흘렸다. "아! 용서해라. 내가 나빴다. 너는 좋은 어머니를 가졌다. 아마도 자네는 좋은 집안에서 태 어났을 거야." 수병은 살짝 웃으면서 자리를 떴다.

제1차 독본과 수정 독본 사이에는 러일전쟁이라는 큰 전쟁이 있었다. '수병의 어머니'가 명망가 '집안'에서 무명 무산의 인민대중에게까지 확 산된 것은 그 때문이었다. "이치타로야!"하고 해변에서 외쳐 대던 가난 한 수병의 어머니의 어눌하고 충실한 이미지도 러일전쟁이 가져다준 것 이었다. 나는 지금도 이 장면을 잊을 수가 없다. 일본의 민중사상사에서 이것이 얼마나 심각한 의미를 가지는지, 이 메이지 43년 독본의 문체가 메이지 36년의 독본보다 훨씬 인간적인 측면을 획득하고 더 넓고 깊게 대중의 심정에 파고들도록 변한 점에서도 잘 나타나고 있다. 이 '어머니,' '집안,' '마을'과, 사활의 운명을 건 '천황,' '국가'의 비상사태 속에서 심정 이 서로 겹치는 것이야 말로 대중 내셔널리즘의 핵과 새로운 애수의 계 기를 낳은 것이다. 국정 교육은 이를 포섭해 버렸다. 그리고 그것이 다 음 세대 일본 국민의 사상을 규제하는 것까지도 가능하게 만들었던 것 이다.

이 메이지 43년의 독본에는 '대국민의 품격,' '자치의 정신'(12권)과 같이 시민사회에 관한 공공도덕을 설파한 장이 있는가 하면, '일본의 여자,' '주부의 의무'와 같이 무릇 부인의 길은 남편을 도와 가정을 살피고 아이들을 가르쳐 집안을 일으키는 데 있다고 하는 몰아(沒我), 근검, 화합, 온순에 대한 설교도 보인다. 또한 '거리의 음악사'(프랑스), '용감한 소녀'(영국), '북치는 소년'(이탈리아), '콜럼버스'(에스파냐)와 같이 인본주의적인 이야기와 '제갈공명,' '도리이 가쓰아키'(鳥居勝商, 센고쿠시대의 하급무사—옮긴이), '다치바나 중좌'와 같은 용감한 무담이 동거하고 있었다. 더구나 그것이 조금도 모순을 느끼지 않게 한다. '나는 바다의 자식'(11권)의 시와 같이 전반의 우미한 서정이 최후의 "군함에 탐승하여 바다의 국가를 지키고자"로 끝나고 있듯이 모든 사상 재료가 여기서는 멋들어지게 '구조화'되어 있다. 결코 '잡거 상황'이라거나 '무구조,' '무한 포용'과 같은 것이 아니라는 점에 특징이 있다. 그리고 그 포부를 다음과 같이 드높이 노래 부르고 있다. 천황제 승리의 자부심에 가득 차 있다고도 할 수 있다.

신대(神代)가 시작되는 옛날부터 군신의 분별이 정해져 있어 만세일계는 부동의 것
우리 황실의 위대한 위광 두루 빛을 비추어 주니 여기에 동포 오천만

지식은 동서의 장점을 채용하고 문명은 고금의 진수를 넘어서니 건국 이래 삼천 년
역사의 발자취를 뒤돌아보고 일진월보 멈추지 않으니 여기에 동포 오천만

동양평화의 천직은 우리들의 어깨 위에 있으니 동방문명 선진의
임무가 무거운 일본국 상하로 마음을 합치니 여기에 동포 오천만

이 종합 독본이 '정신 구조로서의 천황제'의 모든 얼굴을 가지고 있었던 것은, 예를 들면 '야스쿠니 신사'나 민중의 이세 신앙과 오카게마이리의 본질을 완전히 의미 전환해 버린 '황대 신궁,' '참궁 일기'라든가, 한 마을이 한 집안과 같이 화합하여 납세를 게을리 하지 않는 모범촌 '평화로운 마을'이나, 그 밖에도 수많은 사례를 들 수 있지만 여기서는 생략한다. 그러나 단 한 가지, 내가 높이 평가한 쓰보우치 쇼요의 독본이 그 예술성을 어느 정도 국정독본에 흡수당하면서 다음 몇 가지 점에서 거부반응을 일으키고 있다는 점을 소개하여[33] 당시 '국가교육'의 한계를

33) 문제의 쓰보우치의 국어독본(1901년)의 3개의 장을 참고로 소개해 둔다.
① 〈사오히메〉(狹穗姬, 권5의 3), "스이닌 천황의 황후로 사오히메가 있었다. 오빠 사오히코(狹穗彦)가 '도리에 어긋난 명령'을 거절하지 못하고 천황을 시해한 후 자신도 죽을 각오를 했다. (……)" 자신의 왕비를 성과 함께 태워 버리는 비정한 천황과, 그 남편과 오빠의 사이에서 고민하다가 결국은 남편과 아이를 구하고 오빠를 따라 죽는 인간적인 사오히메를 대담하게 묘사했다. 여기서는 천황 → 현인신의 망상은 완전히 거부되고 있다.
② 〈기우치 소고로〉(木内宗五郎, 권5의 10), "…… 드디어 조오(承応) 3년(1654) 10월에 이르러 389개 무라의 대표 일동이 고즈무라(公津村)라는 마을에 모여 번주에게 직소할 것을 결의했다. 그중에서도 당시 대표 기우치 소고로가 가장 열심히 이 거사를 칭찬하면서 '이것이야말로 최후의 수단이니 각자 죽음을 각오하고 거사에 임해야 할 것이다. 미련을 남겨서는 안 된다'고 하고 출발에 앞서 처자 친족과 술 대신 물로 작별의 잔을 나누었다. 이리하여 389개 무라의 대표들이 에도로 가서 번주 마사노부(正信)의 저택을 찾아가 탄원을 했지만 들어주지 않았다. …… 이때 소고로 분연히 일어나 말하기를 '이런 상태로 무슨 면목을 가지고 고향으로 돌아갈 것인가. 나는 목숨을 버리더라도 389명을 대신하여 소망을 달성하고자 한다. 여러분은 모두 고향으로 돌아가라. 나에게 또 다른 생각이 있으니 이를 시도해 보고자 한다'고 말했다. 모두가 그 뜻에 따랐다. ……
'장군에게 직소하는 자는 사형으로 처벌받던 당시에 이렇게 대담한 행동을 한 소고로의 애향심에 감동하지 않을 수 없을 것이다.' 장군은 후일 그 탄원서의 취지에 대하여 사자를 보내어 마사노부에게 조목조목 심문하게 했다. 마사노부 비로소 번신들의 비리를 알고 놀라 급히 호출하여 죄를 물으니 그들을 교묘하게 그 비리를 숨기고 죄를 모두 소고로에게 떠넘겼다. 마사노부 이를 믿고 소고로 부부를 포박하여 책형에 처하고 그 자식 4명도 참수했다. 다만 이때부터 세금이 예전과 같이 내려가고 학정도 점차 누그러져 백성들도 겨우 한숨을 놓게 되었다. 이는 모두 소고로의 열성의 공이다."
③ 〈에조니시키〉(蝦夷錦, 권2의 22), "홋카이도 남부에 도가치(十勝)라는 마을이 있다. 또 서부에 이시카리(石狩)라는 마을이 있다. 도가치다케(十勝岳) 산을 경계로 한다.
지금부터 수십 년 전 이시카리의 아이누가 쇠퇴하고 도가치의 아이누가 융성할 무렵 도가치 쪽에서 이시카리를 공격한다는 소문이 퍼지자 이시카리에서 크게 놀라 어떻게 막을 것인지 논의하지만 묘책이 없었다. 이때 한 사람의 젊은이가 있어 도가치의 추장을 설득해서 달래는 중책을 맡겠다고 했다. (……) 이렇게 해서 젊은이는 서둘러 떠날 채비를 하고 도가치 고개에 올라 그곳에서 도가치 병력이 오는 것을 기다렸다.

지적하고자 한다.

예를 들면 쓰보우치의 독본에서는 '천황은 곧 현인신'이라는 망상을 전적으로 거부하여 스이닌(垂仁) 천황의 황후 '사오히메'(挾穗姫)의 이야기를 고대인의 휴머니즘으로 다루고 있다. 즉 자신의 왕비를 궁성과 함께 송두리째 태워 죽이는 비정한 천황과, 그 남편과 자식을 구하고 오빠를 따라 죽는 인간적인 왕비가 대조적으로 묘사되고 있다. 이 대조는 대담하다. 그리고 '기우치 소고로'(木內宗五郎)의 장에서는 학정에 저항하여 민중을 위해 희생되어 죽은 "소고로의 고향을 사랑하는 열성은 감동치 않을 수 없다"고 쓰고 있다. 이것은 '부호의 모범'이라는 장에서 앤드루 카네기의 청렴과 자주적인 행동, 사회봉사를 칭송하여 암암리에 정치 상인 후루카와 이치베에(古河市兵衛) 등의 악덕을 규탄하는 자세와 통하고 있다. 국정독본이 거부반응을 보인 것은 당연한 일일 것이다.

그리고 대외 의식에 관해서 쓰보우치의 독본은 다음과 같은 장을 두고 있다. 하나는 인종 간의 기본적인 평등을 가르친 '인종의 구별'에서 개화의 정도에 따라 인종차별이나 민족의 우월을 외치는 과오를 이론적으로 비판한다. 다음은 청나라 해군의 영웅 '정여창'(丁汝昌)의 최후

이때 도가치의 추장이 수천 명을 이끌고 남쪽 산기슭에서 올라왔다. 젊은이는 '이시카리의 부추장'이라고 자신을 밝히고 도가치의 추장에게 면회하여 그 본의를 말했다. 추장이 말하기를 '달리 없다. 우리 도가치는 사람은 많지만 보물이 적다. 이시카리는 보물이 풍부하다고 들었다. 그래서 공격하여 보물을 얻고자 할 뿐이다'라고.
젊은이 말하기를 '당신은 도가치 강의 수원지를 아는가. 또한 이시카리 강의 수원지를 아는가.' 추장이 말하기를 '잘 알고 있다. 안다면 어쩔 것인가.' 젊은이 '두 강의 수원지를 안다면 이번의 행동이 잘못된 일이라는 것은 분명할 터. 도가치 강은 도가치다케 산을 수원지로 한다. 이시카리 강도 마찬가지다. 두 강은 도가치와 이시카리의 생명이다. 두 강이 두 지역으로 흘러내리는 것은 어머니의 좌우의 유방에서 젖이 나오는 것과 같은 것이다. 이 두 강의 물을 마시는 두 지역의 사람은 양쪽의 유방에 매달려 모유를 마시는 같은 뱃속에서 태어난 형제나 마찬가지가 아닌가. 과연 형제라면 서로 고통을 받게 하거나 해치는 일이 있어서는 안 될 것이다'라고 말했다.
도가치의 추장이 깊이 감동하여 한동안 입을 다물고 있다가 이윽고 말하기를 '안심하라. 나의 계획은 중지할 것이다. 돌아가 이시카리 추장에게 전하라. 이제부터 도가치와 이시카리는 형제의 의를 맺어 서로 침범하는 일이 없을 것이라고.' 이렇게 말하고 도가치 추장은 즉시 병력을 이끌고 철수했다."

를 다루면서 애국심과 인간애와 무사도에는 결코 민족의 구별 따위는 없다는 것, 중국에 대한 멸시는 이유 없는 편견이라는 것을 예리하게 지적하고 있다. 그리고 '에조니시키'(蝦夷錦) 장에서는 전쟁의 무의미와 평화의 소중함을 아이누의 전승을 통해서 담담하게 설명하고 있는 것이다.

국정독본은 이러한 쓰보우치의 뛰어난 사상성을 거부했다. 그리고 표면적으로 이러한 평등·평화 교육을 억압했다. 그렇다고 이러한 비판적인 정신이 완전히 사라진 것일까.(다이쇼, 쇼와 시대 특히 저변의 교육사가 그렇지 않다는 것을 증명하고 있다.)

이미 보았듯이 아무리 '가족국가'관이 멋지게 형성되고 아무리 천황제가 그 정신 구조에서 대중을 사로잡으려 해도 대중은 결코 결정적인 순간에는 영혼을 넘기지 않고 있으며, 언젠가는 내부에서 궐기하여 폭발할 가능성을 가지고 있었다. 쓰보우치 등의 비판적인 정신은 그러한 대중의 자기해방을 위한 수단으로서 그날이 올 때까지 어두운 대지의 저변을 흐르는 물과 같이 역사의 지하수로서 흘러가는 것이다.

천황제는 정신 구조로서 과연 훌륭하게 확립되었다. 그 '훌륭한 확립'은 이 책에서 분명히 밝혔듯이 전통을 '재생'하는 교묘한 작위 과정을 거친 것이었다. 하지만 옛말에도 있듯이 "사물이 완성되면 반드시 망한다"고 한다. 천황제도 예외가 아니다. 그것이 완성한 순간부터 장송곡을 들어야 했다. 스물아홉 살의 연약한 여성 간노 스가(管野すが)가 메이지 천황을 암살하려 하고 일본의 대표적인 사상가 고토쿠 슈스이가 교수형에 처해졌을 때, 전 세계 사람들이 그 끝을 알 수 없는 불안과 모순의 존재를 알게 되었다.

고토쿠 등이 몸을 던져 제시한 것은 천황제가 자애에 가득 찬 무한 포용의 체계가 아니라 이단 배제에는 수단과 방법을 가리지 않는 포학한 것이며, 그 화기애애한 그늘에 사람들의 마음을 얼어붙게 하는 가혹함을 숨기고 있는 모순 덩어리라는 진실이었다.

그 후 35년(1911~1945) 동안 천황제는 분명 일본 국민을 장악하는 데 위력을 발휘했다. 그것은 어느새 일본 인민에게 거부하기 어려운 숙명적인 것, 모든 존재를 감싸는 공기와 같은 것으로 관념하기에 이르렀다.

고토쿠가 사형당한 이후 전위 운동이 대중으로부터 고립되고 전향과 순교를 되풀이한 것은 이러한 '정념화된 사상'이 집요하게 자타를 옭아매고 그 이론의 토착화를 거부하면서 그들의 앞길에 가로놓여 있었기 때문에 일어난 비극이기도 했다.

그러나 일본의 사회과학은 학문으로 자립하기 위해 이러한 역사적 시련을 부여받은 것이라고 생각할 수도 있을 것이다. 천황제는 그 정신 구조로서의 전모를 완전히 드러내고 그 발생의 내재적 조건에서 '성숙—확립—내홍'의 전 과정에 이르기까지를 객관적으로 파악할 수 있을 때 비로소 그 신통력을 상실할 것이다. 그다음은 지금까지 일본 인민의 내부에 전통화된 사상의 굴절과 심정적 왜곡(정신의 노예 구조 등을 가져온)의 요인을 하나하나 파헤쳐 재평가하고 다시 갈고 닦아서 새로운 정신 방법으로 재생시키면 되는 것이다.

그것이 구체적으로는 무엇이어야 할 것인지 명백하게 밝히는 것은 이 책의 과제를 넘어서는 일이다. 그러나 그 방법적인 혈로는 이미 이 책에서도 수많은 사례를 통해 내비쳐 왔을 터이다.

아직 봄날의 우레 치고는 빠르다고 하지만 창밖에는 억수같은 비가 쏟아지고 칠흑 같은 어둠 속에 섬광이 스치면서 천둥소리가 울러 퍼지고 있다.

원고 교정을 마치고 깊은 밤중에 홀로 멍하니 앉아 있자니 이런 시대에 살고 있다는 사실에 대한 허무함이 새삼스레 가슴 깊이 스며든다.

결국 나도 1945년부터 25년을 더 연명했다. 1948년 겨울 아시오(足尾)에 가까운 산촌에서 동지 노모토 미쓰구(野本貢)의 관을 땅에 묻은 해부터 헤아려 22년. 핫토리 시소(服部之総)와 함께 친우 아오무라 신메이(青村真明)를 매장하고도 17년의 세월이 흘렀다. 그 핫토리 시소조차도 13년 전에 준텐도병원에서 숨을 거두었다.

참으로 세월은 빠르다. 그동안 우리는 어떻게 살았는가.

《메이지 정신사》를 쓰고 《메이지인》을 쓰고 《근대국가의 출발》을 쓰고, 《메이지의 정신》과 《무라노 쓰네에몬 전기》(村野常右衛門伝)를 출간했다. 그리고 지금 《메이지의 문화》를 마치면서 이걸로 다소간 연명해 온 구실이 되었을까. 고인의 뜻을 이을 수 있었을까. 지금 와서 생각해 보면 모든 것이 환각인 아닐까 하는 불안감이 깊어진다.

다만, 내가 하는 일에 기대를 보내 주는 독자에게 깊이 사과하고 싶은 생각이 든다. '저자 서문'도 '저자 후기'도 없는 책을 만들고 싶었지만 이와나미쇼텐의 나카지마 요시가쓰 씨와 마쓰시마 슈조 씨에게는 감사의 말씀을 드리지 않을 수 없다. 이 책의 집필을 부탁받고 만 3년, 두 분의 편달은 심상치 않은 것이었다. 특히 나카지마 씨는 거의 포기하고 있던 이 저작을 마지막까지 정리하는 고생을 함께 해 주었다. 어쨌든 내키지 않으면서도 여기까지 올 수 있었던 것은 나카지마 씨 덕분이다.

또한 초고 전부를 정서해 준 세미나의 아케타 메구미 군, 성실한 조교 에이 히데오 군에게도 함께 깊이 감사하고 싶다. 여러 선배들과 학우들에 대한 감사는 새삼 말날 나위도 없다.

아직 봄날의 우레 치고는 빠르다고 하지만 창밖에는 억수같은 비가 쏟아지고 칠흑 같은 어둠 속에 섬광이 스치면서 천둥소리가 울려 퍼지고 있다.

이렇게 보이는 것은 역사가로서 나만의 환각인가, 환청인가……

1970년 1월 30일 밤에

이 책이 프린스턴대학 출판부에서 영어 완역본 *The Culture of the Meiji Period*로 간행된 것은 1985년 가을이었다.

실은 원서 《메이지의 문화》는 15년 전(1970)에 이와나미서점에서 출판된 것을 내가 프린스턴대학에 가져가서 대학원생들의 교재로 사용한 것이었다. 1971년 6월 나는 대서양을 건너 리스본에서 유라시아 횡단 여행을 시작했는데, 그때 미국을 떠나기 직전에 마리우스 얀센(Marius B. Jansen) 교수로부터 번역하고 싶다는 고마운 부탁을 받았다. 얀센 교수는 서구에서는 물론이고 일본에서도 대단히 저명한 역사가(이와나미서점에서 책도 내고 있다)로, 나를 프린스턴으로 초빙해 준 분이기도 하다.

번역에는 문화의 중견 연구자 외에도 미국 각지의 유력한 일본 연구자를 모은다고 했다. 《메이지의 문화》 번역은 표현의 문제도 있어 예상보다 어려웠던 모양이다.

감수자 얀센 교수는 바쁜 시간을 쪼개어 번역 원고를 살피고 주석을 고치는 등 전체를 통일하는 데 고심했다. 그러기를 14년, 여기에 투입된 번역자 여러분의 노고를 생각하면 원저자로서 송구스러울 따름이다.

그만큼 영역본의 완성도는 높았고 학계에서도 높은 평가를 받았다. 간행된 이래 12년(1985~1997)이 지난 지금까지도 영어권의 일본 연구자와 학생들에게 읽히고 있다고 한다. 또 종종 각 대학에서 교재로도 사용되었다. 그 이유는 일본인이 쓴 일본사 연구자의 완역본이 극히 드물다는 사정도 있지만, 무엇보다도 그 감수자가 마리우스 얀센 교수이며 각장의 담당자가 우수한 분들이었기 때문이다.

《메이지의 문화》는 1970년대 학생투쟁 세대에 널리 읽혔다. 그러나 일본 역사학계에서는 거의 이해하는 이가 없고 1980년대 중반 이후 서구의 새로운 사조에 밀려 과거의 책이 되어 버렸다. 그런데 그 무렵 뒤늦게나마 영어판이 출간되자 해외(특히 영어권)에서는 새로 쓴 책처럼 환영받고 있다. 이것은 나에게 매우 행복한 일로 많은 새로운 연구 동료와 독자를 외국에서 얻을 수 있었다(1991년에는 중국어로 번역되어 지린인민출판사에서 간행되었다).

이번에는 또 '동시대 라이브러리'의 한 권으로 선정되어 이 책이 일본에서도 부활할 수 있다고 생각하니 저자로서 더 이상 기쁜 일은 없다. 《메이지의 문화》를 오늘날 일본에서 다시 읽는 데 적극적인 의의가 있다고 인정해 주신 오노 다미키 씨를 비롯한 편집부 직원들에게 경의를 표하고 싶다. 나도 오랜만에 다시 읽어 보고 이 책의 생명력이 아직도 사라지지 않고 있다는 점을 확인했다.

20세기 말에 가까운 현 시점에서 1970년 무렵 집필한 작품의 결점을 발견하고 비판하는 일은 어렵지 않다. 그러나 결함이 많다고는 하지만 《메이지의 문화》는 민중사의 많지 않은 대표작 가운데 하나이며 거기에 제기되고 있는 역사 인식의 시각은 의미를 잃지 않고 있다. 지금도 그렇게 믿고 있다. 그러나 최근 미국에서 내 이름을 거명하며 "민중사는 이미 낡았다, 그의 시대는 끝났다, 과거의 유물이다"라고 말하고 다니는 사람이 있다는 말을 들었다. 웃고 넘길 일이지만 그들이 진지하게 나의 책을 읽은 적이 있을까(특히 최근의 것들). '민중사는 끝났다'가 아니라 아직도 커다란 작업을 마무리 짓지 못하고 있는 실정이다. 나 자신은 물론이고 전국에 수백 명이 되는 연구 동료들도 작업 도중에 있을 것이다.

　그것은 차치하고라도 최근 일본의 근대사관을 둘러싼 논쟁의 저질적인 수준이나 조악함에는 차라리 눈을 감고 싶을 정도다. 후지오카 노부카쓰(藤岡信勝) 등의 '애국' 사관은 논외로 하더라도 시바 료타로(司馬遼太郎) 등의 '메이지 국가,' '메이지의 지도자,' '나라의 형태' 찬미를 의심하지도 않고 받아들이고, 이를 간과하고 있는 논단이나 학계의 풍조는 정상이 아니다. 시바 사관과 정면에서 대립하는 관점을 제시하고 '일본의 근대'와 '메이지'를 재조명한 이 책이야말로 이러한 풍조에 맞서 통렬한 반격을 주는 힘을 가지는 것이라 하겠다. 이 책을 읽은 새로운 독자들의 솔직한 의견을 듣고 싶다. 나도 지금부터 비판과 반론에 주력해 갈 작정이다.

　비판이라고 한다면, 이 책은 처음부터 재미있는 일에 직면하고 있다. 초판이 간행된 직후에 《일본독서신문》의 1면 전 페이지에 무라카미 이치로(村上一郎)의 비판이 실렸다. 그것이 놀랍게도 이 책 서장 첫머리의 "일본은 기묘한 나라"라고 하는 한 구절과, 저자 후기에서 핫토리 시소가 "준텐도병원에서 숨을 거두었다"고 하는 표현을 물고 늘어진 혹평이었다. 지면의 머리기사만 하더라도 "일본은 '기묘한 나라'라고 하는데 대체 무슨 말인가?"라고 기억하고 있다.

　일본을 위에서 내려다보고 '기묘한 나라'라는 따위로 생각하는 견해 자체가 괘씸하다는 요지였다. 이 책은 무라카미 이치로의 지적과는 반대로 아래로부터 보는 민중사상사의 시점에서 집필했다는 점에 참신성이 있을 터인데, 그것을 잃어 내지 못한 서평이었다. 저자 후기의 한 구절에 대해서는, 준텐도는 '의원'인데 그것을 조사해 보지도 않고 '병원'으로 쓰는 것은 역사가 축에도 들지 못할 실수라는 극심한 비판이었다. 이 부분은 무라카미의 지적이 옳기 때문에(아무리 큰 병원이라도 '의원'이라는 간판을 걸고 있는 이상 의원이다) 이를 받아들이겠지만, 그것이 본질적인 문제는 아니다.

무라카미 이치로는 나에게 무슨 원한이 있었을까. 나는 이 책을 쓰면서 무라카미의 뜻에 공감하고 높이 평가하고 있었는데 말이다. 그는 나중에 오해하고 있었다는 사실을 알아차린 모양이지만 그해 나는 미국으로 건너가 그를 만날 기회를 놓쳤다. 같은 해 1970년 11월, 미시마 유키오(三島由紀夫)가 자위대 총감실에서 자결했다. 그때 무라카미는 황급히 칼을 들고 달려갔지만 면회를 거절당했고, 이윽고 몇 년 후에 그역시 일본도로 자결해 버렸다. 미시마는 나와 같은 나이의 동기생이고무라카미는 몇 살 연상인데, 두 사람 모두 격렬한 기질의 인간으로 재능이 아깝다는 말을 들으면서도 잇따라 자결해 버렸다. 나는 그들의 사상에 예나 지금이나 찬성하지 않지만, 그 후 사반세기가 지난 시점에서 그들의 심정을 되돌아 볼 때 다시금 안타까운 생각이 든다.

어쨌든《메이지의 문화》는 다소의 드라마를 안고 있다(일면식도 없는이노우에 히사시 씨로부터 어느 날 갑자기 극찬의 편지가 날아오고, 축전까지받았을 때는 정말 기뻤다). 또 새로운 디자인으로 젊은 독자들에게 읽히면서 이번에는 또 어떤 일화가 생길지, 그것은 지금부터 기대하는 즐거움이다.

1997년 5월 5일

일본이 패전한 이후 이른바 '전후 역사학'을 주도한 것은 마르크스주의 역사학이었다. 패전 전 천황제 권력에 의해 가혹한 탄압을 받아 온 마르크스주의 역사학은, 패전 직후 신일본의 민주적인 미래상을 추구하는 현실적인 정치 과제 속에서 치열한 사명감으로 사회구조의 '변혁'을 모색하고 추구했다. 특히 패전 직후의 상황에서 그들이 극복해야 할 긴요한 과제는 전전 '황국사관'의 핵심에 있는 천황제 문제였다.

그러나 전전 강좌파의 '일본자본주의 발달사 강좌'의 이론적 성과를 계승한 마르크스주의 역사학은 지나치게 계급투쟁적인 입장에 얽매여 천황제의 정치 구조와 경제 구조에 대한 분석에 치우친 나머지 근대 일본 민중의 대대적인 천황 숭배와 그 이데올로기적인 측면에 대한 분석이 결여되어 있었다.

더구나 1960년대에는 라디오와 텔레비전의 보급과 함께 역사 드라마, 역사소설 등으로 붐을 일으킨 '역사의 대중화' 현상이 전후 새롭게 형성되는 중간층에 광범위하게 침투하고 있었다. 이에 더하여 일본의 근대 100년을 '성공'과 '영광' 일색으로 포장하는 '일본 근대화론', 일본의 침략 전쟁을 정당화하는 '대동아전쟁 긍정론' 등이 등장하여 고도성장과 함께 일본인들에게 자신감을 불어넣어 주고 있었다.

이렇듯 일본의 고도성장에 따라 서구와 격차가 좁혀지면서 사회변혁과 천황제 비판에 대한 문제의식이 점차 희박해지고 이에 따라 마르크스주의 역사학의 설득력도 약화되기 시작했다. 1960년대에 이러한 위기에 대응하여 마르크스주의 역사학의 한계를 극복하고 천황제 연구에 새로운 방법론을 제시하면서 등장한 것이 바로 '민중사상사'였다. 이로카와 다이키치, 야스마루 요시오, 가노 마사나오, 히로다 마사키로 대표되는 민중사상사 연구는 안보투쟁의 패배라는 소중한 경험을 바탕으로 1960년대 이래 보수 이데올로기의 공세에 대응하여 전후 역사학에 새로운 지평을 열었다. 이로카와의 '지하수론,' 가노의 '질서의식론,' 야스마루의 '통속도덕론,' 히로다의 '저변민중론' 등은 제각기 방법과 관점을 달리하면서도 '민중'이라는 '변혁 주체'를 새롭게 설정하여 '정점의 사상가'의 언설이 아니라 이른바 '민중'의 생활 현장에서 행동을 통한 언어를 복원하여 천황제 사상을 상대화하려 했다는 점에 공통된 특징이 있었다.

이 가운데 이로카와 다이키치는 민중사상사 연구에서 선구적인 역할을 했다. 그는 일본 자본주의에 대한 마르크스주의 역사학의 분석과 비판에도 불구하고, 오히려 천황제에 대한 대규모 전향이라는 참담한 굴복에 빠지고 말았다는 점을 직시했다. 즉 '국체' 관념이 1천 년이나 되는 사상의 힘을 배경으로 한 사상 체계를 가지고 있다는 점을 마르크스주의자들이 경시해 왔다는 것이다. 이로카와는 이러한 문제의식을 바탕으로 '국체' 관념을 핵심으로 한 근대 천황제도 실은 시행착오를 되풀이하면서 창출된 역사적 산물일 뿐, 처음부터 민중의 내면세계에 침투되어 간 것은 아니었다는 것을 입증해 보였다. 특히 이 책에서 이로카와가 강조한 것은 '국체' 관념이 민중의식의 심부까지 침투하면서도 참된 의미에서 민중의 정신적 중심축이 될 수 없었다는 점을 밝히고 민중의 주체적인 내면세계의 가능성을 확인하는 것이었다. 이 과정에서 특히 8장, 마루야마 마사오의 방법론에 대한 비판은 그야말로 압권이라고 할 수 있을 것이다.

《메이지의 문화》는 1970년 이와나미서점에서 초판이 발행되었지만 옮긴이가 일본 유학을 갔던 1980년대 중반에도 일본 근대사를 전공하는 연구자들에게는 필독서라 할 정도로 널리 읽히고 있었다. 패전 후 1960년대까지 역사학을 배운 사람들이 1930년대의 강좌파 마르크스주의 역사학의 영향을 강하게 받으면서 자기 형성을 이루었다고 한다면, 사회사와 포스트모더니즘이 등장하는 1980년대를 전후해서 역사학을 배운 사람들은 민중사상사의 방법론에 어떤 형태로든 영향을 받으면서 나름대로 연구 영역을 모색해 왔다고 해도 과언이 아닐 것이다.

그러고도 30여 년이 지난 지금 이 책을 번역하면서 여전히 생명력을 잃지 않고 있다는 것을 새삼 확인할 수 있었다. 특히 최근 일본의 우경화 행보, 특히 메이지의 '영광'을 찬미하는 보수 정치가들과 우파 지식인들의 행태를 보면 이 책은 그야말로 이들의 역사관에 정면에서 대립하는 관점을 제시하고 통렬한 반격을 가하는 논점을 제공해 주고 있다.

2018년이면 메이지유신 150년을 맞이하며, 지금 일본에서는 메이지의 '영광'을 재현하고 내셔널리즘에 입각하여 국민 통합을 강화하려는 움직임이 꿈틀대고 있다. 특히 2015년 제39회 세계유산위원회에서 유네스코의 세계유산 리스트에 20여 건의 메이지 시대 산업혁명 유산이 등재되고, 그 가운데 요시다 쇼인의 소카손주쿠(松下村塾)가 포함되어 있다는 사실은 그 저의를 의심케 하는 부분이다. 이러한 시점에서 메이지 이후의 일본 근대화에 대해 비판적인 시점을 제공하는 이 책이 한국어로 번역된 것은 의의가 크다고 할 수 있을 것이다. 여러 젊은 독자들의 반향을 기대한다.

2015년 8월
박진우

| 참고문헌 |

　'메이지의 문화'라는 대중적인 책 제목이 지금까지 기존 연구자들의 저작에 사용되지 않았던 것은 이상한 일이다. 그만큼 이 시대의 사상과 문화에 관한 포괄적인 개설서가 드물다는 얘기이다.

　'문화'라는 개념 자체가 너무도 폭넓은 개념이기에 누구든 다루려 하지 않았을 것이다. 이 책의 제목도 기획자가 지어 준 것이지 결코 내가 자발적으로 선택한 것이 아니다. 완성된 책의 내용을 보더라도 스스로 고개를 갸우뚱거릴 정도로 제목과 들어맞지 않는다. 하지만 지금까지 학계의 연구 상황에서 본다면 어쩔 수 없는 일이다. 400페이지 정도의 소책자로 문학이나 사상을 비롯하여 교육, 학문, 미술, 연극, 건축, 음악, 예능, 생활문화에 이르기까지 갖가지 문제점을 망라할 수는 없다. 집필 당초부터 그런 개설서를 쓸 생각은 전혀 없었다. 그래서 이 책에서 다루지 못했던 각 분야의 문제점이나 메이지 문화를 전체적으로 이해하는 데 도움이 되었으면 하는 마음에서 참고문헌을 덧붙인다. 다만 여기서는 전쟁 이전의 문헌은 생략하고 비교적으로 구하기 쉬운 전후의 연구서를 골랐다.

개설서, 총론, 통사

開国百年記念事業会 編,《明治文化史》全十四巻, 1953~1955年, 洋々社
小学館版,《図説日本文化史大系11 明治時代》1956年, 小学館
三枝博音,《西欧化日本の研究》1958年, 中央公論社
岩井忠熊 編,《講座日本文化史》1962年, 三一書房
메이지 문화사에 관하여 전후에 집필된 개설서에서는 비교적으로 잘 정리되어 있다. 이와이 다다쿠마 이외에 히로다 마사키, 모로오카 스케유키 등이 집필하고 있으며 메이지 5~40년 시기를 제1장 문명과 반동, 제2장 자본주의와 문화, 제3장 창조와 절충, 제4장 메이지 문화와 사회주의라는 순서로 서술하고 있다. 지난날 내가 이 책을 비판적으로 평가한 바가 있기 때문에(《明治文化史の構想について》,《明治精神史》에 수록) 이번에는

내가 비판받을 차례라고 각오하고 있다.

筑摩書房版, 《近代日本思想史講座》全八巻. 특히 第一巻《歴史的概観》, 第二巻《知識人の生成と役割》, 第六巻《自我と環境》, 第七巻《近代化と伝統》이 특히 흥미롭다. 개별 논문에 문제 제기로서 뛰어난 논문이 실린 것이 특징이다.

岩波書店編集部 編, 《近代日本総合年表》1968年, 岩波書店

山田宗睦, 《現代思想史年表》1956年, 三一書房

앞 책은 '학술, 교육, 사상' 편과 '예술' 편이 있으며 기사의 출전까지 명시한 가장 신뢰할 수 있는 종합 연표. 뒤 책은 본문에 사상사상의 문제점을 간결하게 서술한 약간 색다른 사상사 연표. 전체를 조망하는 데 유익하다.

丸山真男, 《日本の思想》1956年, 岩波書店

色川大吉, 《明治精神史》1964年, 黄河書房

제4부 100쪽 정도를 새롭게 가필한 《増補·明治精神史》가 1968년에 같은 출판사에서 간행되고 있다.

G. B. サンソム, 《西欧世界と日本》上·下, 1965, 66年, 筑摩書房

M. B. ジャンセン 編, 《日本における近代化の問題》1968年, 岩波書店

鹿野政直, 《明治の思想》1964年, 筑摩書房

鹿野政直, 《資本主義形成期の秩序意識》1969年, 筑摩書房

《明治の思想》는 260쪽 정도의 소책자이지만 그 아래 책은 A5판 626쪽의 대작이다. 에도 막부 말기부터 시작하여 근대 사상사의 모든 문제를 망라하고 있지만 최근에 간행된 것이어서 이 책을 집필할 때는 참고하지 못했다.

安丸良夫, 〈日本の近代化と民衆思想〉上·下, 《日本史研究》第78~79巻, 1965年.

高尾一彦, 《近世の庶民文化》1968年, 岩波書店

에도 시대를 다루고 있지만 도시 상인층에서 나타나는 민중의식을 심도 있게 다루고 있어 야스마루가 농민층을 중심으로 파악한 민중사상론과 대비하면서 읽으면 흥미롭다. 이 책의 자매편이기도 하다.

朝日ジャーナル 編, 《日本の思想家》1·2, 1962年, 朝日新聞社

エコノミスト編集部 編, 《日本近代の名著—その人と時代 —》1966年, 毎日新聞社

毎日新聞社 編, 《近代日本を創った百人》下, 1966年, 毎日新聞社

이 세 권은 입문서로도 읽기 좋은 책이지만 마이니치신문사가 편찬한 하권은 사상가, 종교인, 과학자, 예술가, 지식인 10명씩, 모두 50명을 선정하여 저마다 논단의 제일선에서 활약하는 필자의 해설을 붙이고 있다. 대표적인 문화인을 통하여 메이지와 다이쇼의 문화를 살펴보는 데 편리하다.

市井三郎, 《哲学的分析—社会·歴史·論理についての基礎的試論》1963年, 岩波書店

竹内好, 《新編日本イデオロギー》1966年, 筑摩書房

다케우치의 평론집은 제1권《現代中国論》, 제2권 위의 책, 제3권《日本とアジア》인데, 세 권 모두 근대 일본의 사상을 살펴보는 이들에게 귀중한 시사에 넘치고 있다. 나도 이 책을 집필할 때 크게 도움을 받았다.

松本三之介, 《近代日本の政治と人間—その思想史的考察》1966年, 創文社

藤田省三,《天皇制国家の支配原理》1966年, 未来社
橋川文三,《近代日本政治思想の諸相》1968年, 未来社
松本三之介,《天皇制国家の政治思想》1969年, 未来社
古田光他 編,《近代日本社会思想史》I, 1968年, 有斐閣
위의 책은《近代思想史大系》(전8권)의 하나이다. 철학, 법학, 사회학, 경제사에 이르기까
지 역사학 이외의 분야에서 필자가 많이 참여한 것이 특징이다.

개별사, 연구서, 논문

1. 종교·교육에 관한 것

神道文化会,《明治維新神道百年史》全五巻, 1966~1968年
村上重良,《近代民衆宗教史研究》1963年, 法蔵館
大本七十年史編纂会 編,《大本70年史》上, 1964年, 大本教本部
편찬과 집필에 무라카미와 야스마루 등이 참가하고 있으며 제1편의 내용은 특히 뛰어
나다. 또한 야스마루와 히로다 마사키와의 합작〈'世直し'の論理と系譜—丸山教を中心
に〉上·下(1966年,《日本史研究》)가 있다.
小沢三郎,《日本プロテスタント史研究》1964年, 東海大学出版会
同志社大学 人文科学研究所 編,《熊本バンド研究》1965年, みずす書房
武田清子,《土着と背教》1967年, 新教出版
吉田久一,《日本近代仏教社会史研究》1964年, 吉川弘文舘
唐沢富太郎,《教科書の歴史》1956年, 至文堂
《近代日本教育史》, '岩波講座現代教育学' 第5巻, 1962年, 岩波書店
海後宗臣 編,《日本教科書大系近代編》全二七巻, 1961~1967年, 講談社
海後宗臣,《教育勅語成立史研究》1965年, 東京大学出版会
宮原誠一 編,《教育史》,《日本現代史大系》, 第十巻, 1963年, 東洋経済新報社
海老原治善,《現代日本教育政策史》1965年, 三一書房
本山幸彦 編,《明治前期学校成立史》1966年, 未来社
宮坂広作,《近代日本社会教育政策史》1966年, 国土社
仲新,《明治の教育》1967年, 至文堂
특히 전쟁 이전의 교육사 자료에 관한 상세는 国立教育研究所 編,《明治以降教育文献総
合目録》(1958年) 참조.

2. 예술에 관한 것

柳田泉,《明治文学研究》全11巻, 1960年~1967年, 春秋社
야나기타의 필생의 저작을 집대성한 것으로는〈若き坪内逍遥〉(一),〈小説神髄〉研究
(二),〈明治初期の文学思想〉上·下(四)·(六),〈明治初期翻訳文学の研究〉(五),〈政治小
説研究〉上·下(八)·(九),〈明治初期の戯作文学〉(三),〈西洋文学の移入〉(七) 등이 있다.

柳田泉, 勝本清一郎 編,《座談会明治文学史》1961年, 岩波書店
이 책은 메이지 문학뿐 아니라 메이지 문화사론에서도 유례가 없는 걸작이다.
猪野謙二,《明治の作家》1966年, 岩波書店
平岡敏夫,《日本近代文学研究》1969年, 有隣堂
이 밖에도《北村透谷研究》1967年, 有隣堂가 있는데, 특히 새로 나온 대작은 문학사의
영역에서 인접 사상사, 정신사에 이르기까지 언급하고 있다. 새로운 문학사상을 제시한
것으로 주목된다.
隈元謙次郎 編,《近代日本美術の研究》1964年, 大蔵省印刷局
土方定一,《日本近代の美術》1966年, 岩波書店(新書版)
宮川寅雄,《近代美術とその思想》1966年, 理論社
原田実,《近代洋画の青春像》1967年, 美術出版社
鶴見俊輔,《限界芸術論》1967年, 勁草書房
河竹繁俊,《日本演劇全史》1959年, 岩波書店
문학사의 각 분야 가운데에서는 메이지 미술사, 예능사 등의 연구가 연구자도 부족하고
정체되어 있는 것 같다. 특히 일본 미술사는 과거 오카쿠라 덴신 같은 큰 비평이 있던 장
르라고는 생각하기 어려울 정도이다. 음악사, 예능사와 같은 것은 쓰루미 슌스케의 '한계
예술'이라는 새로운 개념을 중심으로 하여 민중문화 속에 재생시킬 필요가 있을 것이다.

3. 비평, 일반 도서, 기타

사상, 학문 관련 문헌은 이미 본문의 각주에 적어 둔 저서 명, 발행 연도 등을 참고하기
바란다. 여기서는 '일본인론'이나 '일본문화론'을 다루고 있는 일반 도서를 소개하고자
한다.
宮本常一,《忘れられた日本人》1960年, 未来社
宮本常一他 編,《日本残酷物語》第三部, 1960年, 平凡社
谷川健一他 編,《ドキュメント日本人》全10巻, 1969年, 学芸書林
加藤秀俊 編,《日本文化論》〈近代日本の名著〉第十三巻, 1966年, 徳間書店
見田宗介 他,《変革期における社会心理》1967年, 培風館
鶴見俊輔,《日常的思想の可能性》1967年, 筑摩書房
大江健三郎,《持続する志》1968年, 文藝春秋社
吉本隆明,《吉本襲名全著作集》第十三巻《政治思想評論集》1969年, 勁草書房

이 밖에도 참고문헌은 무수하게 많다. 그 방대한 문헌 가운데 특히 내가 전후의 연구서
로 중요하다고 생각하는 것을 정리한 것일 뿐이며, 이것을 문화사 각 방면의 대표적인 저
작이라고 주장할 생각은 없다. 또 이 책을 집필할 때 내가 직접 인용하거나 참고한 문헌
은 별도로 각주에 표시해 두었기 때문에 생략했다. 이 밖에 전체를 아우르는 자료로서
歴史学研究会 編,《明治維新史研究講座》別巻(1969年, 平凡社)의 사료문헌 목록이 가
장 새롭고 상세하다.

〈인명〉

ㄱ

ㄴ

〈사항〉